深度理解：

西南师大版
小学数学教材

胡开勇 ◎主编

SHENDU LIJIE
XINANSHIDA BAN
XIAOXUE SHUXUE JIAOCAI

东北师范大学出版社
·长 春·

图书在版编目（CIP）数据

深度理解：西南师大版小学数学教材／胡开勇主编
. －长春：东北师范大学出版社，2021.11
ISBN 978-7-5681-8558-5

Ⅰ.①深… Ⅱ.①胡… Ⅲ.①小学数学课－教材－研
究 Ⅳ.①G623.502

中国版本图书馆 CIP 数据核字（2021）第 239321 号

□责任编辑：逯　伟　□封面设计：品诚文化
□责任校对：冀爱莉　□责任印制：许　冰

东北师范大学出版社出版发行
长春净月经济开发区金宝街 118 号（邮政编码：130117）
电话：0431—85690289
网址：http：//www.nenup.com
东北师范大学出版社激光照排中心制版
四川科德彩色数码科技有限公司印装
成都市郫都区成都现代工业港北片区港北二路 551 号（邮政编码：611743）
2021 年 11 月第 1 版　2021 年 11 月第 1 版第 1 次印刷
幅面尺寸：165mm×240mm　印张：25.75　字数：479 千

定价：78.00 元

前　言

　　"对小学数学教材深度理解的整合教学研究——以西南师大版小学数学教材为例"是 2015 年度四川省普教科研资助金重点课题。该课题由眉山市教育科学研究所胡开勇老师主持，全市 6 个区县 20 余所小学的 80 余位教师参与其中，经过 6 年多的实践研究，探索形成了对小学数学教材的"三整"理解策略，即以知识模块为主线的整套书理解策略，以单元基本要素为导引的整本书理解策略，以关键例题为抓手的整页书理解策略。

　　本书就是该课题的一项物化成果，是课题组利用"三整"理解策略，在教材编委、相关专家的指导下，通过参研教师的独立理解、集中研讨、展示交流、汇报审定等研究活动形成的。

　　全书以《义务教育数学课程标准（2011 年版）》（以下简称《数学课程标准》）为依据，根据小学数学教师研究和使用教材的需要，站在一线教师的角度，对国家审定通过的西南师大版（以下简称"西师版"）小学数学教材进行了分析和理解。

　　本书共七章。第一章是"对小学数学教材深度理解概述"，介绍了西师版小学数学教材的编写特色、主要内容，以及深度理解小学数学教材的策略等。第二章至第四章是"数与代数"，将"数与代数"部分的教材内容分为"数的认识""数的运算""常见的量、方程、正比例反比例和探索规律"等内容进行分析和理解。第五章是"图形与几何"，分析和理解了教材中"图形与几何"部分的内容。第六章是"统计与概率"，就"统计"和"概率"内容对教材进行了分析和理解。第七章为"综合与实践"，对教材中"综合与实践"的内容安排和编写特色等做了介绍，并通过对一次活动的理解，展示了我们对该领域知识的理解要点。

　　参与课题研究和本书初稿撰写的老师有：张红霞、冷继高、李竹筠、刘朝建、万琦、马国策（眉山市第一小学）；石冬（东坡区研培中心）；李明刚、彭小强（东坡区眉师附小）；侯旺、江建国、胡亚琼、宋亚华、周明凤、张海泉、卢秀娟（东坡区苏南小学）；杜科、李成文、蹇素碧、陈丽君、熊佳艳、张艳红（东坡区东坡小学）；刘群、万强、李晓梅、宋健儒、杨敏琪、于春平、辛丽娟（东坡区三苏路小学）；罗劲青、陶环宇、章慧、周永恒、袁进军、李燕利、邓素平（东坡区大北街小学）；罗勇（东坡区通惠小学）；周琴、王泰臣、赵梅（东坡区齐通小学）；刘方东、邵琼辉、刘亚君、张丽（东坡区苏辙小学）；周杰、房平（东坡区苏洵小学）；颜建文（东坡区东湖小学）；陈平、干利君、何萍、张生明、范艳波、任碧华（彭山区第一小学）；宋鹏（彭山区第四小学）；梁俊英、刘芳（大）、辜琴、苟玉芳、付华玉、刘芳（小）（仁寿县实验小学）；余和平、姚学刚、吴小丽、彭英、林兵、陈晓斌（仁寿师范附小）；沈露红（洪雅县致远学校）；朱开华、罗洪强、杨淑蓉、沈万志、韩淑英、穆艳（洪雅县实验小学）；晏英（眉山北外附属东坡外国语学校）；徐盛华、何静、郑学琴、彭泽霞、刘继勇、严利萍（丹棱县城区小学）；张泽军、欧建、王海燕、胡勇、杨霞、侯树霞、徐婉中、徐世平、游晓娟、杨琴（青神县学道街小学）。

　　本书统稿分工如下：胡开勇（眉山市教育科学研究所）撰写和整理第一章；张红霞、刘朝建（眉山市第一小学）、彭小强（东坡区眉师附小）整理第二章；余和平（仁寿师范附小）、郑启伦（东坡区三苏路小学）整理第三章；王泰臣（东坡区齐通小学）、沈露红（洪雅县致远学校）、穆艳（洪雅县实验小学）整理第五章；欧建、王海燕（青神县学道街小学）整理第四、六、七章。全书由胡开勇负责策划和最后统稿。

　　在课题研究和成书过程中，我们得到《义务教育教科书·数学》（西南师大版）主编宋乃庆、重庆市教育科学研究院陈祥彬、四川省教育科学研究所王真东和尤一、《小学教学》杂志社殷现宾和袁伟刚、《小学数学教育》杂志社牟永存、成都市龙泉驿区教育科学研究院郑大明、资阳市雁江区教学研究室刘宗泽等专家学者，以及本市各县（区）教研室小学数学教研员等老师的关心和指导。在这一过程中，我们还学习、借鉴和吸收了许多单位和个人的研究成果。本书的出版，也得到了东北师范大学出版社的大力支持和鼎力相助，在此一并致以最衷心的感谢！

　　本书的编写，虽然力图做到深度理解，但是囿于我们的研究水平和能力，还存在不妥之处，敬请专家和老师们批评指正。

胡开勇

2021 年 6 月 18 日

CONTENTS
目　录

第一章

对小学数学教材深度理解概述

《数学课程标准》在"教材编写建议"中指出:"数学教材为学生的数学学习活动提供了学习主题、基本线索和知识结构,是实现数学课程目标、实施数学教学的重要资源。"具体说来,数学教材是实现小学数学教学目标的重要资源,是教师进行教学的主要依据,是学生在学校发展知识与能力、培育数学素养的主要材料,是联结"数学课程目标"与"数学课堂教学"的主要桥梁,是数学活动中教师与学生相互作用的中介,可见其非常重要。

《数学课程标准》在"教学建议"中要求:"创造性地使用教材,积极开发、利用各种教学资源,为学生提供丰富多彩的学习素材。"作为小学数学教师,怎样才能创造性地使用教材呢?我们认为就是要深度理解教材,弄清教材的编排体系和知识之间的内在联系,明晰教材的编排意图和重点、难点,明确例题的知识点、技能点,以及要培育的核心素养点,挖掘和分析教材的德育、美育等非智力因素,并以此为基础,创造性地使用教材,实施结构化的整合教学。

第一节 小学数学教材(西南师大版)简介

一、对小学数学教材深度理解的内涵

(一)教材的含义

《中国大百科全书·教育卷》(1985年版)对"教科书"的定义是:根据教学大纲(或课程标准)编制的,系统反映学科内容的教学用书。

《现代汉语大词典》(2009年版)对"教科书"(text book)的定义为:根据教学大纲和实际需要,为师生教学应用而编写的材料,是教材的主体。主要有教材、讲义、讲授提纲等。其对"教材"的定义是:根据教学大纲的要求,专门为学生上课和复习而编写的书。

我们所说的教材是指根据课程标准编订的、系统地反映学科内容的师生用书。

（二）小学数学教材的含义

小学数学教材是指以《数学课程标准》等文件为依据编写的，系统地反映小学数学内容的教学用书，是教师在学校课堂教学中组织小学生学习的基本线索，是一种纸质材料。我们研究和理解的小学数学教材专指由西南师范大学出版社出版，经教育部审定通过的义务教育数学教科书（第一、二学段），简称"西师版小学数学教材"。

"西师版小学数学教材"的组织单位是"单元"和"节"，整套书按"例题—课堂活动—练习"的结构编写。

（三）对小学数学教材深度理解的含义

《现代汉语词典》对"深度"的解释有4项：①深浅的程度；向下或向里的距离。②触及事物本质的程度。③事物向更高阶段发展的程度。④程度很深的。本课题主要取其第二种解释，对数学教材的深度理解就是对教材本质、数学本质的理解。《现代汉语词典》对"理解"的解释是"懂；了解"。本课题主要就是对教材本质、数学本质从道理上予以理解。具体地说，就是将西师版小学数学教材从整套书、整本书和整页书进行准确理解：一是能依照知识模块（数的认识、数的运算、常见的量、探索规律、式与方程、正比例和反比例、图形的认识、测量、图形的运动、图形与位置、统计与概率、综合与实践等）这一主线对整套书加以理解；二是能以单元的基本要素（课程标准要求、教材结构、例题、课堂活动、练习、整理与复习等）为导引对整本书加以理解，并进行回顾反思，提出对数学内容的整合建议；三是能以关键例题为抓手对整页书加以理解，深刻领会关键例题的编写意图，将其知识点、技能点、核心素养点找出来。对小学数学教材能做到这样整套书、整本书和整页书的三个"整"的理解，能找出关键例题的知识点、技能点和素养点的三个"点"，我们认为就是对小学数学教材的深度理解。

二、西师版小学数学教材的主要特色

西师版小学数学教材立足于区域发展需要，关注学生发展和数学文化，通过开展教材特色课题研究，广泛征求一线教师、教研员和专家学者意见，逐步形成了自己的教材特色：

1. 遵循学生认知规律，设置多样的问题情境，密切联系数学与生活实际，呈现方式生动活泼，形式多样，图文并茂

西师版小学数学教材在情境创设方面特别注意紧密联系学生的生活实际，学生不是空着脑袋进入课堂，而是已形成一定的生活经验，创设密切联系他们生活实际的情境以建立起其已有经验与所学内容的关联是充分发

挥教学作用的重要环节。具体而言，创设紧密联系学生生活实际的情境有以下两方面的优点：一方面，学生熟悉，容易产生亲切感，可减少因情境理解困难而造成的数学学习困难；另一方面，让学生经历和感受数学与现实生活的联系及数学在解决实际问题中的运用，能够提升学生数学应用意识，提高解决问题能力。

2."课堂活动"指向"四基"，独创学生活动平台

西师版小学数学教材按照"例题—课堂活动—练习"的结构编写，"课堂活动"是学习例题之后的一个学习内容，也就是说学习例题之后，学生已经构建了新的知识点。该教材不是让学生直接运用结果性的知识去推理、解决问题，而是让学生观察、拼摆、实验、讨论等，在多样化的手、脑、口并用的活动中，再次尝试探索，加深对例题之中所学数学知识的理解与对思想方法的感悟，进一步把握数学问题的本质，同时丰富数学活动经验。为了实现让学生动口、动手、动脑的目的，"课堂活动"栏目在编写上多以游戏性活动、操作性活动、对话交流性活动、探究性活动等方式组织内容。几类活动相互配合，互为补充，共同促进学生数学兴趣的激发、实践能力、表达能力的增强，数学素养和数学能力的发展，搭建起帮助学生发展"四基"的独创平台。

3. 重视"问题解决"能力与应用意识的培养

西师版小学数学教材在"问题解决"编排上呈现出两条线索：第一条是展开数学课程内容的"问题解决"；第二条是应用数学知识去解决实际问题的"问题解决"。

第一条线索主要凸显两点：一是展开数学课程内容，它与新知识的探索紧紧整合在一起，侧重于法则、公式、定律等的形成和概念、算理等的理解；二是让学生经历从现实情境中抽象出数学知识与方法的过程，体会数学与生活之间的联系，认识到现实生活中蕴含着大量与数量和图形有关的知识，这些知识可以抽象成数学问题，用数学的方法予以解决。

第二条线索是在有意识地利用数学的概念、原理和方法去解释现实世界中的诸多现象，有意识地利用数学知识去解决现实世界中的问题，也就是利用新知识解决现实生活中的问题，巩固知识，强化技能，提高学生解决问题的能力，培养应用意识。

这一条线索又可分为两类：一类是直接应用新知识解决实际问题的"问题解决"；另一类是用"问题解决"作为小节名称单独设置的"问题解决"。

4. 综合与实践紧扣学习内容，提供操作性强的学习题材

西师版全套小学数学教材共设有 35 个"综合与实践"，设计内容涵盖数与代数、图形与几何、统计与概率三部分知识，主题与现实生活密切联系，意在让学生基于生活经验和基础知识，在发现和提出问题、分析和解

决问题的过程中，体会数学知识之间、数学与其他学科之间以及数学与生活之间的密切联系，增强应用意识；"综合与实践"的知识内容与所在单元节及所在单元节之前的知识紧密相连，意在让学生综合运用所学的知识与技能、数学学习方法、数学思维方式解决现实问题。"综合与实践"遵循学生认知心理发展规律，随着年级升高，活动步骤从多而详细到少而粗略，图画数量减少而文字增多，在四至六年级的"综合与实践"的末尾还增加了"活动拓展"。

5. 注重数学文化的内容设计，内容丰富，呈现方式新颖

西师版小学数学教材设置有"你知道吗"栏目，以连环画的形式呈现知识的由来与发展、数学家的故事、数学的应用、数学思想与方法等，随着年级升高，图画数减少、文字增多，四至六年级"数学文化"末尾均设置了"链接活动"。这些数学文化知识由浅入深，浅显易懂，内容呈现生动有趣，可读性强，有利于学生感受丰富的数学文化，拓宽视野，提高兴趣。

6. 概念呈现重视"淡化形式，注重实质"

概念和法则是小学数学知识内容的主体，西师版小学数学教材在概念和法则等的呈现上，不以特殊的字体、字号或颜色等加以强调，较注重展现其形成或应用过程，以防止学生对概念、公式、法则等死记硬背却忽视对概念等的理解或应用。

三、教材的主要内容

（一）西师版小学数学教材各分册内容

	上册	下册
一年级	准备课：上学了	一、100 以内数的认识
	一、10 以内数的认识和加减法（一）	综合与实践：有趣的数
	二、10 以内数的认识和加减法（二）	你知道吗：生活中的 100（百）
	综合与实践：我们身边的数	二、位置
	你知道吗：0 的故事	三、认识图形
	三、分一分　认识图形	综合与实践：图形拼组
	四、11～20 各数的认识	四、100 以内的加法和减法（一）
	你知道吗：阿拉伯数字的由来	五、认识人民币

续表

	上册	下册
	五、20 以内的进位加法	你知道吗：五套人民币
	六、20 以内的退位减法	六、认识钟表
	综合与实践：环保小卫士	你知道吗：计时工具的变化
	七、总复习	七、100 以内的加法和减法（二）
		八、分类与整理
		综合与实践：分一分
		九、总复习
二年级	一、表内乘法（一）	一、万以内数的认识
	二、角的初步认识	你知道吗：算盘
	三、表内乘法（二）	二、千米的认识
	综合与实践：赶场	综合与实践：体验千米
	你知道吗：九九表	三、三位数的加减法
	四、观察物体	你知道吗：生活中的数学规律
	五、测量长度	综合与实践：参观南村养鸡场
	综合与实践：小小测量员	四、认识图形
	你知道吗：长度单位"米"的来历	你知道吗：七巧板
	六、表内除法	五、有余数的除法
	综合与实践：走进田园	六、时、分、秒
	你知道吗：乘、除号的来历	七、收集与整理
	七、总复习	综合与实践：每天锻炼 1 小时
		八、总复习
三年级	一、克、千克、吨	一、两位数乘两位数的乘法
	综合与实践：称体重	你知道吗：中国古代数学家杨辉
	二、一位数乘两位数、三位数的乘法	综合与实践：走进课外活动基地
	三、辨认方向	二、长方形和正方形的面积
	你知道吗：中国古代四大发明之一：指南针	综合与实践：美化我们的小天地

续表

	上册	下册
	四、两位数除以一位数的除法	三、三位数除以一位数的除法
	五、四则混合运算	四、旋转、平移和轴对称
	六、年、月、日	你知道吗：建筑中的对称
	你知道吗：平年、闰年的来历	五、小数的初步认识
	综合与实践：做一个家庭年历	你知道吗：小数点的由来
	七、周长	六、简单的统计活动
	八、分数的初步认识	综合与实践：一天用的纸
	综合与实践：学当小记者	七、总复习
	你知道吗：分数符号的来历	
	九、总复习	
四年级	一、万以上数的认识	一、四则混合运算
	综合与实践：三峡工程中的大数	你知道吗：括号的由来和作用
	你知道吗：生活中的进位制	二、乘除法的关系和乘法运算律
	二、加减法的关系和加法运算律	综合与实践：制订乡村旅游计划
	你知道吗：聪明的高斯	三、确定位置
	三、角	四、三角形
	四、三位数乘两位数的乘法	你知道吗：著名的数学家华罗庚
	你知道吗：奇妙的乘法	五、小数
	五、相交与平行	综合与实践：防灾小常识
	六、条形统计图	六、平行四边形和梯形
	综合与实践：惊人的危害	七、小数的加法和减法
	七、三位数除以两位数的除法	你知道吗：计算工具的演变
	综合与实践：节约1粒米	八、平均数
	八、不确定现象	综合与实践：我们长高了
	九、总复习	九、总复习

续表

	上册	下册
五年级	一、小数乘法	一、倍数与因数
	你知道吗：小数点惹的"祸"	你知道吗：陈景润与哥德巴赫猜想
	综合与实践：家庭用电调查	二、分数
	二、图形的平移、旋转与轴对称	三、长方体　正方体
	综合与实践：花边设计比赛	综合与实践：设计长方体的包装方案
	三、小数除法	你知道吗：阿基米德巧辨皇冠真假
	综合与实践：关注"惠农"政策	四、分数加减法
	四、小数混合运算	综合与实践：一年"吃掉"多少森林
	你知道吗：田忌赛马的故事	五、方程
	五、多边形面积的计算	你知道吗：古老的方程
	你知道吗：九章算术	六、折线统计图
	六、可能性	综合与实践：发豆芽
	七、总复习	七、总复习
六年级	一、分数乘法	一、百分数
	二、圆	综合与实践：有奖购书活动中的数学问题
	你知道吗：我国古代杰出的数学家——祖冲之	二、圆柱和圆锥
	综合与实践：读故事　学数学	你知道吗：古老的几何
	三、分数除法	三、正比例和反比例
	四、比和按比例分配	四、扇形统计图
	你知道吗：巧用借"1"法	你知道吗：统计的产生和发展
	综合与实践：修晒坝的经费预算	综合与实践：农田收入测算
	五、图形变化和确定位置	五、总复习
	综合与实践：绘制校园平面图	你知道吗：鸡兔同笼
	六、分数混合运算	综合与实践：王老师买新房
	七、负数的初步认识	
	你知道吗：最早使用负数的国家	
	八、可能性	
	九、总复习	

（二）西师版小学数学全套教材知识结构

教材基本架构 — 数与代数：

- **数的认识**
  - 整数
    - 20以内数（一上）
    - 100以内数（一下）
    - 万以内数（二下）
    - 万以上数（四上）
    - 倍数、因数（五下）
  - 小数
    - 小数的初步认识（三下）
    - 小数（四下）
  - 分数
    - 分数的初步认识（三上）
    - 分数（五下）
    - 百分数（六下）
  - 负数的初步认识（六上）
- **数的运算**
  - 整数运算
    - 20以内的加减法（一上）
    - 100以内的加减法（一下）
    - 三位数加减法（二下）
    - 表内乘除法（二上）
    - 有余数的除法（二下）
    - 一位数乘两、三位数，两位数除以一位数（三上）
    - 四则混合运算（两步）（三上）
    - 两位数乘两位数，三位数除以一位数（三下）
    - 加减法的关系和运算律，三位数乘两位数，三位数除以两位数（四上）
    - 乘除法的关系和运算律，四则混合运算（三步）（四下）
  - 小数运算
    - 小数的加法和减法（四下）
    - 小数乘除法，小数混合运算（五上）
  - 分数运算
    - 分数加减法（五下）
    - 分数乘除法，分数混合运算（六上）
- **常见的量**
  - 元、角、分；整时、几时半（一下）
  - 时、分、秒（二下）
  - 克、千克、吨；年、月、日；24时记时法（三上）
- **式与方程**：用字母表示数，等式的性质，简单的方程（五下）
- **正比例、反比例**
  - 比和按比例分配（六上）
  - 比例、正比例和反比例（六下）

教材基本架构

图形与几何

图形的认识

立体图形
- 长方体、正方体、圆柱、球（一上）
- 从不同角度观察物体（二上）
- 长方体、正方体；从不同方向看到的物体形状（五下）
- 圆柱，圆锥（六下）

平面图形
- 长方形、正方形、三角形、圆（一下）
- 角的初步认识：角、直角、锐角、钝角（二上）
- 线段、直线和射线；平行和相交（四上）
- 角：周角、平角、钝角、直角、锐角（四上）
- 三角形，平行四边形和梯形（四下）
- 圆、扇形（六上）

测量
- 厘米、米（二上）
- 毫米、千米（二下）
- 周长，长方形、正方形周长（三上）
- 角的度量（四上）
- 面积和面积单位，长方形和正方形的面积（三下）
- 三角形、平行四边形、梯形面积；不规则图形面积；平方千米、公顷（五上）
- 体积及度量单位，长方体、正方体的表面积和体积（五下）
- 圆周长、圆面积（六上）
- 圆柱和圆锥体积及圆柱表面积（六下）

图形的运动
- 平移和旋转现象，初步认识轴对称图形（三下）
- 图形的平移、旋转，轴对称图形（五上）
- 图形的放大或缩小（六上）

图形与位置
- 上、下，左、右，前、后（一下）
- 东、南、西、北，东南、西南、东北、西北（三上）
- 用数对表示位置（四下）
- 比例尺；由方向和距离确定位置；简单的路线图（六上）

统计与概率

统计
- 分类与整理（一下）
- 收集与整理（二下）
- 简单的统计活动（三下）
- 条形统计图（四上）
- 平均数（四下）
- 折线统计图（五下）
- 扇形统计图（六下）

可能性
- 不确定现象（四上）
- 列出不确定现象中所有可能发生的结果（五上）
- 定性描述可能性大小（六上）

综合与实践：根据相关课程内容每册编写2～3个，其中至少1个农村题材

第二节　深度理解小学数学教材的策略

一、深度理解小学数学教材的策略

对小学数学教材的深度理解有三条策略：一是以知识模块为主线的整套书理解，二是以单元要素为导引的整本书理解，三是以关键例题为抓手的整页书理解。运用这些操作性成果，可以解决在小学数学教学实践中对教材内容的分析理解被弱化，缺乏对教材分析理解的实践策略的问题。

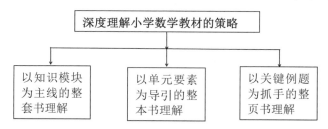

（一）以知识模块为主线的整套书理解策略

以知识模块为主线的整套书理解，重在体现数学知识的逻辑性和结构化。我们把西师版小学数学1－6年级教材按数与代数、图形与几何、统计与概率、综合与实践等4大知识模块进行理解。如图：

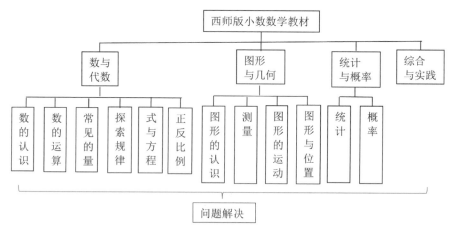

通过对同一模块内容按照一至六年级的顺序纵向理解，可以帮助教师准确定位各年段知识点，了解各知识点间的内在联系。下面以"数的运算"和"问题解决"两个模块为例，对具体做法做一介绍。

1. 关于对"数的运算"模块的理解①

（1）梳理教学内容，把握知识要点

分册次、分单元以表格的形式纵向梳理"数的运算"这一模块的知识点，整体把握其内容、编排顺序、课程内容占比等。

通过梳理，我们发现，西师版小学数学教材中"数的运算"模块分布于 11 个册次中，共 400 多个页码，占教材内容的三分之一以上。主要知识点呈现于下表。

册次	单元	内容	页码	备注
一上	五	20 以内的进位加法	14	10 以内加减法未做统计
	六	20 以内的退位减法	17	
一下	四	100 以内的加法和减法（一）	18	
	七	100 以内的加法和减法（二）	23	
二上	一	表内乘法（一）	25	
	三	表内乘法（二）	15	
	六	表内除法	31	问题解决：5 页
二下	三	三位数的加减法	31	问题解决：6 页
	五	有余数的除法	6	
三上	二	一位数乘两、三位数的乘法	25	问题解决：3 页
	四	两位数除以一位数的除法	18	问题解决：4 页
	五	四则混合运算	6	
三下	一	两位数乘两位数的乘法	20	问题解决：4 页
	三	三位数除以一位数的除法	21	问题解决：3 页
四上	二	加减法的关系和加法运算律	12	
	四	三位数乘两位数的乘法	11	问题解决：3 页
	七	三位数除以两位数的除法	19	问题解决：3 页

① 胡开勇，欧建. 按知识模块深度理解小学数学教材的策略［J］. 小学数学教育，2019 (5).

续表

册次	单元	内容	页码	备注
四下	一	四则混合运算	6	
	二	乘除法的关系和乘法运算律	20	问题解决：5 页
	七	小数的加法和减法	8	问题解决：3 页
五上	一	小数乘法	21	问题解决：2 页
	三	小数除法	25	问题解决：3 页
	四	小数混合运算	7	
五下	四	分数加减法	11	
六上	一	分数乘法	10	问题解决：3 页
	三	分数除法	20	问题解决：3 页
	六	分数混合运算	8	问题解决：3 页

（2）理清编写脉络，体会知识联系

同一模块的所有知识点都是根据知识间的内在联系，按照由简单到复杂的顺序编排的。读教材时只有清楚知识的编排线索，才能准确把握知识的来龙去脉，体会知识间的内在联系。

西师版小学数学教材中"数的运算"模块的编排有以下四条线索：

①数的运算基于数的认识而拓展。每一次数的认识的拓展，都会有相应的数的运算的拓展，数的意义是数的运算的基础。如：小数加法的学习是在初步认识小数后进行的。以"$0.3+0.5=0.8$"为例，3 个小数的意义分别是"0.3 表示 3 个 0.1，0.5 表示 5 个 0.1，0.8 表示 8 个 0.1"，算理是"3 个 0.1 加 5 个 0.1 等于 8 个 0.1，就是 0.8"。

②口算、估算是笔算的基础。笔算须综合运用口算和估算的知识，教材在编写笔算前都会安排相应的口算、估算。如在编排"一位数乘两位数（不进位）的乘法竖式计算"前安排了 3 道例题，分别是"一位数乘整十数的口算""一位数乘两位数（不进位）的口算""一位数乘两位数的估算"。

③整数运算是小数和分数运算的基础。整数运算的意义、运算顺序和运算规律，对小数和分数运算同样适用。如：整数乘法中的交换律、结合律和分配律对含小数和分数的乘法运算同样适用。

④加法运算是四则运算的基础。从数的运算的逻辑体系来看，加法运算是四则运算的基础，减法是加法的逆运算，乘法是一种特殊的加法，除

法是乘法的逆运算。每一类数的运算都是先研究加法，再研究减法，然后研究乘法，最后研究除法。

（3）聚焦理法接点，沟通理法联系

每个知识模块都有贯穿始终的"理"和"法"，具体的知识点又有具体的"理"和"法"。"理"即算理、规律、数量关系等，"法"即方法、公式、程序等。"理"和"法"常常融为一体，相辅相成。理解教材时，要重点关注新知与旧知的转换点，具体情境与具体方法的结合点，例题与习题的连接点等，以此沟通"理"与"法"的联系。

计算部分内容中的"理"指算理，"法"指算法。算理是计算过程中的道理，算法是计算的具体操作程序。算理为计算提供了正确的思维方式，保证了计算的合理性；算法为计算提供了快捷的操作方法，提高了计算的速度。理解计算部分教材时应当聚焦算理和算法的连接点，沟通算理和算法的联系，从而帮助学生体会道理，形成技能。如：六上"分数除法"例题 2："卫生大扫除中，学校把操场的 $\frac{4}{5}$ 平均分给六年级的 2 个班打扫，每个班应该打扫这个操场的几分之几？如果平均分给 3 个班呢？"第一个问题的算式是：$\frac{4}{5} \div 2$，根据分数的意义和除法的意义理解 $\frac{4}{5} \div 2$，就是把 4 个 $\frac{1}{5}$ 平均分成两份取其中的 1 份，所以 $\frac{4}{5} \div 2 = \frac{4 \div 2}{5} = \frac{2}{5}$，这是算理与算法的第一个连接点。第二个问题的算式为：$\frac{4}{5} \div 3$，当分子不是整数的倍数时，用分子除以整数无法计算，这时可结合方格图理解 $\frac{4}{5} \div 3$，就是把 $\frac{4}{5}$ 平均分成 3 份，取其中的 1 份，也就是求 $\frac{4}{5}$ 的 $\frac{1}{3}$ 是多少，所以 $\frac{4}{5} \div 3 = \frac{4}{5} \times \frac{1}{3} = \frac{4}{15}$，这是算理与算法的第二个连接点。例题之后，教材又设置了三道"试一试"的题目，根据解决例题的经验，可以推想：$\frac{5}{6} \div 5$ 就是求 $\frac{5}{6}$ 的 $\frac{1}{5}$ 是多少，$\frac{2}{3} \div 4$ 就是求 $\frac{2}{3}$ 的 $\frac{1}{4}$ 是多少，$\frac{8}{7} \div 3$ 就是求 $\frac{8}{7}$ 的 $\frac{1}{3}$ 是多少，这是算理和算法的第三个连接点。学生在充分进行感性认识的基础上体会：分数除以整数（0 除外），通用的方法是用分数乘这个整数的倒数。聚焦三个连接点，可以帮助学生把算理和算法融为一体，达到内化于心、外化于行的深刻程度。

（4）挖掘数学思想，凸显核心素养

知识和技能是数学的"形"，数学思想是数学的"魂"。日本著名数学教育家米山国藏说："纵然是把数学知识忘记了，但数学的精神、思想、方法也会深深地铭刻在头脑里，长久地活跃于日常的业务中。"因此，我们在理解教材时，应以基本知识和基本技能为载体，深度挖掘知识和技能背后的数学思想和方法，并有意识地在教学中加以渗透，帮助学生逐步学会用数学的眼光观察生活现象，用数学的思维分析生活问题，用数学的方法解决日常困难。

不同知识模块在数学思想渗透方面各有侧重。教材中的计算部分侧重渗透的数学思想方法有数感、几何直观能力、合情推理能力、转化思想和应用意识等。

①凸显运算能力的培养。培养学生运算能力的关键是引导学生寻求合理简洁的方法进行计算。一是强化口算和估算的训练，二是培养学生自觉简算的意识。解决问题时能简算的一定要简算。

②凸显数感的培养。在数的运算中，引导学生寻求合理简洁的运算途径进行计算是培养数感的关键。一是强化口算和估算的训练。在平常的计算中，引导学生自觉运用估算和口算的方法预测计算结果。二是强化学生自觉简算的意识。引导学生在解决问题时，自觉根据实际情况灵活选用简便的方法进行计算。

③凸显几何直观能力的培养。我国著名的数学家华罗庚说："形缺数时难入微，数缺形时少直观。"借助几何直观理解算理是计算部分教材编写的一大共性。教材中有大量的看图列式。在看图理解算理时，低年级还会用到摆小棒、拨计数器理解算理等方式。

如：一上中"9+3"的计算。教材第一步：出示矿泉水的情境。一个纸箱中有9瓶矿泉水，再放入1瓶，恰好一箱（10瓶），然后加上剩下的2瓶就是12瓶。第二步：把实物图抽象为点子图。9个点子加1个点子恰好是10个点子，然后加上剩下的2个点子就是12个点子。第三步：摆小棒，再次体会"凑十"的过程。第四步：结合图示和操作过程理解，在算式中见9想1凑成10，把3分成1和2，先算9+1=10，再算10+2=12。通过三次数形结合，学生对"凑十法"的理解就由具体形象逐步走向抽象。

④凸显合情推理能力的培养。合情推理是帮助学生由简单走向复杂，由此岸走向彼岸的重要思想方法。在计算部分的编排中，教材深入渗透了合情推理的思想。如：11减几的计算方法，可以推广到12~18减几；再如整数四则运算的意义、运算顺序和运算律，可以推广到小数和分数的四则运算中。

⑤凸显转化思想的渗透。学习一种新的计算方法，常常需要转化为学过的计算方法来研究。如学习小数乘法时，就要转化为整数乘法进行计算；学习分数除法时，就要转化为分数乘法进行计算。

⑥凸显应用意识的培养。计算源于生活，每一个计算类例题都是一个具体生活情境的提炼，探索计算方法的过程也是解决生活问题的过程。计算又服务于生活，每一个计算方法都可以解决生活中相应的数学问题。比如：小数乘法可以解决简单的超市购物问题，整数除法可以解决生活中简单的平均分问题。计算部分内容充分体现了数学源于生活又服务于生活的特点。

按知识模块深度理解小学数学教材的思路为教师理解教材内容开辟了一条新路。纵向理解教材的做法，可以很好地帮助教师从整体上认识教材、分析教材、理解教材，为最终实现"用好教材""用活教材"做好充分的准备。

2. 关于对"问题解决"模块的理解①

"问题解决"是《数学课程标准》的课程目标之一，是进行数学教学的重要方式，是展开课程内容的一种有效方式，更是数学教育的目的和学生必备的能力。各种版本的小学数学教材，都是以《数学课程标准》为依据的，为学生的数学学习活动提供学习主题、基本线索和知识结构，重视"问题解决"能力和应用意识的培养，通过以生活现实为背景的数学问题情境的创设，将多样的问题情境与生活实际密切联系，充分体现数学与生活实际之间的联系，展示数学在实际生活中应用的广泛性，因此，我们要弄清教材在"问题解决"方面的编排脉络，把握不同线索的"问题解决"在"四能"培养上的着力点，只有这样，才能有效地增强小学生的问题意识、应用意识和创新意识。下面以西师版小学数学教材为例，谈谈我们对"问题解决"编排的理解和在教学设计上的思考。

西师版小学数学教材在"问题解决"编排上呈现了两条线索：第一条是展开数学课程内容的"问题解决"；第二条是应用数学知识去解决实际问题的"问题解决"。这一条又分为两类：一类是在新知识后直接应用知识解决问题的，另一类是从二年级上学期开始用"问题解决"作为小节名单独设置的。

（1）展开数学课程内容的"问题解决"

西师版小学数学教材是按"例题—课堂活动—练习"结构编写的，因此，除第二学段的极个别知识外，新知识的学习都是通过例题以"问题解决"的方式呈现的，这些例题都是以生活现实、数学现实、其他学科现实等为背景的数学问题，其中尤以生活现实为主。

这一条线索主要凸显两点：一是展开数学课程内容，将它与新知识的

---

①胡开勇，冷继高，张丽. 弄清"问题解决"的编排脉络，把握培养"四能"的着力点[J]. 小学教学，2020（12）.

探索紧紧整合在一起，侧重于法则、公式、定律等的形成和概念、算理等的理解；二是让学生经历从现实情境中抽象出数学知识与方法的过程，体会数学与生活之间的联系，认识到现实生活中蕴含着大量与数量和图形有关的问题，这些问题可以抽象成数学问题，用数学的方法予以解决。

关于这一类问题，就问题解决的目标而言，重点在于培养学生发现问题和提出问题的能力。在教学学习中，要着力让学生在实际情境中用数学的眼光去观察，用数学的思维去思考，在老师的引导下展开数学新知识的学习，通过新知识的探索和习得，最后获得该现实问题的解决。

【**列举一**】一上 70 页例 1：9 加几。

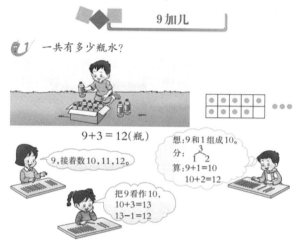

□**教材理解**

"9 加几"，是利用解决运动场上有多少瓶水的问题，开始学习 20 以内的进位加法，重点在于揭示"凑十法"，它是在学习 20 以内的不进位加法和不退位减法的基础上进行教学的。

教材分为四个层次：一是利用主题图的部分截图情境引入，旨在让学生从中提取信息，发现并提出问题；二是由实物图（瓶装水）过渡到半抽象的点子示意图；三是根据加法的意义，列出加法算式；四是通过摆小棒，呈现三种算法：接着数、凑十法、把 9 看作 10 来计算。

（2）应用数学知识去解决实际问题的"问题解决"

这一条线索是在有意识地利用数学的概念、原理和方法去解释现实世界中的诸多现象，有意识地利用数学知识去解决现实世界中的问题，也就是利用新知识解决现实生活中的问题，巩固知识，强化技能，提高解决问题的能力。

这一条线索又分为两类：一类是直接应用新知识解决实际问题的"问题解决"，另一类是用"问题解决"作为小节名称单独设置的"问题解决"。

①直接应用新知识解决实际问题的"问题解决"

解决这一类问题，就是在学习"数与代数""图形与几何""统计与概率"等知识领域的新知识后，直接运用所学知识解决现实问题，侧重于新知识的应用，在应用的过程中巩固新知识，形成相应技能。在教学中要着力引导学生找到需要解决的问题，通过分析，弄清问题与新知识之间的联系，然后利用新知识予以解决。就"问题解决"的目标而言，重点在于培养学生分析问题的能力。

【列举二】六上20页例3：利用圆面积公式解决实际问题。

修建一个半径是30m的圆形鱼池,它的占地面积是多少平方米?

$3.14×30^2$
$= 3.14×900$
$= 2826(m^2)$

答:它的占地面积是$2826m^2$。

□**教材理解**

教材在上例探索出圆面积计算公式后安排了这样一个例题，目的是直接利用公式解决实际问题。教材首先以文字配以直观图示的形式呈现题目，接着展示列式解答的过程，然后作答。

②用"问题解决"作为小节名称单独设置的"问题解决"

用"问题解决"作为小节名称单独设置的"问题解决"，从二上开始一直编至六下，编排23次，共计62道例题。

对于这一类"问题解决"紧扣数学重点知识，凸显四大特色：

第一，以暗线的方式体现了解决问题的一般步骤，即"理解情境，发现要解决的数学问题——分析问题，找到解决问题的方案——解决问题，找出问题的答案——回顾反思，对解答的结果和方法进行检验"。

第二，呈现了"画图、表格、列式"等分析和解决问题的方法，让学生在解决问题的过程中初步感受和运用。

第三，遵循《数学课程标准》的要求，体现"问题解决"方法的多样性。

第四，体现"问题解决"的过程性，重视在"问题解决"中积累数学活动经验，增强"四能"。

对于这一类"问题解决"的教学，我们要着力于帮助学生把握解决问题的一般步骤，探索分析和解决问题的方法，了解解决问题方法的多样性，增强分析问题和解决问题的能力，提高应用意识和创新意识。

【列举三】二上87页例1：用表内乘法解决问题，即，求几个几是多少。

答：5个鸡笼不能装下31只鸡。

想一想 你还能用其他方法解决吗？

□**教材理解**

这是第一次以"问题解决"为小节名出现的问题解决例题，教材分以下几个层次编排：

一是以图文的形式呈现了一个现实生活中的真问题；

二是理解情境，获取信息，找到要解决的问题；

三是给出了多种解决问题的方法。题中通过"能装下31只鸡吗"这样的提问，去引发学生思考，然后提供了不同的解题思路和方法：①1笼1笼地装，并用图展示；②可以用乘法来算。

四是通过"你还能用其他方法解决吗"引导学生在回顾解题的步骤和方法的过程中，积累经验，寻求新的解法。

西师版小学数学教材中"问题解决"栏目的编排，紧扣《数学课程标准》要求，通过两条线索三个类别予以呈现，体现了自身特色，因此，我们在进行教学设计时，一定要准确把握"问题解决"的整体结构，明晰各类"问题解决"的教学目标，深度理解每一道例题的编排意图，精心准备，分类施教。只有这样，才能培育学生的"问题意识"和"应用意识"，达到小学数学课程中"问题解决"的教学目标。

（二）以单元基本要素为导引的整本书理解策略①

我们将"课标要求、教材结构、例题、课堂活动、练习题、整理与复习、整合建议、反思"等界定为深度理解小学数学教材的基本要素，并按照这8个要素进行理解。其中"课标要求""教材结构"属单元知识整体理解，"例题""课堂活动""练习题""整理与复习"属具体内容理解，最后是对整个单元的"整合建议"和"反思"。

如图：

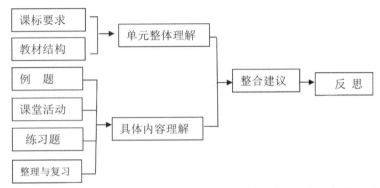

下面以西师版小学数学教材六年级上册第四单元"比和按比例分配"为例，对以上要素做一介绍。

1. 课标要求

对教材深度理解的前提是对课程标准要求的理解，这里的课程标准指的是《数学课程标准》。对课程标准要求的理解则要从"学段目标"和"课程内容"等方面去进行。

【例】

《数学课程标准》在"学段目标"的"第二学段"中提出："在观察、实验、猜想、验证等活动中，发展合情推理能力，能进行有条理的思考，能比较清楚地表达自己的思考过程与结果。""在运用数学知识和方法解决问题的过程中，认识数学的价值。"

《数学课程标准》在"课程内容"的"第二学段"中提出："在实际情境中理解比及按比例分配的含义，并能解决简单的问题。"

2. 教材结构

该要素要求把一个单元的教学内容从教学内容、前后联系及概念解读等几个方面加以理解。一是从本单元包含的小节和题目数这两个维度分析教学内容，即，统计本单元包含几个小节，以及例题、课堂活动题、练习

---

①胡开勇，彭小强，李竹筠. 例谈深度理解小学数学教科书的基本要素［J］. 小学教学，2016（11）.

题、列举习题分别有多少道；二是从学习本单元知识的基础和本单元知识的发展方向两个方面理解知识的前后联系；三是根据需要，对本单元知识涉及的一些概念加以介绍。

【例】

①教学内容

项目 \ 小节	比的意义和性质	问题解决	整理与复习	合计
例题	3	3		6
课堂活动	1 2	3		6
练习题	9	11	7	27
思考题	1	1	1	3
列举习题			2	2

②知识联系

学习本单元的知识基础包括：除法的意义与商不变性质、分数的意义与基本性质、分数与除法的关系、分数乘除法的计算以及解答有关分数乘、除法的实际问题等。

比是学习比例知识的基础，按比例分配在解决生活际问题中应用非常广泛。

3. 例题理解

西师版小学数学教材是按照"例题—课堂活动—习题"的体例编写的，因此，小学阶段主要的基础知识，以及基本数学思想都是通过例题来加以呈现和渗透的，所以要深度理解数学教材，可以说主要是看对例题是否真正地深度理解了。该要素要求深度理解一个单元中每一个例题的知识点、编写意图和数学思维（包括数学基本思想、基本活动经验和核心能力）。理解知识点，就是要理解该例题要教给学生哪些基础知识；理解编写意图，就是要分层次逐一理解本例题的编写意图；理解数学思维，就是要理解该例题所蕴含的数学基本思想、基本活动经验，以及核心能力等。

【例】

①知识点：认识比的意义及其各部分名称。

②编写意图：

A. 以两名同学从家到校的路程和时间关系，通过表格的形式加以呈现。

B. 通过问题"怎样用算式表示张丽用的时间是李兰的倍数关系"得

出：可以把两个数量之间的关系用比来表示，再通过比的写法和读法直接得出比的意义，最后介绍比各部分的名称。

C. 通过"比一比"进一步理解比的意义。

D. 利用"议一议"，一是弄清"比的后项不能为0"，一是沟通比、分数、除法三者之间的关系。

③数学思考

A. 通过在表格中找到两个同学从家到校的路程，从家到校的时间的关系，以及各自从家到校的路程和时间的关系，培养学生的观察能力。

B. 从比、乘法、分数的关系中，渗透变中有不变的数学思想。

4. 课堂活动理解

课堂活动是一种有计划、有目的的受教育的学习活动，是学生间互动的学习活动。作为教材编写内容的课堂活动与一般意义上的课堂活动不同，相对于正文内容的知识形态而言，它是一种活动形态学习内容。西南师大版小学数学教材将课堂活动作为单独的一个学习内容进行编写，体现了它独有的编写特色，主要目的在于丰富学生数学活动的经验，通过活动促进学生对知识进行自主建构和理解。对课堂活动的理解要求对该单元中每一次课堂活动的活动目的及编写意图加以理解，在理解编写意图时要对每一个活动的题目的编写意图加以分析。

【例】

①活动目的：

A 加深对比、分数、除法基本性质的理解。

B 加深对比的意义的理解，巩固化简比的方法。

②编写意图：

活动1：通过讨论，加深对比、分数、除法基本性质的理解。

活动2：以表格的形式呈现"中小学校课桌椅的型号"，通过"说"的活动方式，巩固化简比的方法，积累化简比的活动经验。

5. 练习题理解

练习题是西师版小学数学教材的重要组成部分，是学生巩固数学基础知识和基本技能，获取基本数学思想和基本活动经验，提升核心能力的重要平台，也是加强数学知识之间、数学与其他学科之间、数学与生活之间联系的桥梁和纽带。因此，深度理解练习题是提高小学数学教学有效性的重要举措。在理解练习题时，要对本单元中的每一次练习从整体理解到逐题理解，巩固所学知识。

【例】

①整体理解：

A. 整个练习共9道习题和1道思考题。1、4题为计算题，5题为填空题，其余为问题解决题。思考题，通过观察和计算，加深对比的意义的理解和化简比的知识的认识。

B. 1、5、6、7题主要为了巩固比的意义和求比值，2、3、4题主要是化简比，8、9题是利用比的基本性质解决生活中的实际问题。

②逐题理解：

1题，巩固比的有关概念，求比值。

2题，写比，求比值。（1）（2）（4）（5）是同类量的比，（3）是不同类量的比。

3题，通过写出两个量的比并进行化简，巩固写比和化简比的方法的认识。

4题，通过化简整数比、小数比、分数比，巩固化简比的方法。

5题，填空题。（1）题是通过观察方格图中的长方形，填出比和比值；（2）题是先填盐与水的比后化简比，再填盐与盐水的比后求比值。

6题，这是一道巩固比的意义的题目，通过中间数的传递，加深对比的认识。

7题，通过比较生活中的三种动物谁跑得快，巩固求比值的方法。

8、9题，利用比的基本性质解决生活中的实际问题。

思考题，通过观察和计算，加深对比的意义的理解和化简比的知识的认识。解题方法：$1 \div \frac{1}{6} = 6$（大长方形的面积包含有 6 个阴影部分的面积），$1 \div \frac{1}{4} = 4$（小长方形的面积包含有 4 个阴影部分的面积），$6 : 4 = 3 : 2$，大、小两个长方形的面积的比是 $3 : 2$。

6. 整理与复习理解

在西师版小学数学教材中，几乎每一个单元都有整理与复习，足见整理与复习内容的重要性。整理与复习的基本含义有两点：一是整理，帮助学生组建（调整、更新）认知结构，使知识以结构的状态得以储存、提取、应用，也就是把学过的知识进行系统归类、对比梳理，将零散的知识系统化，将容易模糊的知识清晰化；二是复习，即把本单元学过的数学知识再温习、再学习，从而强化和巩固这些知识。这里的复习绝不是简单的重复，而是在学生已有的数学知识基础上对原先学过的数学知识内容进行高层次的再学习，它是一个促进学生加深数学知识理解，扩大数学知识联系，进一步提高数学知识掌握水平，提高数学知识应用能力和技能的过程。整理与复习以列举习题的形式加以呈现，目的在于引导学生应用数学知识解决实际问题，包括再次解答比较熟悉的简单问题，探索新颖问题的解法，以及灵活且综合地运用数学知识解决较复杂的问题。

西师版小学数学教材中的"整理与复习"一般由两部分组成，一是图示整理与复习的方法，二是以习题的形式进行知识的整理与复习，这类习题带有举例的作用，因此我们将其叫作"列举习题"。整理与复习理解就是要对这一单元中的"整理与复习"中的列举习题从整体理解和逐题理解两个方面加以理解。

【例】

①整体理解：

本次"整理与复习"首先是以分组讨论交流的方式，明确了本单元的主要知识——比和按比例分配，更重要的是沟通比、分数、除法之间的关系，构建知识体系；其次是通过列举习题，系统梳理本单元知识。

②逐题理解：

1题，整理和复习比的意义、比的基本性质、化简比和求比值的方法。其中（1）（2）题为同类量的比，（3）题是不同类量的比。

2题，通过"问题解决"，按比例分配的意义和方法，进一步沟通按比例解决问题和分数乘、除法解决问题的内在联系。三个小题都是知道职工的总人数，求出男、女职工人数，数量关系是完全一样的，只是在描述男、女职工人数的关系上的表述不同。

7. 整合建议

这一要素主要是在对本单元的教材内容深入研究和深度理解后，在对学生初步了解的基础上提出对本单元教材内容的整合建议，并简单表述其原因。整合建议可以从以下方面体现：在一个整体系统的观念下，在深度理解教材的编写意图的基础上来审视，当教材中呈现的问题情境与当地学生生活实际相差较远时，可以建议将其换成学生熟悉的事物；当教材提供的学习内容、数据信息等与本地学生实际状况有差距时，可以进行适当调整；当教材内容的坡度过缓或过陡时，可适当加以整合。

【例】

①将小节名"问题解决"改为"按比例分配"。因为"按比例分配"是一个知识点，按问题解决的模式是运用△△△△△（知识点）解决生活中的简单问题。

③删去"问题解决"小节中的例3。

原因：一是思维难度大。若设计方案不一样，答案就不一样，对于小学生来说，理解起来有难度。《数学课程标准》在这里的要求是"能解决简单的问题"。二是教材没有在"课堂活动"和"练习"中设计相应的配套练习题目。

8. 回顾反思

这一要素要求教师回顾自己深度理解本单元教材内容的过程，将在这一过程中的所思所想、收获体会，以及所遇到的问题和困惑等加以总结反思。

【例】

①关于知识。比的概念是从两个同类量之间比较倍数关系而产生的，在实际应用中，也应当把两个不同类量做比较，如路程与时间之比，但不论是同类量比还是不同类量比，都可以抽象为两个数的比，比在数学中只是比较两数的倍数关系。

②关于数学思考。这一单元始终渗透着抽象的数学思想，它是要抽象为两个数的比，在比的基本性质以及化简比中都明显地体现了抽象思想中"变中有不变"的思想。

③关于整合建议。《数学课程标准》对这一学段的要求是"在实际情景中理解比及比例分配的含义，并能解决简单的问题"。从中我们可以看出对这部分知识的要求并不高，感觉"问题解决"的例3思维难度较大，还有就是不知道是不爱选取同类的练习题，还是觉得没有必要进行练习巩固，教材中没有安排练习题，因此建议删去例3，适当增加练习题。

（三）以关键例题为抓手的整页书理解策略

西师版小学数学教材是按"例题—课堂活动—练习"的结构编写的，例题是教材内容的重要部分，是把知识、技能、思想和方法联系起来的一条纽带，其核心是使其成为帮助学生建构新知、强化理解的重要载体，像许多版本教材一样呈现出以下一些特点：

一是例题往往作为教学的出发点，起引发教学思考的作用，允许教师在实际教学中予以增删。二是例题大量采用情境图，增加了感性材料，富于趣味性，也拓宽了学生的视野。三是例题设计较适合合作交流、操作实践、自主探索等学习方式。四是例题更接近学生的日常生活，易于引起学生的共鸣。五是例题的内容和形式更加多样、开放。

小学数学"四基"课程目标的达成，很高程度上依靠例题的教学来实现，尤其是关键例题的教学。何为关键例题？小学数学教材在内容的安排上有两条主线：一是数学基础知识与技能，这是一条明线；二是数学思想方法、数学基本活动经验，这是一条暗线。因此，从显性的数学知识来说，具有独特地位和意义的例题，起着承前启后的关键作用，是老师难教、学生难学的重难点知识；从隐性的数学思想来说，例题能把数学知识方法在更高层次进行抽象和概括，把数学精神、思想、方法深刻蕴含其中；从教学活动的设计与实施来说，例题对于同类、同领域的教学具有较强的"启发"和"借鉴"意义，可以触类旁通，举一反三。

1. 确定关键例题的三个维度

我们按照发展性、综合性、合理分布性等三个维度，对各册教材中的关键例题进行了精选。通过独立选择、交换选择、列表对比等方式，每册教材最终确定了 10 道关键例题，小学阶段共确定了 120 道关键例题。

（1）发展性

有的例题在知识模块中起着承上启下的关键作用，它所含的知识、技能和思想方法是学生后续学习的生长点。对这类例题进行教学研讨，对于后续例题的教学实践起着举一反三和触类旁通的作用。

如：20 以内的进位加法中《9 加几》的例 1。如果"9 加几"学好了，后面学习 8 加几，7、6 加几等，就可以通过知识的迁移，自己探索算法。又如，五下《方程·用字母表示数》的例 1，要求教师在教学中引导学生感悟简单、概括的数学思想，这一思想是代数学的基础。

（2）综合性

有的例题的数学内涵丰富，含多个知识点的学习，多种思想方法的渗透，综合性很强，理解难度较大，教学中常常出现教师难教和学生难学的现象。

如：五上的《循环小数》例 1，它的数学内涵体现在五个方面。一是巩固小数除法的知识，提高运算能力；二是通过感受"余数不断重复，商也会不断重复出现，永远除不尽"，渗透极限思想；三是通过观察余数与商重复出现的规律，渗透对应思想；四是通过总结循环小数的概念，渗透归纳概括的思想；五是通过对小数进行分类，渗透集合思想。

（3）合理分布

按纵向和横向两个方面考虑关键例题的分布。纵向：从数学课程内容的数与代数、空间与图形、综合与实践、统计与概率四大知识领域来看，每一个知识领域都要参照内容占比选择例题。横向：尽量做到同一册中各个单元都有关键例题入选。

2. 深度理解关键例题的要点

第一，深刻领会《数学课程标准》要求，找到知识与技能点，以及核心素养点，从课程育人角度分析数学任务。核心素养点就是关键例题中蕴含的数学基本思想、基本活动经验，以及《数学课程标准》提出的十个核心词等。

第二，要深度理解教材编排意图，明确整合点，从知识整合角度分析数学任务。整合是指教师整体把握教材、正确领悟编者意图，在尊重学生认知规律、知识逻辑结构的前提下，灵活地对教材编排的某些内容进行调整、重组，从而构建更加科学合理、符合实际的教学内容，为更有效地实现课程目标服务。

第三，准确定位教学目标，落实关键点，将数学任务布局在数学素养发展上。

【例】西师版小学数学教材一上第 70 页例 1。

（1）知识点：9+3的算理、算法。

（2）技能点：会用"凑十法"计算9+3。

（3）素养点：培养学生的数感、运算能力和创新意识。

（4）编写意图：

①利用主题截图呈现数矿泉水情境。

②将实物抽象出图片9和3。

③根据图意列出算式。

④利用小棒呈现出3种算法：一是在9的基础上接着数方法，二是把9看作10，多加1要减1的方法，三是通过小朋友的想、分、算，呈现"凑十法"。

（5）关键问题：

①根据情境图该怎样列式？为什么用加法？

②9+3是多少？你是怎样想的？

3. 深度理解关键例题的主要策略及教学思考①

下面以西师版小学数学教材四下第三单元《确定位置》的例1、例2为例，从《数学课程标准》要求、教材意图及教学设计等三个方面谈谈对关键例题的深度理解及教学思考。

"用数对表示位置"是新课程改革增加的课程内容，这一知识的教学对广大的数学教师来说是一个很大的挑战。具体表现在：第一，《数学课程标准》安排这一内容的目的是什么？应该培育哪些数学素养？第二，"数对"是对应的一个点还是一个方块？第三，起始点（原点）是（0，0）还是（1，1）？第四，平面直角坐标系在此怎样做铺垫？等等。这些问题不搞清楚，教学就只能是照本宣科，停留在寻找第几排、第几座的位置之

---

①胡开勇，宋鹏，李成文. 对"用数对表示位置"的理解及思考［J］. 中小学数学教学（小学版），2020（10）.

类的生活常识上，局限于用"有序数对"确定位置的操作层面。

（1）深刻领会《数学课程标准》要求，找到素养点，从课程育人角度分析数学任务

①对《数学课程标准》内容的理解

关于用有序数对表示物体的位置，在《数学课程标准》的第二、三学段均有要求。第二学段要求"在具体情境中，能在方格纸上用数对（限于正整数）表示位置，知道数对与方格纸上点的对应"。

我们的理解：

（i）在教学中应提供丰富的生活情境；

（ii）知识点：在具体情境中，初步理解数对的含义，了解用有序数对表示位置的方法，了解数对与方格纸上点的对应关系；

（iii）技能点：能在方格纸上用数对（限于正整数）表示位置；

（iv）核心素养点：体会数学与生活的密切联系，感受数学的简洁美，体会对应、数形结合等基本思想，发展空间观念等。

②对附录例37和"说明"的理解

例37　小青坐在教室的第3行第4列，请用数对表示，并在方格纸上描出来。在同样的规则下，小明坐在教室的第1行第3列应当怎样表示？

［说明］先在方格纸上标明正整数刻度，希望学生能够把握数对与方格纸上点（行列或者列行）的对应关系，并且知道不同的数对之间可以进行比较。这个过程有利于学生将来直观理解直角坐标系。

我们的理解：

例37提供了一个教室座位的案例，从"说明"中可以体会到《数学课程标准》在此对平面直角坐标系进行铺垫的寓意：一是要在方格纸上标明正整数刻度，符合平面直角坐标系每条轴上的长度单位相同的要求；二是希望学生弄清有序数对与方格纸上的点的对应关系；三是让学生了解不同数对之间可以进行比较。这里的"比较"除了使学生知道不同的数对对应不同的点外，更重要的是让学生看到根据"数对"的某种特征，在几何上就可以表现为许多不同的直线，体会数形结合的思想。

"说明"最后还特别强调，"这个过程有利于学生将来直观理解直角坐标系"。通过理解和分析，我们认为这一内容的教学，其目标除上面提到的知识点、技能点和素养点外，对直角坐标系的初步感知和体会也应在其中。

（2）深度理解教材意图，明确整合点，从知识整合角度分析数学任务

西师版小学数学教材以"确定位置"为单元名称，由4道例题、2个课堂活动和1个练习组成，建议2课时完成。我们准备用1课时教学例1、例2这两道例题。

例1：学习用"列"和"行"表示位置。

编写意图：

教材分三个层次呈现教学内容：①呈现班级座位图，使学生认识列和行，并用列和行表示小红所在位置；②对照学生座位图抽象出方格图，并在方格图中用列和行交叉处的点描出小红和小娟的位置；③通过"说一说"进行拓展，进一步强化对列和行的理解，学会在方格图中用列和行交叉处的点表示位置。

整合知识的思考：

遵循教材的点位：①在班级座位图这一具体情境中展开教学；②结合具体情境，用列和行表示同学位置；③对照学生座位图抽象出方格图，用行和列交叉处的点表示同学位置。

改进和强化的点位：①明确列和行的含义及确定第几列、第几行的一般规则。在班级座位图中从左往右标出第1列至第6列，从下往上标出第1行至第4行；②注意将学生从生活习惯的"先行后列"转化到数学规范的"先列后行"；③分两步画方格图：先是在班级座位图上套画出方格，再从中抽象出独立的标有第几列和第几行的方格图。

例2，学习在方格纸上用数对表示物体位置。

编写意图：

教材从在方格棋盘上放黑、白两色棋子引入，形象地在方格纸上表示物体位置，起始点（原点）设置的是（1,1）。分三个层次：一是直接出现方格棋盘和黑白棋子，并用列、行和数对表达出黑白两色棋子的位置；二是通过对话明确用数对表示位置的方法，弄清数对的含义；三是通过填空的方式，完成用数对表示出方格纸中标有序号的棋子的位置。

整合知识的思考：

遵循教材的点位：①利用在方格棋盘上放黑、白两色棋子的情境图引入；②采用教材编排的思路，即：用列、行描述棋子位置后，先用数对表示棋子位置，再讨论得出数对的含义，最后利用数对表示位置的方法表示出棋子的位置。

改进和强化的点位：①为了和将来的平面直角坐标系学习一致，将起始点（原点）确定为（0,0）；②在学生用列、行描述棋子位置的基础上，由学生创造简洁方法表示棋子位置，最后优选出方法，用数对来表示位置，强化规则意识，注意素养培育；③强化用有序数对与方格图上的点的对应关系，凸显对应和数形结合思想。

（3）准确定位教学目标，落实关键点，将数学任务布局在数学素养发展上

通过对《数学课程标准》和西师版小学数学教材的理解，我们将教学

目标定位在知识技能、过程方法、情感与态度三个方面；在教学结构设计上，我们依据教学任务，着力于几个关键点，引导学生在自身数学实际的基础上经历数学化、再创造过程，继而获得新知识，在数学抽象、数学推理、数学精神等数学核心素养发展上下功夫。

①教学目标

（ⅰ）结合具体情境，初步理解数对的含义，了解用数对表示位置的方法，知道数对与方格纸上点的对应关系，能在方格纸上用数对（限于正整数）表示位置。

（ⅱ）经历由具体的班级座位图抽象出方格图的过程，以及结合具体情境用数对表示物体位置的过程，培养抽象能力，发展空间观念；通过探索数对与方格纸上点的对应关系，体会数形结合思想。

（ⅲ）在具体情境中感受数对与生活的密切联系，体会数学的价值，感受数学的简洁美，养成用数学眼光观察生活的意识。

②主要教学结构设计

（ⅰ）在一维空间中，用一个数描述位置。

师：（出示部分情境图）在这一列同学中，你能用一个数说出小红的座位吗？

预设1：小红在从前数第2个位置。

预设2：小红在从后数第3个位置。

师：这两种说法都可以，但在数学上，规定从前向后数，小红在第2个位置。

师：（出示部分情境图）在这一行同学中，你还能用一个数说出小红的座位吗？

预设：从左数第3个位置，从右数第4个位置。

师：数学上规定从左向右数，小红在第3个位置。

【设计意图：让学生在具体情境中从一个维度描述小红的位置，不但引发学生对所学"前、后、左、右"表示相对位置的回忆，建立知识间的联系，还能让学生明确竖排叫作"列"，横排叫作"行"，将学生的生活经验与数学概念相融合。】

（ⅱ）在二维空间中，用"列"和"行"描述位置。

师（出示教材情境图）：我们从左向右标出列数，再从前向后（或从下向上）标出行数。

小红在什么位置？还能用一个数来描述吗？

预设1：不能，要描述小红的位置，要用到两个数。

预设2：小红在第3列第2行。

预设3：小红在第2行第3列。

师：为什么前面这两个同学说的小红的位置会不一样呢？

预设：因为先说行还是先说列没有统一。

师：在数学上，一般先说列，再说行。谁再来说一下小红的位置？

预设：小红在第3列第2行。

师：我们在座位图上画上方格，将同学的位置用列和行的交叉点来表示，谁能说出小娟在什么位置？

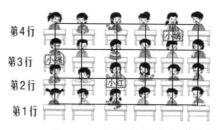

预设：小娟在第5列第4行。

师：我们现在隐去座位图，只留下方格图，谁能说出小强在什么位置？

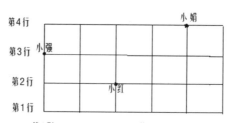

预设：小强在第1列第3行。

【设计意图：让学生在具体情境中从列和行两个维度描述位置：首先，统一列和行的顺序及方向，明确第几列是从左向右数，第几行是从前向后（或从下往上）数；其次，明确用列和行描述位置时，先说列再说行；再次，在座位图上画上方格，将同学的位置用列和行的交叉点来表示，使学生明确一个同学所在的位置是一个点，而不是一个方块；最后，用等长度的方格标注班级座位图，这就使得其刻度的格式和将来的平面直角坐标系相吻合。】

（ⅲ）在方格图中，用有序数对表示位置。

师（出示方格棋盘图）：一般情况下，我们把方格图的起始点单位 $(0, 0)$ 也叫作原点。在这个方格棋盘图中，你能说出没有标注序号的黑色、白色棋子的位置吗？

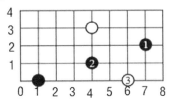

预设1：黑棋子在第1列第0行。

预设2：白棋子在第4列第3行。

师：这样表示位置还是有点麻烦，你能用更简洁的形式来表示吗？

（小组活动：学生创造）

预设1：黑棋子：1列0行；白棋子：4列3行。

预设2：黑棋子：1，0；白棋子：4，3。

预设3：黑棋子：L1，H0；白棋子：L4，H3。

预设4：黑棋子：1，0；白棋子：4，3。

....

师：同学们很有创造性，写得都比较简洁，哪种形式更好呢？

数学家采用的是"黑棋子 $(1, 0)$ ，白棋子 $(4, 3)$ "这样的表述方式。这里的1、4代表什么？0、3代表什么？

预设：1、4代表列，0、3代表行。

师：像这样用列数和行数组成的一对数，叫数对。写法是先写第几列，再写第几行，这个顺序不能颠倒，中间用逗号隔开，同时用小括号括起来，共同表示一个位置，读的时候只要顺次读出两个数就可以了。

师：用数对表示出方格棋盘上标有序号①、②、③的这些棋子的位置。

预设：①、②、③的位置分别是：$(7, 2)$ $(4, 1)$ $(6, 0)$ 。

【设计意图：首先，让学生知道在方格图中应该有一个起始点（原点），体会其重要性，这里明确为 $(0, 0)$ ；其次，在学生用第几列第几行描述位置后，分组让学生创造更简洁的表示方法，既培养创新精神又展现数学的简洁美；再次，介绍数对，明确数对的含义、写法和读法，体会规定意义及符号意识；最后，使学生弄清楚有序数对与方格纸上点的对应关系，体会一一对应和数形结合思想。】

第二章

数与代数（一）

内容结构导图

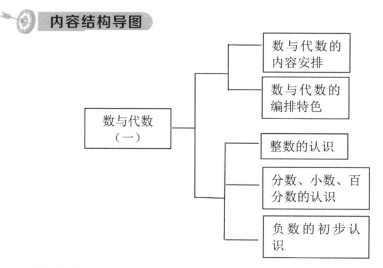

数与代数是小学数学课程的重要内容，在小学数学学习中占比最大，是整个数学学习以及其他学科的基础。这部分内容在小学阶段主要包括数的认识、数的运算、常见的量、探索规律、式与方程、正比例和反比例。数与代数学习内容的主线是从数及数的运算到代数式及其运算，再到方程和解方程、函数……在数的认识中，要让学生理解从数量抽象出数，数的扩充；在数的运算中，要让学生理解从整数、小数、分数的四则运算到有理数的运算，以及乘方和开方的运算等。

第一节 数与代数的内容安排

小学生学习数学是从数的认识和数的运算开始的，数与代数的内容贯穿小学数学学习始终，分册次内容安排如下表：

册次	单元	小节
一上	一、10 以内数的认识和加减法（一）	1～5 的认识；0 的认识；比较；5 以内的加减法；整理与复习
	二、10 以内数的认识和加减法（二）	6～10 的认识；6，7 的加减法；8，9 的加减法；10 的加减法；连加、连减、加减混合；整理与复习
	四、11～20 各数的认识	认识 11～20 各数；不进位加法和不退位减法；整理与复习
	五、20 以内的进位加法	9 加几；8 加几；7，6 加几；整理与复习
	六、20 以内的退位减法	11 减几；12，13 减几；14，15 减几；16，17，18 减几；整理与复习
一下	一、100 以内数的认识	数数　数的组成；写数　读数；数的顺序　大小比较；整理与复习
	四、100 以内的加法和减法（一）	整十数加、减整十数的口算；两位数加减整十数、一位数的口算；两位数加、减两位数；整理与复习
	五、认识人民币	
	六、认识钟表	
	七、100 以内的加减法（二）	进位加法；退位减法；整理与复习
二上	一、表内乘法（一）	乘法的初步认识；1，2 的乘法口诀；3 的乘法口诀；4 的乘法口诀；5 的乘法口诀；整理与复习
	三、表内乘法（二）	6，7 的乘法口诀；8，9 的乘法口诀；整理与复习
	六、表内除法	分一分；除法的初步认识；用乘法口诀求商；倍的认识；问题解决；整理与复习
二下	一、万以内数的认识	数数；写数　读数；大小比较；较大数的估计；整理与复习
	三、三位数的加减法	整十、整百数的加减；三位数的加法；三位数的减法；探索规律；问题解决；整理与复习
	五、有余数的除法	
	六、时　分　秒	时、分、秒；问题解决；整理与复习

续表

册次	单元	小节
三上	一、克、千克、吨	
	二、一位数乘两位数、三位数的乘法	一位数乘两位数；一位数乘三位数；问题解决；整理与复习
	四、两位数除以一位数的除法	两位数除以一位数；探索规律；问题解决；整理与复习
	五、四则混合运算	
	六、年、月、日	年、月、日；24时记时法
	八、分数的初步认识	分数的初步认识；简单的同分母分数加减法
三下	一、两位数乘两位数的乘法	两位数乘两位数；问题解决；整理与复习
	三、三位数除以一位数的除法	三位数除以一位数；问题解决；探索规律；整理与复习
	五、小数的初步认识	小数的初步认识；一位小数的加减法
四上	一、万以上数的认识	万以上数的读写；用万或亿作单位表示数；数字编码；用计算器计算；整理与复习
	二、加减法的关系和加法运算律	加减法的关系；加法运算律；整理与复习
	四、三位数乘两位数的乘法	三位数乘两位数；问题解决；整理与复习
	七、三位数除以两位数的除法	三位数除以两位数；探索规律；问题解决；整理与复习
四下	一、四则混合运算	
	二、乘除法的关系和乘法运算律	乘除法的关系；乘法运算律及简便运算；问题解决；整理与复习
	五、小数	小数的意义；小数的性质；小数点位置移动引起小数大小的变化；小数的近似数；整理与复习
	七、小数的加法和减法	小数的加法和减法；问题解决

续表

册次	单元	小节
五上	一、小数乘法	小数乘整数；小数乘小数；积的近似值；问题解决；整理与复习
	三、小数除法	除数是整数的除法；除数是小数的除法；商的近似值；循环小数；问题解决；整理与复习
	四、小数混合运算	
五下	一、倍数与因数	倍数、因数；2，3，5 的倍数特征；合数、质数；公因数、公倍数；整理与复习
	二、分数	分数的意义；真分数、假分数；分数的基本性质；约分、通分；分数与小数；整理与复习
	四、分数加减法	分数加减法；分数加减混合运算；探索规律
	五、方程	用字母表示数；等式；认识方程；解方程；问题解决；整理与复习
六上	一、分数乘法	分数乘法；问题解决
	三、分数除法	分数除法；问题解决；探索规律；整理与复习
	四、比和按比例分配	比的意义和性质；问题解决；整理与复习
	六、分数混合运算	分数混合运算；问题解决
	七、负数的初步认识	
六下	一、百分数	百分数的意义；百分数和分数、小数的互化；问题解决；整理与复习
	三、正比例和反比例	比例；正比例；反比例；整理与复习

第二节　数与代数的编排特色

西师版小学数学教材中的数与代数的编排，经过近20年的时间探索和教材特色的课题研究，立足于区域发展需要，形成了以下特色。

一、联系小学生生活实际引入数的认识和计算，通过解决生活中的实际问题强化数感和算理算法

如：《100以内的加减法》（一下）

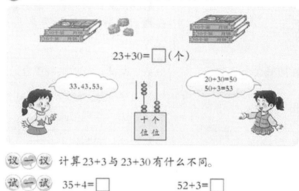

二、由简单到复杂，适当分段编排

整数的认识和计算分为10以内（又分为1～5，0，6～10）、20以内、100以内、万以内、万以上等五个阶段编排。分数和小数都按照第一学段初步认识、第二学段系统学习的方法进行编排。

三、在数的认识和数的计算中，加强数的概念与计算的联系

每次扩大数的范围都结合数的认识编排一些简单的加减法，使数的概念学了就用，通过用又加深对数的概念的理解，促进数感的发展。如：

一上：《10以内数的认识和加减法（一）、（二）》，单元内安排《连加、连减、加减混合》；

一上：《11～20各数的认识》，单元内安排《不进位加法和不退位减法》；

三上：《分数的初步认识》，单元内安排《简单的同分母分数加减法》；

三下：《小数的初步认识》，单元内安排《一位小数的加减法》；

四上：《万以上数的认识》，单元内安排《用计算器计算（含加减法）》。

四、在同一数范围内的四则运算中，加法和减法单元内交叉编排，乘法和除法相对独立自成单元

（1）加减法

一上：《10以内数的认识和加减法（一）》《10以内数的认识和加减法（二）》；

一下：《100以内的加法和减法（一）》《100以内的加法和减法（二）》；

二下：《三位数的加减法》；

四下：《小数的加法和减法》；

五下：《分数加减法》。

（2）乘除法

二上：《表内乘法（一）》《表内乘法（二）》；

二上：《表内除法》；

三上：《一位数乘两位数、三位数的乘法》；

三上：《两位数除以一位数的除法》；

三下：《两位数乘两位数的乘法》；

三下：《三位数除以一位数的除法》。

五、在数的计算内容呈现中，放缓坡度，降低难度，循序渐进

（1）体现在落实《数学课程标准》的要求上

《数学课程标准》对三年级学生的要求是"能计算三位数除以一位数的除法"，所以教材用了"两位数除以一位数的除法"和"三位数除以一位数的除法"两个单元来加以落实。

（2）体现在例题的呈现上

二下《三位数的减法》：例1为三位数减三位数（不退位）。例2为三位数减三位数（个位退位）。课堂活动：2题。例3为三位数减两位数（十位退位）。例4为三位数减三位数（个位、十位连续退位）。例5为整百数（被减数有0）减三位数。课堂活动：3题。练习九：共设13题加1个思考题。

六、口算、估算和笔算（不出现"笔算"名称）适当配合

口算不仅是笔算的基础，还是计算的重要组成部分，口算和估算在日常生活中用途都很广泛，笔算和估算都离不开口算，掌握了一定的笔算之后，又有助于口算能力的提高。因此，西师版小学数学教材在编排时将口

算、估算和笔算适当配合，相互促进。

在三下《两位数乘两位数》中：例 1 为两位数乘整十数的口算。例 2 为两位数乘两位数的估算。课堂活动：2 题。例 3 为两位数乘两位数不进位的乘法的笔算。例 4 为两位数乘两位数进位的乘法。例 5 为两位数乘两位数向千位进位，及交换因数再乘的验算。课堂活动：2 题。练习二：共设 11 题加 1 个思考题。

四上《三位数除以两位数的除法》：例 1 为整百数、几百几十的数除以整十数的口算。课堂活动：1 题。例 2 为三位数除以两位的估算。课堂活动：1 题。练习十七：共设 8 题。例 3 为几百几十的数除以整十数的笔算。课堂活动：1 题。例 4 为三位数除以两位数的笔算。课堂活动：1 题。例 5 为被除数末尾有 0 的三位数除以两位数。课堂活动：1 题。练习十八：共设 10 题。例 6 为前两位不够商 1 的三位数除以两位数。归纳出三位数除以两位数的计算方法。课堂活动：2 题。练习十九：共设 6 题。

七、常见的量相对独立，在"数的认识和计算"后的相应位置自成单元出现

第三节　整数的认识

按照《数学课程标准》的要求，西师版小学数学教材将整数的认识分散地、有梯度地安排在两个学段，主要内容在第一学段完成，第二学段重点梳理十进制记数法，其编排结构图如下：

整数
- 10 以内数的认识（一上）
- 11～20 各数的认识（一上）
- 100 以内数的认识（一下）
- 万以内数的认识（二下）
- 万以上数的认识（四上）
- 倍数与因数（五下）

10 以内数的认识和加减法（一）

（一年级上册）

一、课标解读

（一）学段目标

1. 经历从日常生活中抽象出数的过程，理解万以内数的意义。

2. 体会四则运算的意义，掌握必要的运算技能，能准确进行运算。

（二）课程目标

1. 在现实情境中理解万以内数的意义，能认、读、写万以内的数，能用数表示物体的个数或事物的顺序和位置。

2. 理解符号"<、=、>"的含义，能用符号和词语描述万以内数的大小。

3. 能运用数表示日常生活中的一些事物，并能进行交流。

4. 结合具体情境，体会整数加法和减法的意义。

5. 能熟练地口算 20 以内的加减法。

二、教材结构

（一）教学内容

项目　　题数　　小节	1～5 的认识	0 的认识	比较	5 以内数的加减法	整理与复习	合计
例题	5	3	3	7	（4）	18（4）
课堂活动	5	5	3	8		21
练习题	8			8	6	22
思考题	1	1				2

（二）知识联系

这部分内容是数概念中最基础的内容之一，是小学学习数学的开始。在此阶段，要让学生初步经历从日常生活中抽象出数的过程，初步尝试选择恰当的方法进行 5 以内数的口算，使学生了解数学的用处，体验数学学习的乐趣，从而为今后的学习奠定基础。

三、分节理解

1～5 的认识

1. 第 7 页例 1

（1）知识点：认、读、写 1～5 的数。

（2）技能点：能在具体情境中抽象出 1～5 各数，并会认、读、写。

（3）素养点：在具体情景中感知数，培养观察能力和语言表达能力。

（4）编写意图：

①呈现蕴含 1～5 各数的情境图。

②在情境图中找出 1 面国旗，2 只小鸟，3 个小朋友，4 盆花，5 棵树。

③用小棒分别摆出 1～5 各数。

④抽象出 1～5 各数。

（5）关键问题：

①一群可爱的数字宝宝就藏在这幅图里，你能把它们都找出来吗？

②一面国旗用 1 根小棒表示，那么 2 只小鸟呢……

2. 第 7 页例 2

（1）知识点：1～5 各数的排列顺序。

（2）技能点：会用圆片表示 1～5 各数，会从小到大、从大到小排列。

（3）素养点：在动手摆圆片中感知数的大小，初步培养应用意识。

（4）编写意图：

①有序呈现 1～5 各数的圆片个数。

②用数字 1～5 来表示对应的圆片。

（5）关键问题：

①同学们会用小棒摆 1～5 这些数，你能用圆片表示这些数吗？

②用圆片表示数字 2，想一想：1 是怎么变成 2 的？

3. 第 7 页例 3

（1）知识点：1～5 各数的实际意义。

（2）技能点：会用 1～5 各数表示日常生活中物体的个数。

（3）素养点：联系生活实际感知数，培养语言表达能力。

（4）编写意图：

①呈现 2 颗糖，2 本书等情境。

②根据学习 2 的方法学习"3、4、5"。

（5）关键问题：

①在生活中 2 还可以表示什么？

②找一找哪些物品可以用 1、2、3、4、5 来表示。

4. 第 8 页例 4

（1）知识点：比、画、写 1～5 各数。

（2）技能点：会正确比、画、写 1～5 各数。

（3）素养点：感知每一个数产生的过程，培养良好的书写习惯。

（4）编写意图：

①呈现用手势比出数字 1～5 的情境。

②根据比的数字，画出相应的圆圈，说出"1 添 1 是 2"等语句。

③提供书写范例，描红、在田字格里练习。

5. 第 8 页例 5

（1）知识点：认识 5 的分成和组成。

（2）技能点：能熟练地说出 5 以内各数的组成和分成。

（3）素养点：在操作活动中培养推理能力，感悟几何直观的数学思想。

（4）编写意图：

①呈现 4 名学生将 5 根小棒分成两堆的全部方法。

②抽象出 5 的分成。

③用语言表达 5 的分成和组成。

（5）关键问题：

①你能把 5 根小棒分成两份吗？怎样分？

②怎样才能有序地将 5 根小棒分成两部分？

0 的认识

1. 第 10 页例 1

（1）知识点：理解 0 表示没有。

（2）技能点：会用 0 表示没有。

（3）素养点：培养数感和符号意识。

（4）编写意图：

①呈现放飞气球的情境。

②用 0 表示没有。

（5）关键问题：全部飞走了用什么表示？

2. 第 10 页例 2

（1）知识点：理解 0 表示起点。

（2）技能点：会用 0 表示起点。

（3）素养点：利用直尺上的 0，理解几何直观概念。

（4）编写意图：呈现直尺图表示 0 的另一个含义：起点。

（5）关键问题：直尺上 0 的位置在哪儿呢？

3. 第 10 页例 3

（1）知识点：0 的读、写。

（2）技能点：会读、会写 0。

（3）素养点：正确读、写 0，培养良好的书写习惯。

（4）编写意图：

①提供书写范例、描红练习册。

②让学生进行描红练习。

（5）关键问题：0 长什么样子？该怎么写呢？

比 较

1. 第 12 页例 1

（1）知识点：认识"＝""＞""＜"，并对 1～5 的数进行比较。

（2）技能点：能用符号和语言描述 5 以内数的大小。

（3）素养点：正确使用"＝""＞""＜"，初步培养符号意识。

（4）编写意图：

①呈现"春天的花园"图中的花朵、蜜蜂和蜻蜓。

②数出花朵、蜜蜂和蜻蜓的数量。

③将蜜蜂与花朵一一对应，得出"蜜蜂和花朵同样多"，引出"3＝3 读作 3 等于 3"，认识等号。

④将蜻蜓与蜜蜂、蜜蜂与蜻蜓进行排列。用文字表示比多少的结果，沟通文字和图之间的关系。引出"4＞3 读作 4 大于 3""3＜4 读作 3 小于 4"，认识大于号和小于号。

（5）关键问题：

①像这样一只蜜蜂对着一朵花儿，刚好一一对应，我们就说它们同样多。

②蜻蜓和蜜蜂同样多吗?

2. 第 13 页例 2

（1）知识点：掌握"＝""＞""＜"的书写。

（2）技能点：能够正确书写"＝""＞"和"＜"。

（3）素养点：培养学生良好的书写习惯。

（4）编写意图：提供书写范例实体字、描红练习册，让学生观察、模仿（描红），自主书写。

（5）关键问题：仔细观察"＞""＜"的区别，想想该怎样写。

3. 第 13 页例 3

（1）知识点：掌握"＞""＜"的应用。

（2）技能点：能够正确应用"＝""＞"和"＜"。

（3）素养点：初步感悟多与少的辩证关系，培养初步的推理能力。

（4）编写意图：

①呈现圆和三角形图。

②从图中抽象出 3＜5，5＞3。

（5）关键问题：仔细观察"＞""＜"的区别，想想该怎样填空。

5 以内数的加减法

1. 第 17 页例 1

（1）知识点：认识加号，理解加法的含义。

（2）技能点：会口算"2＋1＝3"。

（3）素养点：培养符号意识和运算能力。

（4）编写意图：

①呈现汽车驶入的情境图，男孩："2辆车和1辆车合起来是3辆车。"

②根据题意列出加法算式"2＋1＝3"，认识加号、加法算式及读法。

（5）关键问题：

①你能用一个动作来演示"合起来"吗？

②像这样把两部分合起来，用什么方法来计算？

2. 第17页例2

（1）知识点：学习"3＋2"的具体计算方法和加法算式的书写格式。

（2）技能点：会计算"3＋2"，能规范书写加法算式。

（3）素养点：培养运算能力和创新意识。

（4）编写意图：

①呈现圆，把3朵花和2朵花圈在一起。

②根据题意引出算式：3＋2＝□。

③呈现算法多样化的思想，一是"3，接着数是4，5"，二是"3和2组成5"。

④在田字格里书写加法算式。

（5）关键问题：

①为什么要用加法计算呢？

②怎样计算"3＋2"？

3. 第17页例3

（1）知识点：理解"一图二式"。

（2）技能点：能根据一幅图写出两道加法算式。

（3）素养点：观察算式"4＋1＝1＋4"，感知"交换两个加数的位置，和不变"，培养初步的推理能力。

（4）编写意图：

①呈现两个小朋友从不同方向观察铅笔图，列出算式。男孩：4＋1＝5；女孩：1＋4＝5。

②两组算式的结果可以用"＝"连接。

（5）关键问题：

观察算式"4＋1＝5"和"1＋4＝5"，说说你发现了什么。

4. 第18页例4

（1）知识点：认识减号，口算"3－1＝2"。

（2）技能点：理解减法的含义，会计算5以内数的减法。

（3）素养点：培养初步的符号意识和运算能力。

（4）编写意图：

①呈现情境图，"原来有 3 人，走了 1 人，还剩下 2 人"。

②学会用减法算式计算，知道减号和减法算式"3－1＝2"的读法。

（5）关键问题：这里为什么要用减法？

5. 第 19 页例 5

（1）知识点：计算"5－2"。

（2）技能点：能看懂减法图，会计算"5－2＝3"。

（3）素养点：培养运算能力和创新意识。

（4）编写意图：

①呈现减法图：将 5 根小棒用实线框起来，2 根小棒用虚线框起来。

②列出算式 5－2，呈现三种计算方法，一是小企鹅："5，倒着数是 4，3"，二是小白兔："5 可以分成 2 和（ ）"，三是小狐狸："3＋2＝5，5－2＝3"。

（5）关键问题：

①说一说这幅图表示的意思。

②说一说你是怎样计算的。

6. 第 19 页例 6

（1）知识点：理解用 2 个减法算式表达同一幅图。

（2）技能点：能根据一幅图写出两道减法算式。

（3）素养点：通过观察分析初步培养推理能力和运算能力。

（4）编写意图：

①呈现 1 只白兔、4 只灰兔的图片。

②根据图意说出，男孩：白兔有 1 只，灰兔有多少只？列式：5－1＝；女孩：灰兔有 4 只，白兔有多少只？列式 5－4＝。

（5）关键问题：

①从图中你发现了什么？

②从这两个算式中你发现了什么？

7. 第 19 页例 7

（1）知识点：理解 0 和任何数相加都得原数。

（2）技能点：会计算和 0 有关的加减法。

（3）素养点：培养运算能力。

（4）编写意图：

①呈现小猫钓鱼的具体情境：一只小猫钓了 4 条鱼，另一只小猫没有钓到鱼。

②根据图意，列式计算 4＋0＝4。

（5）关键问题：

①仔细观察这幅图，从图中你发现了什么？
②说说算式表示的意思。

10 以内数的认识和加减法（二）

（一年级上册）

一、课标解读

（一）学段目标

1. 经历从日常生活中抽象出数的过程，理解万以内数的意义。
2. 体会四则运算的意义，掌握必要的运算技能，能准确进行运算。

（二）课程目标

1. 在现实情境中理解万以内数的意义，能认、读、写万以内的数，能用数表示物体的个数或事物的顺序和位置。
2. 能运用数表示日常生活中的一些事物，并能进行交流。
3. 能结合具体情境，体会整数加法和减法的意义。
4. 能熟练地口算 20 以内的加减法。

二、教材结构

（一）教学内容

项目 \ 小节 题数	6～10 的认识	6，7 的加减法	8，9 的加减法	10 的加减法	连加、连减、加减混合	整理与复习	合计
例题	6	6	4	3	3	(4)	22（4）
课堂活动	5	4	3	3	3		18
练习题	10	5		7	7	12	41
思考题	0	1	0	0	1		2

（二）知识联系

本单元是在学生系统地学习了"1～5 的认识"和"5 以内的加减法"之后，又一次集中学习 10 以内数的认识和相应的加减法。这些内容不仅在日常生活中有着非常广泛的应用，而且是学生进一步学习 20 以内的数和学习加减法计算的基础。同时，本单元学生所学习的用数学知识解决问题的方法将对其今后的学习起到至关重要的作用。因此，本单元是全册教材的重点内容之一，在整个小学数学教学中占有非常重要的地位。

三、分节理解

6～10 的认识

1. 第 25 页例 1

（1）知识点：理解 6～10 各数的意义。

（2）技能点：能从生活情境中抽象出 6～10 各数。

（3）素养点：整体感知 6～10 各数，初步培养数感和观察分析能力。

（4）编写意图：创设植树情境，经历数数的过程，初步认识 6～10 各数的基数意义。

（5）关键问题：你能有序找出图中的数字宝宝吗？

2. 第 25 页例 2

（1）知识点：认、读、写 6～10 各数。

（2）技能点：能认、读、写 6～10 各数。

（3）素养点：通过"比、画、写"活动，感受每一个数产生的过程，培养数感和抽象能力。

（4）编写意图：

①用手势比出数字 6～10。

②根据比的数字，画出相应的圆圈，说出"5 添 1 是 6""6 添 1 是 7"等话语。

③提供书写范例、描红、田字格等，进行练习。

（5）关键问题：注意观察起笔位置和占格位置，找准位置再下笔，少用橡皮擦。

3. 第 26 页例 3

（1）知识点：学习 6～10 各数的顺序。

（2）技能点：会排列 6～10 各数的大小。

（3）素养点：感知数的大小，培养应用意识。

（4）编写意图：

①呈现"拨一拨、说一说"情境图。

②呈现女孩：5 颗添 1 颗是 6 颗，6 颗添 1 颗是 7 颗，感知数的多少。

（5）关键问题：6 前面一个数是几？7 后面一个数是几？

4. 第 26 页例 4

（1）知识点：掌握 6 的分解与组成。

（2）技能点：能有序地把 6 分一分，会说 6 的分解与组成。

（3）素养点：在操作中培养推理能力，感悟几何直观思想。

（4）编写意图：

①呈现 6 的小棒分解图。

②从小棒图抽象出分解图。

③在"试一试"中，用小棒操作来理解和掌握 7 的组成与分解。

（5）关键问题：你能有序地把 6 根小棒分成两堆吗？

5. 第 28 页例 5

（1）知识点：理解数的基数含义和序数含义。

（2）技能点：会区分并理解几个与第几，能在具体情境中正确运用。

（3）素养点：在观察与分析活动中，培养推理能力与应用意识。

（4）编写意图：

①呈现学生喜爱的生动有趣的小动物运动会。

②表示事物的顺序位置，即第几。

③理解"前面""后面"。

（5）关键问题：小熊猫排在第几个？场上一共有多少个运动员？

6. 第 28 页例 6

（1）知识点：认识 10 以内各数，理解"最大""最小""相邻"。

（2）技能点：能比较 1～10 的大小顺序，会区分 10 以内"最大""最小""相邻"的数。

（3）素养点：在直尺图的学习中，培养推理能力和数据分析观念。

（4）编写意图：呈现直尺图，在空格里填数。

（5）关键问题：4 和 6 之间是几？7 在（　　）和（　　）中间。

6，7 的加减法

1. 第 31 页例 1

（1）知识点：6 的加法。

（2）技能点：会计算 6 的加法。

（3）素养点：培养运算能力。

（4）编写意图：

①呈现 6 的加法的情境。

②列出算式"$4+2=6$"。

③呈现：女孩：4，接着数是 5，6。男孩：4 和 2 组成 6。

（5）关键问题：说说每个数分别表示什么意思。

2. 第 31 页例 2

（1）知识点：7 的加法。

（2）技能点：能根据一图写出 2 个加法算式，会计算 7 的加法。

（3）素养点：在"一图二式"中，感知"交换两个加数的位置，和不变"。

（4）编写意图：

①呈现 7 的加法的小棒图。

②列出"一图二式"：5＋2＝7，2＋5＝7。

（5）关键问题：

对比两个算式，说说有什么共同和不同的地方。

3. 第 31 页例 3

（1）知识点：掌握 7 的加法。

（2）技能点：会计算 7 的加法。

（3）素养点：培养数感和运算能力。

（4）编写意图：

①呈现 7 的加法的情景图。

②根据情境列出"一图二式"：4＋3＝7，3＋4＝7。

（5）关键问题：说说两个算式有什么共同和不同的地方。

4. 第 32 页例 4

（1）知识点：6 的减法。

（2）技能点：会计算 6 的减法。

（3）素养点：培养数感和运算能力。

（4）编写意图：

①呈现 6 的减法的情境图。

②根据图意列出算式"6－2＝4"。

③呈现：小猪：6 可以分成 2 和 4。小兔：2＋4＝6，6－2＝4。

（5）关键问题：图式对照，说说每个数分别表示什么意思。

5. 第 32 页例 5

（1）知识点：7 的减法。

（2）技能点：会计算 7 的减法。

（3）素养点：培养数感和运算能力。

（4）编写意图：

①呈现 7 的减法的情境。

②根据图意列出"一图二式"：7－2＝5；7－5＝2。

（6）关键问题：结合图说说每个算式的意思。

6. 第 32 页例 6

（1）知识点：理解"一图四式"的意义，学会 7 的加减法。

（2）技能点：能根据一幅图写出四个算式，会计算 7 的加减法。

（3）素养点：培养推理能力和运算能力。

（4）编写意图：

①呈现小鸡觅食图。

②理解"一图四式"的意义。

（5）关键问题：结合图意，说说每个数分别表示什么意思。

8，9 的加减法

1. 第 35 页例 1

（1）知识点：认识 8 的分成和组成，掌握 8 的加法和减法算式。

（2）技能点：会 8 的分成和组成，能用算式表示。

（3）素养点：培养初步的推理能力和运算能力。

（4）编写意图：

①呈现 8 根小棒图，分成两堆，一堆 6 根，一堆 2 根。

②写加法算式"$6+2=\square$"和"$2+6=\square$"，会写"$8-\square=\square$"和"$8-\square=\square$"两个不同的减法算式。

（5）关键问题：

①从图中看出 8 根小棒分成了几堆？分别有几根？能写出哪些算式？

②把 8 根小棒分成两堆，你还能怎样分？

2. 第 35 页例 2

（1）知识点：掌握 9 的不同分成方法，并用算式表示。

（2）技能点：会 9 的多种分成方式，能用算式表示。

（3）素养点：学会有序思考，培养初步的推理能力和运算能力。

（4）编写意图：

①把 9 张圆片摆成两堆，一堆 1 张，一堆 8 张。

②呈现表格，边摆，边想，边填。

③根据摆的图片和表格，填算式。

（5）关键问题：

①9 张圆片可以怎样分？

②根据 9 的分成能写出哪些算式？

3. 第 35 页例 3

（1）知识点：认识大括号和问号，学会看图写算式。

（2）技能点：能正确读懂图意，并能写出符合题意的算式。

（3）素养点：培养应用意识和运算能力。

（4）编写意图：

①呈现南瓜图和小鱼图。

②看图说说条件和问题。

③根据条件列出算式求问题。

④能正确列算式求总数和部分数，巩固对题意的理解。

（5）关键问题：

①图中的大括号表示什么意思？

②知道总数和其中的一部分，求另一部分该怎么办？怎样列算式呢？

4. 第 36 页例 4

（1）知识点：看图列"一图四式"。

（2）技能点：能正确读懂图意，会看图列"一图四式"。

（3）素养点：培养对图意的理解能力以及解决实际问题的能力。

（4）编写意图：

①呈现小朋友在游泳池游泳的图片。

②列出四个算式"5＋3＝8""3＋5＝□""8－5＝3""8－3＝□"。

（5）关键问题：

①说一说你从图中看到了什么。

②可以把图中的小朋友分成几个部分？分别可以用什么数字表示？

10 的加减法

1. 第 37 页例 1

（1）知识点：掌握 7 和 3 组成 10 对应的 10 的加减法。

（2）技能点：会根据数的组成计算对应的 10 的加减法。

（3）素养点：培养数感和运算能力。

（4）编写意图：

①呈现实物图：笔盒里有 7 支笔，笔盒外有 3 支笔，一共有 10 支笔。

②列出加法算式"7＋3＝□""3＋□＝□"。

③列出减法算式"10－7＝□""10－□＝7"。

（5）关键问题：

①图中告诉我们什么信息？

②应该怎样写算式？

2. 第 37 页例 2

（1）知识点：掌握 6 和 4 组成 10 对应的 10 的加减法。

（2）技能点：会根据数的组成计算对应的 10 的加减法。

（3）素养点：培养数感和运算能力。

（4）编写意图：

①呈现分解式：10 可以分成几和 6。

②列出加法算式"□＋6＝10""□＋□＝10"。

③列出两个减法算式"10－□＝□""10－□＝□"。

（5）关键问题：观察加法算式和减法算式，你有什么发现？

3. 第 37 页例 3

（1）知识点：掌握 10 的加减法。

（2）技能点：熟练计算 10 的加减法。

（3）素养点：培养运算能力和推理能力。

（4）编写意图：

①呈现 5 行圆圈，每行有 10 个。

②根据依次划掉 1 个、2 个圆圈，列出加减法算式。

（5）关键问题：

①你列的是什么算式？说说你是怎样想的。

②这些算式有什么共同的地方？

连加、连减、加减混合

1. 第 40 页例 1

（1）知识点：理解连加的意义，掌握计算 10 以内数连加的方法。

（2）技能点：会计算 10 以内数的连加。

（3）素养点：培养应用意识。

（4）编写意图：

①呈现连加的问题情境：树上有 2 只鸟，草地上有 4 只鸟，空中有 3 只鸟，一共有多少只鸟？

②根据问题列出算式"$4+2+3=9$"，并呈现小猪情境图："$4+2=6$，$6+3=9$。"

③呈现小兔情境图："还可以这样列算式……"

④通过"试一试"，巩固连加的计算。

（5）关键问题：

①说说算式中的每个数分别表示什么意思。

②不同的列式有什么共同的地方？

2. 第 40 页例 2

（1）知识点：理解连减的意义，掌握计算 10 以内数连减的方法。

（2）技能点：会计算 10 以内数的连减。

（3）素养点：培养应用意识。

（4）编写意图：

①呈现连减的问题情境图：图 1 有两只刺猬和 9 个南瓜，图 2 中的一只刺猬运走了 2 个南瓜，一只刺猬运走了 3 个南瓜，还剩下 4 个南瓜。

②根据图意列出算式"$9-2-3=\square$"。

③写出计算过程，呈现小猪情境图："$9-2=7$，$7-3=4$"。

④通过"试一试"，巩固连减的计算。

（5）关键问题：

①说说算式中的每个数分别表示什么意思。

②还可以怎样列式？两个算式有什么共同和不同的地方？

3. 第 41 页例 3

（1）知识点：理解加减混合的意义，掌握计算 10 以内数加减混合的方法。

（2）技能点：会计算 10 以内数的加减混合。

（3）素养点：培养应用意识。

（4）编写意图：

①呈现加减混合的问题情境：草地上原来有 6 只鸟，飞走了 2 只鸟，又飞来了 3 只鸟。

②呈现两种不同的解题思路：$6-2+3=\square$，$6+3-2=\square$。

③写出两种列式的计算过程，呈现小乌龟情境图：$6-2=4$，$4+3=7$。呈现小兔情境图：$6+3=9$，$9-2=7$。

④通过"试一试"，巩固加减混合计算能力。

（5）关键问题：

①说说算式中的每个数分别表示什么意思。

②两种不同的列式有什么共同和不同的地方？

11～20 各数的认识

（一年级上册）

一、课标解读

（一）学段目标

1. 经历从日常生活中抽象出数的过程，理解万以内数的意义；

2. 知道数学可以描述生活中的一些现象，感受数学与生活有密切的联系。

（二）课程目标

1. 在现实情境中理解万以内各数的意义，能认、读、写万以内的数，能用数表示物体的个数或事物的顺序和位置；

2. 能说出多位数各数位的名称，初步理解各数位上的数字表示的意义；

3. 能运用数表示日常生活中的一些事物，并能进行交流。

二、教材结构

（一）教学内容

题数 项目	认识 11～20 各数	不进位加法和不退位减法法	整理与复习	合计
例题	5	4	（3）	9（3）
课堂活动	7	3		10

续表

项目 \ 小节 / 题数	认识11～20各数	不进位加法和不退位减法法	整理与复习	合计
练习题	10	9	7	26
思考题	1	1		2

（二）知识联系

本单元是在学生已经掌握10以内各数的知识和加减法的基础上，将认识范围从10以内扩大到20以内，10以内的数及认数的方法都将成为本单元的认知基础。20以内的数、不进位加法、不退位减法是进一步学习100以内数的知识和20以内的进位加法和退位减法的基础，掌握好这部分内容，有利于学生进一步学习。同时，对11～20各数的学习质量将直接影响20以内的加减法的学习，以及今后学习多位数的质量。利用已经掌握的数的组成的有关知识，熟练地进行20以内不进位加法和不退位减法的运算，引导学生把所学的知识运用到实践中，能够解决身边的数学问题，体会数学的价值，培养学生的应用意识，因此，本单元是全册教材的重点内容之一，在整个小学数学教学中占有非常重要的地位。

三、分节理解

认识11～20各数

1. 第57页：知识陈述和例1

（1）知识点：认识11～20各数，知道11～20各数的组成。

（2）技能点：会数、会认11～20各数，能说出11～20各数的组成。

（3）素养点：经历10个"1"转化为1个"10"的过程，培养学生初步的数感和符号意识。

（4）编写意图：

①呈现10个"1"转化为1个"10"的过程。

②呈现11根和13根小棒图，每10根捆成一捆。

③说出11和13这两个数的组成。

④写出11和13这两个数。

（6）关键问题：

①11是由几个10和几个1组成的？

②任意举出1个20以内的数，说说它的组成。

2. 第57页例2

(1) 知识点：认识数位，读 11～20 各数。

(2) 技能点：能说出数位名称——个位、十位，会读 11～20 各数。

(3) 素养点：建立数位概念，培养数的感知能力。

(4) 编写意图：

①用小棒摆出 15 和 20 这两个数。

②用计数器拨出 15 和 20 这两个数。

③写出 15 和 20 这两个数。

④读出 15 和 20 这两个数。

⑤介绍数位名称及顺序，以及十位上的 1 表示 1 个 10。

(5) 关键问题：

①15，十位上的"1"和个位上的"5"分别表示什么意思？

②11，十位上的"1"和个位上的"1"的含义一样吗？

③从右边起的第一位是什么位？第二位是什么位？

3. 第 58 页例 3

(1) 知识点：读、写 11～20 各数。

(2) 技能点：能正确规范地读、写 11～20 各数。

(3) 素养点：获得读、写活动经验，培养数感。

(4) 编写意图：

①呈现 11～20 各数的田字格，描红格。

②让学生观察、描红，自主书写。

(5) 关键问题：11～20 的书写与之前学的数字书写有什么异同？

4. 第 59 页例 4

(1) 知识点：10 加几的计算方法。

(2) 技能点：能正确计算 10 加几。

(3) 素养点：培养类推和归纳总结能力。

(4) 编写意图：

①呈现 16、19 的小棒图。

②根据摆出的小棒说出 16、19 两个数的组成。

③根据组成填空。

④通过"试一试"，巩固 10 加几的计算。

(5) 关键问题：

①10＋6 等于几？你是怎么算的？

②观察这些加法算式，你发现了什么？

5. 第 59 页例 5

(1) 知识点：20 以内数的顺序与大小的比较。

(2) 技能点：能把 20 以内的数排序，并能比较大小。

（3）素养点：通过对 0～20 的有序排列，培养数感。

（4）编写意图：

①用直尺图呈现 20 以内的数。

②呈现比较大小，会说"大得多""大一些"。

（5）关键问题：

①观察直尺上的数，说说排列时有什么规律。

②两个数相差得越大，它们的距离就怎样？相差得越小呢？

③在直尺上再选几个数来说一说。

不进位加法和不退位减法

1. 第 62 页例 1

（1）知识点：十几加几的计算方法和加法算式各部分名称。

（2）技能点：会计算 20 以内的不进位加法，能分清加法算式各部分的名称。

（3）素养点：培养推理能力和运算能力。

（4）编写意图：

①呈现小棒图，引出算式"$13+2$"。

②男孩"接着数"；女孩先算"$3+2=5$"，再算"$10+5=15$"，呈现两种不同的算法。

③介绍加法算式各部分名称。

④通过"试一试"的练习，巩固十几加几的计算方法。

（7）关键问题：

①怎样计算"$13+2$"？

②13 叫什么？2 呢？15 呢？

③怎样计算十几加几的加法？

2. 第 62 页例 2

（1）知识点：掌握 20 以内不退位减法的计算方法，认识减法各部分名称。

（2）技能点：会计算 20 以内不退位减法，能分清减法各部分名称。

（3）素养点：培养推理能力和运算能力。

（4）编写意图：

①呈现小棒图，引出算式"$15-2$"。

②通过两个女孩的对话，用开放式的问题呈现不同算法。

③介绍减法算式各部分的名称。

④通过"试一试"的练习，巩固 20 以内不退位减法的计算方法。

（5）关键问题：

①怎样计算"$15-2$"？

②15 叫什么？2 呢？13 呢？

③怎样计算十几减几的减法？

3. 第 62 页例 3

（1）知识点：不进位加法和不退位减法的"一图二式"。

（2）技能点：会列式计算不进位加法和不退位减法的"一图二式"。

（3）素养点：培养模型思想和应用意识。

（4）编写意图：

①呈现不进位加法和不退位减法的情境图。

②根据图意列出一道加法算式和一道减法算式。

③通过两个男孩的对话，呈现加法算式和减法算式表示的意义。

（5）关键问题：

①你能根据这幅图，写出一个加法算式和一个减法算式吗？

②"11＋6"表示什么？"17－6"呢？

4. 第 63 页例 4

（1）知识点：加减混合运算的意义和计算方法。

（2）技能点：会正确计算 20 以内不进位和不退位的加减混合运算。

（3）素养点：培养模型思想、应用意识和创新意识。

（4）编写意图：

①呈现两幅图，动态呈现小鸟飞来、飞走的问题情景。

②根据图意列出加减混合算式，并用箭头、连线的方式呈现运算顺序。

③通过"试一试"，巩固加减混合运算的计算方法。

（5）关键问题：

①根据图意，应该怎样列式？

②先算什么，再算什么？

100 以内数的认识

（一年级下册）

一、课标解读

（一）学段目标

经历从日常生活中抽象出数的过程。

（二）课程目标

1. 在现实情境中理解万以内数的意义，能认、读、写万以内的数，能用数表示物体的个数或事物的顺序和位置。

2. 能说出各数位的名称，理解各数位上的数字表示的意义。

3. 能运用数表示日常生活中的一些事物，并能进行交流。

二、教材结构

（一）教学内容

项目 \ 小节 \ 题数	数数 数的组成	写数 读数	数的顺序 大小比较	整理与复习	合计
例题	3	2	3	(4)	8 (4)
课堂活动	3	2	2		7
练习题	5	10	9	12	36
思考题			1	1	2

（二）知识联系

本单元知识是在学生已经认识 20 以内数的基础上，把认数范围从 20 以内扩大到 100 以内，20 以内数的认识是本单元的学习基础。这一阶段将拓宽学生对"计数单位"的认识，使其进一步感知、理解"十进制""位置制"两个基本概念。同时，认识 100 以内的数是进一步认识万以内的数、学习 100 以内加减法的基础，学好这部分内容，有利于学生数学能力的提高。

三、分节理解

数数 数的组成

1. 第 2 页例 1

（1）知识点：认识"10 个十是一百"。

（2）技能点：会一个一个、十个十个地数 100 以内物体的个数。

（3）素养点：感知数的大小，培养推理能力。

（3）编写意图：

①呈现小朋友数数的情境图，用对话的形式呈现"一根一根地数……20 以后怎样数？39 后面的数是几？49 后面呢"等关键问题。

②用小棒 10 根 10 根地数，数到 100。

③总结：10 个十是 100。

（4）关键问题：

①20 以后怎么数？39、49 后面呢？

②1 根 1 根地数，100 个一是多少？

③10 根 10 根地数，10 个十是多少？

2. 第 2 页例 2

（1）知识点：掌握 100 以内数的组成。

（2）技能点：会说出 100 以内数的组成。

（3）素养点：培养数感和推理能力。

（4）编写意图：

①呈现 100 只小猫的格子图。

②用对话的形式呈现 28 的组成和关键问题："灰猫和白猫一共有多少只？这个数由几个十和几个一组成。"

③用问题呈现的方式，引发对"100"这个数的组成的思考。

（5）关键问题：

①灰猫有多少只？是由几个十和几个一组成的？

②灰猫和白猫一共有多少只？这个数是由几个十和几个一组成？

③灰猫、白猫和黑猫一共有多少只？这个数是由几个十组成的？

3. 第 3 页例 3

（1）知识点：100 以内数的组成。

（2）技能点：能说、会填 100 以内数的组成。

（3）素养点：培养数感和推理能力。

（4）编写意图：

①呈现蕴含 32 和 23 两数的情境图。

②填出 32 和 23 这两个数的组成。

③呈现蕴含 70 的情境图。

④填出 70 的组成。

（5）关键问题：

①乒乓球有多少个？是由几个十和几个一组成的？

②3 盒与 3 个表示的数量一样吗？

③这些商品每盒的数量都是 10，这对我们快速数出数量有什么作用？

写数　读数

1. 第 5 页例 1

（1）知识点：掌握 100 以内数的写法。

（2）技能点：会写 100 以内数。

（3）素养点：培养数感和推理能力。

（4）编写意图：

①呈现蕴含 13、23 的小棒图。

②在计数器上拨出 13 和 23，并呈现 13 的写法。

③通过对话的方式，介绍 23 的写法。

（5）关键问题：

①23 怎样写呢？

②写 100 以内的数，先写什么位，再写什么位？

2. 第 5 页例 2

（1）知识点：掌握 100 以内数的读、写方法。

（2）技能点：会读写 100 以内数。

（3）素养点：培养数感、知识的迁移能力和抽象概括能力。

（4）编写意图：

①呈现 34 和 50 这两个数的计数器图，引出这两个数的写法。

②对话介绍 34 和 50 两个数的读法。

③呈现 100 这个数的计数器图，引出 100 的写法。

④通过对话，介绍数位名称及顺序，以及 100 的读、写方法。

⑤小结读数和写数的方法。

（5）关键问题：

①这些数都是先读什么位，再读什么位？

②写 50 时，个位的 0 可不可以不写？

③读数和写数都是从什么位开始的？

数的顺序　大小比较

1. 第 9 页例 1

（1）知识点：100 以内数的排列顺序。

（2）技能点：能说、会填 100 以内数的顺序。

（3）素养点：培养观察能力、推理能力，发展数感。

（4）编写意图：

①呈现有空缺的 100 以内数的方格图。

②通过对话，发现顺序表的排列规律。

（5）关键问题：

①观察方格图，你发现了什么？

②这些数是按照什么顺序排列的？

③你是怎么观察的？

2. 第 9 页例 2

（1）知识点：比较十位上不同的两位数的大小。

（2）技能点：会比较十位上不同的两位数的大小。

（3）素养点：培养观察力和数感。

（4）编写意图：

①呈现"哪个班的学生多"的问题情境图。

②呈现蕴含 38 和 41 两个数的小棒和直尺图。

③比较 38 和 41 的大小。

④通过对话总结比较的方法，并回答情境图中的问题。

（5）关键问题：

①你认为哪个班的学生多？用你的方法比一比。

②你是怎么比较这两个数的大小的？

3. 第 10 页例 3

（1）知识点：比较个位上不同的两位数的大小。

（2）技能点：会比较个位上不同的两位数的大小

（3）素养点：培养抽象能力和推理能力。

（4）编写意图：

①用方块图和计数器呈现 22 和 23、45 和 43 两组数。

②比较出两组数的大小。

（5）关键问题：

①怎样比较这两个数（22 和 23）的大小？

②为什么不是比较十位数呢？

③怎样比较 100 以内数的大小？

万以内数的认识

（二年级下册）

一、课标解读

（一）学段目标

1. 经历从日常生活中抽象出数的过程，理解万以内数的意义。

2. 体会四则运算的意义，掌握必要的运算技能，能准确进行运算。

（二）课程目标

1. 在现实情境中理解万以内数的意义，能认、读、写万以内的数，能用数表示物体的个数或事物的顺序和位置；

2. 能说出各数位的名称，理解各数位上的数字表示的意义，知道用算盘可以表示多位数；

3. 在生活情境中感受大数的意义，并能进行估计；

4. 能运用数表示日常生活中的一些事物，并能进行交流。

二、教材结构

（一）教学内容

项目	小节 题数	数数	写数读数	大小比较	较大数的估计	整理和复习	合计
例题		5	7	2	3	(4)	17 (4)
课堂活动		4	7	3	3		17
练习题		4	10		11	5	30
思考题			1			1	2

（二）知识联系

本单元知识是学生在学习了 100 以内各数的基础上进行教学的，进一步感受十进位制思想，将为后面学习万以上的数打下基础。

三、分节理解

数　数

1. 第 2 页例 1

（1）知识点：体会计数单位"百"与"千"之间的关系，知道 10 个一百是一千（1000），认识新的计数单位"千"。

（2）技能点：会认计数单位"千"，能说出 10 个一百是一千。

（3）素养点：培养数感和符号意识。

（4）编写意图：

①呈现小棒图，10 个一是十，10 个十是一百。

②呈现结构化的小立方体，10 个一百是一千（1000）。

③利用计数器一百一百地数出一千（1000）。

④呈现线段图，一百一百依次表示到一千（1000）。

（5）关键问题：

①10 个一百是多少呢？

②对 1000 这个数你有什么看法？

2. 第 2 页例 2

（1）知识点：认识计数单位"万"。

（2）技能点：会认计数单位"万"，能说出 10 个一千是一万（10000）。

（3）素养点：培养数感和符号意识。

（4）编写意图：

①呈现结构化的立方体，一千一千地数到一万（10000）。

②呈现10个一千是一万（10000），感受一万（10000）是一个更大的数。

（5）关键问题：

①10个一千是多少呢？

②对一万（10000）这个数，你有什么感受？

3. 第3页例3

（1）知识点：建立万以内数的计数单位体系"一、十、百、千、万"，知道相邻两个计数单位间的进率是10。

（2）技能点：能在计数器上拨珠表示计数单位"一、十、百、千、万"，感受珠子在不同数位表示的计数单位不同，能说出相邻两个计数单位间的进率是10。

（3）素养点：培养推理能力和符号意识。

（4）编写意图：

①呈现小正方体图，用文字或数表示"一、十、百、千、万"的计数单位。

②在计数器上分别拨珠表示出这5个计数单位。

③将不同方式表示的计数单位一一对应，理解"相邻两个计数单位间的进率是10"。

（5）关键问题：

①通过数数、拨珠，你知道了哪些计数单位？

②对于这些计数单位，你有什么发现？

4. 第4页例4

（1）知识点：一个一个地数，学会从九十几到一百、一百九十几到二百"翻坎"数数，深化对计数单位的认识，再次理解十进制关系，掌握数的组成规律。

（2）技能点：会借助小棒和计数器一个一个地"翻坎"数数。

（3）素养点：培养数感和分析概括能力。

（4）编写意图：

①呈现数小棒情境图，男孩：九十七、九十八、九十九，再往后怎么数？女孩接着数"一百、一百零一、一百零二……一百二十"，突出数到九十九如何"翻坎"的难点。

②呈现利用计数器情境图，女孩从一百九十七一个一个地数到二百零二，男孩直接说出二百一十的组成，巩固"翻坎"数数，掌握数的组成知识。

（5）关键问题：

①一个一个地数，九十九后面是多少？

②从一百九十七往后数，依次怎么数？

5. 第 5 页例 5

（1）知识点：一十一十地数，学会从九百八十到一千零五十，从一千九百到二千零一十，深化对计数单位的认识，再次理解十进制关系，巩固数的组成知识。

（2）技能点：会借助计数器一十一十地"翻坎"数数，能说出万以内数的组成。

（3）素养点：培养数感和分析推理能力。

（4）编写意图：

①呈现借助计数器一十一十地从九百八十数到一千零五十的情境图，突破"九百九十翻一千"的数数难点。

②呈现借助计数器一十一十地从一千九百数到二千零一十的情境图，突破"一千九百九十翻二千"的数数难点。

③借助计数器直观理解数的组成。

（5）关键问题：

①一十一十地往后数，九百九十后面是多少？一千九百九十后面呢？

②你在"翻坎"数数的时候有什么秘诀吗？跟大家分享一下你的经验。

写数 读数

1. 第 7 页例 1

（1）知识点：每一个数位上都有计数单位的万以内的数的写法。

（2）技能点：会写每一个数位上都有计数单位的万以内的数。

（3）素养点：培养符号意识和分析概括能力。

（4）编写意图：

①在计数器上拨珠 65，265，3246。

②写数 65，265，3246

③归纳出"写数是从高位开始，几千在千位上写几，几百在百位上写几……"的写数方法。

（5）关键问题：

①你是怎样写数的？

②你能试着总结一下写数的方法吗？

2. 第 7 页例 2

（1）知识点：掌握数的中间或末尾有 0 的数的写法。

（2）技能点：会写数的中间或末尾有 0 的数。

（3）素养点：培养符号意识和分析概括能力。

（4）编写意图：

①呈现算珠情境图 2600。

②根据算珠情境图写中间有 0 的数。

③看到哪个数位上 1 个计数单位都没有，就在这一位上写 0。

④通过"试一试"，巩固写数的方法。

（5）关键问题：

①为什么要写 0？

②你能总结一下这一类数的写法吗？

3. 第 8 页例 3

（1）知识点：通过想数位顺序表写数。

（2）技能点：能通过想数位顺序表来写数。

（3）素养点：培养数感和符号意识。

（4）编写意图：

①呈现生活情景。

②依次从高位开始一位一位往下写数。

③通过"试一试"，巩固写数的方法。

（5）关键问题：

①你是怎么写数的？

4. 第 9 页例 4

（1）知识点：每一位上都有计数单位的数的读法。

（2）技能点：能正确读出每一位上都有计数单位的数。

（3）素养点：培养数感和归纳、抽象能力。

（4）编写意图：

①通过文字信息，呈现出"315 人"和"1236 人"两个数据。

②借助算珠图读数。

③将算珠图、写数与读数一一对应。

④归纳出"读数是从高位读起，千位上是几，读作几千；百位上是几，读作几百……"的读数方法。

（5）关键问题：

①你是怎样读数的？

②你能总结一下读数的方法吗？

5. 第 9 页例 5

（1）知识点：末尾或中间有零的数的读法。

（2）技能点：能正确读末尾或中间有零的数。

（3）素养点：培养抽象概括能力和符号意识。

（4）编写意图：

①借助计数器呈现对末尾有零的数的读法。

②借助计数器呈现对"中间有 1 个或连续 2 个 0"的数的读法。

③归纳总结出完整的读数方法。

④通过"试一试"，巩固万以内数末尾有零的数的读法。

（5）关键问题：

①这些数与例 4 的数在读法上有什么不一样的地方？

②你能总结一下这些数的读法吗？

6. 第 10 页例 6

（1）知识点：认识算盘，知道各部分名称，掌握确定数位的方法，知道各个算珠所表示的值。

（2）技能点：能确定数位，会正确拨珠。

（3）素养点：培养数感和符号意识。

（4）编写意图：

①呈现算盘图，标示算盘各部分的名称。

②通过对话呈现确定数位的方法和各个算珠所表示的值。

③根据算珠表示的值的不同练习简单的拨珠计数方法。

（5）关键问题：

①你能说出算盘各部分的名称吗？

②同样的珠子，为什么在计数时表示的意思不一样？

7. 第 10 页例 7

（1）知识点：在算盘上拨珠表示数，根据算盘拨珠图正确写数。

（2）技能点：能根据数在算盘上正确拨珠表示，也能根据算盘拨珠正确写数。

（3）素养点：培养数感和符号意识。

（4）编写意图：

①呈现 71，509，6800 和相应的算盘拨珠图。

②通过对话框提示各个数位上的数字的拨法，尤其是 509 中的 0 的拨法。

③根据算盘拨珠图写出相应的数。

④通过"试一试"巩固拨珠记数的方法。

（5）关键问题：

①509 中的 0 怎么拨？

②请你总结一下看数拨珠的方法。

大小比较

1. 第 14 页例 1

（1）知识点：理解位数不同的两个数比较大小的方法。

（2）技能点：能比较位数不同的两个数的大小。

（3）素养点：培养数感和符号意识。

（4）编写意图：

①呈现借助计数器来比较四位数 3200 和三位数 514 大小的情境图，发现四位数大于三位数。

②根据 3200 大于 514，得出"位数不同的两个数比大小，位数多的那个数大"的结论。

③通过"试一试"，巩固比较位数不同的两个数的大小的方法。

（5）关键问题：

①你是怎样比较出这两个数的大小的？

②你能总结一下比较的方法吗？

2. 第 14 页例 2

（1）知识点：掌握位数相同的两个数比较大小的方法，学会正确比较。

（2）技能点：学会比较位数相同的两个数的大小。

（3）素养点：培养数感和应用意识。

（4）编写意图：

①呈现借助计数器来比较 4850 和 5200 大小的情境图，观察得出位数相同，都是四位数，先比千位的结论。

②呈现借助计数器来比较 3300 和 3250 大小的情境图，想想同样都是四位数，千位相同，怎么比较。

③将计数器与所比较的数一一对应。

④根据两小题的比较方法，小结得出"位数相同的两个数比大小，从最高位开始，一位一位往下比"的方法。

⑤通过"试一试"，巩固对位数相同的两个数比较大小方法的掌握。

（5）关键问题：

①你是怎样比较的？

②结合你的经验，你能完整地总结出万以内数的大小的比较方法吗？

较大数的估计

1. 第 16 页例 1

（1）知识点：通过对实物数量的多少进行估计来认识"多一些、少得多"。

（2）技能点：会用"多一些""少得多"的描述方式对实物数量的多少进行估计。

（3）素养点：培养数感和推理能力。

（4）编写意图：

①呈现三堆体积大致相同的水果图，每种水果大小不同，个数也有多有少。

②男孩：橘子的个数比苹果多一些。女孩：柚子的个数比苹果少得多。对话呈现橘子和柚子与苹果的比较，说出在多与少程度上的差异，进而感受数的大小。

③根据生活经验用最接近和相对合理的数来估计橘子和柚子的个数。从 1500，1000，800，400 这 4 个数中选择。

（5）关键问题：

①橘子、柚子大约有多少个？

②你是通过与什么比较来估计的？

③你能总结一下估计的方法吗？

2. 第 16 页例 2

（1）知识点：掌握以"小"的标准来估计"大"的数的方法。

（2）技能点：会以"小"的标准来估计"大"的数。

（3）素养点：培养数感、推理能力和应用意识。

（4）编写意图：

①呈现猜测一碗黄豆的颗数的情境图。

②通过对话，女孩：1 把有多少粒？男孩：1 小杯有多少粒？呈现两种不同的估计思路。

③通过填空，先数出"1 把大约有多少粒"，再数出大约有多少把；也可以先数出"1 小杯大约有多少粒"，再数出大约有多少杯，从而估计出黄豆的数量。呈现出两种具体的估计方案。

（5）关键问题：

①两种估法有什么共同的地方？

②生活中你还遇到过哪些需要这样估计的情况？

3. 第 17 页例 3

（1）知识点：掌握由小到大、由少到多进行估计的方法。

（2）技能点：能根据由小到大、由少到多估计的方法进行估计。

（3）素养点：培养数感、推理能力和应用意识。

（4）编写意图：

①呈现 1200 张纸大约有多厚的问题情境图。

②呈现对话，女孩：1 本数学书约有 60 张纸，两本厚约 1 厘米。男孩

说：10 本数学书约有 600 张纸，叠起来的厚度约为……通过对话呈现由少到多估计的思路，进而推测出"1200 张纸约有 20 本数学书厚，叠起来的高度约是……"

③根据估计 1200 张纸厚度的推理过程，估计"1200 名学生站成一列有多长"。

（5）关键问题：

①你是怎样估计的？

②估计 1200 张纸的厚度和 1200 名学生站成 1 列的长度时，有什么相同的地方？

万以上数的认识

（四年级上册）

一、课标解读

（一）学段目标

体验从具体情境中抽象出数的过程，认识万以上的数。

（二）课程目标

1. 结合具体情境，引导学生感受大数的意义，培养数感。

2. 加强基础知识、基本概念的教学，引导学生经历"再创造"的过程。

3. 紧紧抓住数的分级，引导学生探索数的读、写方法。

4. 介绍计算器的功能和作用，引导学生用计算器计算大数目，并利用计算器探索数学规律。

二、教材结构

（一）教学内容

题数　项目　小节	万以上数的读写	用万或亿作单位表示数	数字编码	用计算器计算	整理与复习	合计
例题	4	4	2	3	(5)	13 (5)
课堂活动	3	4	2	2		11
练习题	11	10	4	8	10	43
思考题	1				1	2

（二）知识联系

本单元是在学生学习和掌握了万以内数的读法、写法、比较大小的方法基础上进行教学的，是万以内数认识的巩固和扩展。学生可以凭借已有的知识和经验，认识新的计数单位、数位顺序，运用知识的迁移规律探索、总结万以上数的读法、写法及比较大小的方法。

三、分节理解

万以上数的读写

（一）知识陈述

（1）知识点：认识计数单位和数位、数位顺序表，知道十进制计数法。

（2）技能点：能正确区分计数单位和数位，能说出数位顺序表和十进制计数法。

（3）素养点：培养归纳概括能力和数感。

（4）编写意图：

①呈现数数的情景。

②呈现计数单位。

③概括出数位。

④呈现完整的数位顺序表。

（二）例题理解

1. 第 3 页例 1

（1）知识点：掌握没有"0"的万以上亿以内数的万级读法。

（2）技能点：能正确熟练地读没有"0"的万以上亿以内的数。

（3）素养点：培养归纳概括能力，构建读数的模型。

（4）编写意图：

①出示国家图书馆的图片，展示其藏书量大、接待人数多的情景。

②用文字和数据描述图书的本数和年均接待读者人数。

③议一议，小结出这些数的读法。

④结合数位顺序表读数。

（5）关键问题：

①信息中的这几个数该怎样读？

②在读数时，你认为应该注意些什么？

2. 第 4 页例 2

（1）知识点：掌握中间和末尾有"0"的万以上数的读法。

（2）技能点：会正确熟练地读中间和末尾有"0"的大数。

（3）素养点：渗透类推思想，培养知识迁移能力和归纳概括能力。

（4）编写意图：

①根据数位顺序表，照样子读数。

②议一议：上面的数，哪些"0"要读？哪些"0"不读？

③想一想：比较亿级和万级的数与个级的数读法的异同。

④读一读：尝试巩固读数。

（5）关键问题：

①在一个多位数中，哪些"0"要读？哪些"0"不读？

②亿级和万级的数的读法和个级的数的读法有什么相同和不同？

3. 第 5 页例 3

（1）知识点：掌握万以上数的写法。

（2）技能点：会正确熟练地写万以上亿以内的数。

（3）素养点：培养探究精神和归纳概括能力。

（4）编写意图：

①照样子，在数位顺序表中写数。

②创设对话情景，引出整亿数的写法。

③写一写，尝试巩固万以上数的写法。

④议一议，小结万以上的数的写法。

（5）关键问题：

①怎样写万以上的数？

②在写万以上的数时，与写万以下的数有什么相同和不同？

4. 第 6 页例 4

（1）知识点：万以上数的大小比较。

（2）技能点：会正确比较多位数的大小。

（3）素养点：在比较大小的过程中培养数感。

（4）编写意图：

①呈现万以上数大小比较的问题。

②创设对话情景，引出万以上数大小比较的方法。

（5）关键问题：

①为什么六位数比五位数大？

②位数相同的数该如何比较？

用万或亿作单位表示数

1. 第 9 页例 1

（1）知识点：用"万"或"亿"作单位表示较大的数。

（2）技能点：能正确把较大数改写为用"万"或"亿"作单位的数。

（3）素养点：培养归纳概括能力和符号意识。

（4）编写意图：

①呈现我国陆地面积和人口总数，引出较大数的改写。

②对文字中描述的数 79260000、15000000 和 14000000000、80000000000 进行改写，引出用"万"或"亿"作单位改写大数的方法。

③把改写方法推广到试一试的两道题中。

④结合想一想，总结改写的方法。

（5）关键问题：

①怎样用"万"或"亿"作单位表示数？

②改写后的数和原来有什么异同点？

2．第 10 页例 2

（1）知识点：将较大数改写后再计算。

（2）技能点：能正确将较大数改写后进行计算。

（3）素养点：培养应用意识和数感。

（4）编写意图：

①呈现两个村分别卖稻谷的重量的情境图，计算两个村一共卖了多少稻谷。

②以对话方式展示改写方法，得出较大数改写后的计算方法更简便的结论。

（5）关键问题：

①为什么要把较大数进行改写？

②用"万"或"亿"作单位的数相加减应该注意些什么？

3．第 11 页例 3

（1）知识点：用"四舍五入法"求较大数的近似数。

（2）技能点：会按要求正确地将一个较大的数用"四舍五入"法取近似数。

（3）素养点：把省略万位后面的尾数的方法应用于省略亿位后面的尾数，培养知识迁移能力。

（4）编写意图：

①感受求近似数是现实生活中的需要。

②创设情境，观察两个万位数后面的尾数，引出"四舍五入法"。

③议一议，总结"四舍五入法"的具体方法。

④知识迁移，用"四舍五入法"完成"试一试"。

（5）关键问题：

①为什么要取较大数的近似数？

②如何正确运用"四舍五入"法取近似数？

4．第 11 页例 4

（1）知识点：用"四舍五入法"进行较大数的估算。

（2）技能点：会正确用"四舍五入"法对较大数进行估算，解决实际问题。

（3）素养点：培养数感和应用能力。

（4）编写意图：

①出示 2010 年和 2011 年退耕还林的面积数据进行比较。

②结合实际问题，可先用"四舍五入法"求出近似数，再计算。

（5）关键问题：

①为什么要对较大数进行估算？

②在较大数的估算中应该注意些什么？

数字编码

1．第 15 页例 1

（1）知识点：知道数字编码中数字的意义。

（2）技能点：了解邮政编码结构和 6 个数字的意义，感悟数字编码方法。

（3）素养点：培养符号意识和应用意识。

（4）编写意图：

①创设学生到邮政局投递信件的情景。

②介绍信封上邮政编码的结构和 6 个数字所表示的不同意义。

③感受不同地区邮政编码的不同，丰富学生对邮政编码的认识。

（5）关键问题：

①邮政编码有什么含义？

②数字编码还有没有别的用途呢？

2．第 15 页例 2

（1）知识点：掌握数字编码方法。

（2）技能点：会根据编码规则正确进行编码。

（3）素养点：培养抽象概括能力和符号意识。

（4）编写意图：

①介绍希望小学给学生编学号的做法，结合学号 1110241，了解 1202192 的基本信息。

②仿照学号 1110241 的编码方法，引导学生尝试编学号，提炼编学号的一般方法。

（5）关键问题：

①从编码中你了解到哪些数学信息？

②你能不能根据一定的要求进行数字编码？

用计算器计算

1. 第 18 页例 1

（1）知识点：在计算器上输入数据。

（2）技能点：会正确地在计算器上输入数据。

（3）素养点：培养动手操作能力。

（4）编写意图：

①出示 184560 和 3906278 两个数，以学生对话引出在计算器上输入的方法。

②创设输入错误数据的情景，引出操作错误后的解决办法。

③结合"试一试"中的三个数字，练习用计算器输入数据的方法。

（5）关键问题：

①计算器上有哪些功能键？它们分别有什么功能？

②如果在输入的过程中输错了数字怎么办？

2. 第 18 页例 2

（1）知识点：掌握用计算器进行计算的方法。

（2）技能点：能正确运用计算器进行计算。

（3）素养点：培养解决问题的能力和动手操作的能力。

（4）编写意图：

①创设购物情境，感受计算器在现实生活中的运用。

②结合"3670＋2488"，引出用计算器计算的操作方法。

③结合"算一算"中的三道算式，练习用计算器的操作方法。

（5）关键问题：

①怎样在计算器上计算加法？

②你还能用计算器进行其他的运算吗？

3. 第 19 页例 3

（1）知识点：掌握用计算器进行混合运算的方法。

（2）技能点：能利用计算器正确进行加减乘除的运算。

（3）素养点：在计算的过程中，培养动手操作能力和解决问题的能力。

（4）编写意图：

①创设果园丰收的情境，引出较大数的加减混合运算。

②运用计算器进行较大数的混合运算。

③结合"议一议"，感悟计算器计算的快捷和方便。

④结合"算一算"中的四个算式，练习运用计算器计算的方法。

⑤把计算器计算加减法的操作方法迁移到"试一试"中，进行较大数的乘除法的计算。

（5）关键问题：

①在计算多步运算时，怎样用计算器计算？

②什么情况下用计算器计算比较方便快捷？

倍数与因数

（五年级下册）

一、课标解读

（一）学段目标

1. 在观察、实验、猜想、验证等活动中，培养合情推理能力，能进行有条理的思考，能比较清楚地表达自己的思考过程与结果。

2. 在运用数学知识和方法解决问题的过程中，认识数学的价值。

（二）课程目标

1. 知道 2，3，5 的倍数特征，了解公倍数和最小公倍数。在 1～100 的自然数中，能找出 10 以内自然数的所有倍数，能找出 10 以内两个自然数的公倍数和最小公倍数。

2. 了解公因数和最大公因数；在 1～100 的自然数中，能找出一个自然数的所有因数，能找出两个自然数的公因数和最大公因数。

3. 了解自然数、整数、奇数、偶数、质（素）数和合数。

二、教材结构

（一）教学内容

项目＼小节＼题数	倍数、因数	2，3，5 的倍数特征	合数、质数	公因数、公倍数	整理与复习	合计
例题	2	3	2	2	（3）	9（3）
课堂活动	3	3	2	2		10
练习题	6	9	8	6	4	33
思考题			1			

（二）知识联系

本单元是在学生已经学习自然数的基础上进一步研究非零自然数的特

征的教学，将为分数的学习做好准备。这部分内容较为抽象，教材在内容的呈现上注意联系学生已有的数学知识和生活经验，让学生在探索活动中发现非零自然数中数与数的联系，探索其规律。

三、分节理解

倍数、因数

1. 第 2 页例 1

（1）知识点：倍数和因数。

（2）技能点：会找一个数（1～100 的自然数）的因数。

（3）素养点：渗透知识之间相互依存的数学思想，培养数感和推理能力。

（4）编写意图：

①呈现队列操练的情境图。男孩：可以排 4 排，每排 9 人。女孩 1：可以排 6 排，每排 6 人。女孩 2：还可以……

②结合情境图列式。男孩：可以列成 4×9＝36（人）。女孩：还可以列成 36÷4＝9（人），从而引出 4 和 9 都是 36 的因数，36 是 4 和 9 的倍数的新知识。

③通过"议一议"，一是找出 36 的所有因数、最小因数、最大因数；二是得出找一个数的因数的方法；三是认识到一个数的因数个数是有限的。

（5）关键问题：

①为什么因数和倍数是相互依存的？

②如何找 36 的所有因数？

2. 第 3 页例 2

（1）知识点：找一个数的倍数的方法。

（2）技能点：会找一个数的倍数。

（3）素养点：渗透有限无限的数学思想，培养数感。

（4）编写意图：

①从小朋友的对话中引出判断 6 的倍数的方法。女孩：6＝6×1，6 是 6 的倍数。男孩 1：30÷6＝5，30 是 6 的倍数。男孩 2：55 不是 6 的倍数，因为……

②通过"试一试"，一是巩固找一个数的倍数的方法；二是得出一个数的最小倍数是它本身；三是认识到一个数的倍数个数是无限的。

（5）关键问题：

①怎样找一个数的倍数？

②一个数的倍数的个数是有限的还是无限的？一个数的最小的倍数是

什么？

2，3，5 的倍数特征

1. 第 5 页例 1

（1）知识点：偶数和奇数的概念；2 的倍数特征。

（2）技能点：能根据 2 的倍数特征正确判断一个数是不是 2 的倍数，能正确区分奇数和偶数。

（3）素养点：培养数感和推理能力。

（4）编写意图：

①呈现学生对话，引出 2 的倍数有无限个。男孩：2×1，2×2，2×3……的积都是 2 的倍数。女孩：2 的倍数有无数个。

②呈现偶数、奇数的概念。

③通过"试一试"的练习，归纳总结出 2 的倍数特征。

（5）关键问题：

①自然数按照是不是 2 的倍数可以分为哪两类？

②为什么 2 的倍数与它的个位数有关呢？

2. 第 5 页例 2

（1）知识点：5 的倍数特征。

（2）技能点：能根据 5 的倍数特征正确判断一个数是不是 5 的倍数。

（3）素养点：培养数感和推理能力。

（4）编写意图：

①通过对话，观察 5 的倍数的个位，得出 5 的倍数特征，男孩：先找一找 5 的倍数看看。女孩：它们的个位上的数是……

②通过"试一试"，巩固 5 的倍数特征的知识。

（5）关键问题：

①在自然数中，5 的倍数的个位上一定是 0 或 5 吗？

②为什么 5 的倍数与它的个位数有关呢？

3. 第 6 页例 3

（1）知识点：3 的倍数特征。

（2）技能点：能根据 3 的倍数特征正确判断一个数是不是 3 的倍数。

（3）素养点：培养数感和推理能力。

（4）编写意图：

①呈现摆圆片情境图。男孩：我用 3 个圆片摆成的数是 12。女孩：我用 3 个圆片摆成的数是 21。

②填表，判断所组成的数是不是 3 的倍数。

③观察上表，你发现了什么？女孩：组成的这些数，各数位上的数字之和等于圆片的个数。男孩：当圆片的个数是 3 的倍数时……

④通过"试一试"，对观察得出的结论进行验证，再归纳概括得出3的倍数特征。

（5）关键问题：

为什么2和5的倍数特征是看个位数字，而3的倍数特征是看各个数位上的数字之和呢？

合数、质数

1. 第9页例1

（1）知识点：质数（素数）、合数概念。

（2）技能点：能根据质数、合数的意义正确判断一个数是质数还是合数。

（3）素养点：培养数感和推理能力。

（4）编写意图：

①呈现1、2、4、9、11、12、15、29，让学生找出这些数的所有因数。

②议一议，说发现。男孩：它们都有因数1。女孩1：每个数的最大因数是它本身。女孩2：我发现2，11，29的因数……揭示质数合数的概念。

③通过"试一试"区分质数、合数，进一步巩固质数、合数的概念。

（5）关键问题：

①什么是质数？什么是合数？

②为什么1既不是质数也不是合数？

2. 第9页例2

（1）知识点：把一个合数写成质数相乘的形式。

（2）技能点：能用分解法和短除法把一个合数写成几个质数相乘的形式。

（3）素养点：通过用不同的方法把一个数写成质数相乘的形式，培养符号化意识、几何直观与创新意识。

（4）编写意图：

①学生尝试用自己的方法把一个数写成质数相乘的形式。A. 分解法。男孩1：$42=6\times7$，$6=2\times3$。女孩：我是这样做的……B. 短除法。男孩2：用质数作除数，除到商是质数为止。

②通过"试一试"，巩固分解质因数的方法。

（5）关键问题：用短除法把一个合数分解成几个质数相乘的形式时应注意些什么？

公因数、公倍数

1. 第12页例1

（1）知识点：理解公因数和最大公因数概念，学会找公因数和最大公因数方法。

（2）技能点：能根据找两个数的公因数和最大公因数的方法，正确找两个数的公因数和最大公因数。

（3）素养点：通过找两个数的公因数、最大公因数，培养推理能力和创新意识。

（4）编写意图：

①把一张长 30cm 宽 12cm 的长方形纸剪成大小相等的正方形且没有剩余，求小正方形的最大边长是多少。

②填韦恩图，找 12、30 的公因数和最大公因数。男孩：这个正方形的边长最大是 6 厘米。总结出公因数、最大公因数的概念。

③结合短除法探究找两个数的最大公因数的方法，女孩 1：可以这样求最大公因数。女孩 2：2 和 5 只有公因数 1。

④通过"试一试"，掌握互质关系、倍数关系的两个数如何找公因数和最大公因数的方法。

（5）关键问题：

①什么是公因数和最大公因数？

②怎样找两个数的最大公因数？

2. 第 12 页例 2

（1）知识点：理解公倍数和最小公倍数的概念，学会找公倍数和最小公倍数的方法。

（2）技能点：能根据找两个数的公倍数和最小公倍数的方法，正确找两个数的最小公倍数。

（3）素养点：通过找两个数的公倍数、最小公倍数，培养推理能力和创新意识。

（4）编写意图：

①呈现表格，填出 4 的倍数，6 的倍数。女孩：我发现 12、24、36 等既是 4 的倍数，又是 6 的倍数。

②结合表格问题"你发现了什么"，在 4、6 两个数的倍数中找到两个数的公倍数和最小公倍数。

③引出找公倍数和最小公倍的方法。一是写成质因数相乘的形式，一是运用短除法。

④通过"试一试"，进一步掌握求两个数的最小公倍数的方法。

（5）关键问题：

①什么是公倍数和最小公倍数？

②怎样找两个数的最小公倍数？

第四节　分数、百分数、小数的认识

分数、小数和百分数的认识分散安排在两个学段，第一学段是分数和小数的初步认识，第二学段是认识分数和小数的概念。百分数的认识安排在第二学段。其编排结构图如下。

分数、百分数、小数的认识
- 分数
  - 分数的初步认识（三上）
  - 分数（五下）
- 百分数（六下）
- 小数
  - 小数的初步认识（三下）
  - 小数（四下）

分数的初步认识

（三年级上册）

一、课标解读

（一）学段目标

1. 经历从日常生活中抽象出数的过程，初步认识分数。
2. 了解数学可以描述生活中的一些现象，感受数学与生活的密切联系。

（二）课程目标

1. 能结合具体情境初步认识分数，能读、写分数。
2. 能比较两个同分母分数的大小。
3. 会进行同分母分数（分母小于10）的加减运算。

二、教材结构

（一）教学内容

项目　　题数　　小节	分数的初步认识	简单的同分母分数加减法	合计
例题	4	3	7
课堂活动	2	2	4

续表

项目\题数\小节	分数的初步认识	简单的同分母分数加减法	合计
练习题	7	6	13
思考题	1	1	2

（二）知识联系

本单元知识是在学生掌握了一些整数知识的基础上进行教学的，内容包括分数的初步认识和简单的同分母分数加减法。从整数到分数是数的概念的一次扩展，因为整数与分数无论是在意义上还是在读、写方法和计算方法上都有很大的差异，学生学习起来是有一定困难的。本单元的学习将为第二阶段（五年级）进一步学习分数的意义和性质以及认识小数打下基础。

三、分节理解

分数的初步认识

1. 第 84 页例 1

（1）知识点：$\frac{1}{2}$ 的意义和读写方法。

（2）技能点：能结合具体情景说出 $\frac{1}{2}$ 的意义，会认、读、写 $\frac{1}{2}$。

（3）素养点：培养几何直观意识、符号意识和创新意识。

（4）编写意图：

①呈现蕴含 $\frac{1}{2}$ 的分月饼情境图。

②揭示 $\frac{1}{2}$ 的意义和读写方法。

③通过"试一试"动手操作，感悟不同分法。

（5）关键问题：

①半个月饼怎么表示呢？

②用长方形纸折出它的 $\frac{1}{2}$，并说一说 $\frac{1}{2}$ 表示什么意思。

③展示不同折法，问：为什么都表示 $\frac{1}{2}$ 呢？

2. 第 84 页例 2

（1）知识点：$\frac{1}{4}$ 和 $\frac{3}{4}$ 的意义和读写方法。

（2）技能点：能结合几何图形说出 $\frac{1}{4}$ 和 $\frac{3}{4}$ 的意义，学会读写方法。

（3）素养点：培养几何直观意识、符号意识和创新意识。

（4）编写意图：

①呈现得到分数 $\frac{1}{4}$ 的操作方法及涂有 $\frac{1}{4}$ 颜色的正方形图。

②通过提问引发学生对不同分法的思考。

③对 $\frac{1}{4}$ 和 $\frac{3}{4}$ 的意义进行描述性阐述，并介绍读法和写法。

（5）关键问题：

①为什么涂色部分形状各不相同，却都表示 $\frac{1}{4}$？

②未涂色的部分有几份？占这张纸的几分之几呢？

3. 第 84 页例 3

（1）知识点：分母是 10 以内的其他分数；分数的计量含义；分数的意义及分数各部分的名称。

（2）技能点：能结合图形理解分数的计量含义，能说出分数的各部分名称。

（3）素养点：培养几何直观意识和推理能力。

（4）编写意图：

①呈现蕴含 $\frac{1}{10}$、$\frac{3}{5}$ 和 $\frac{2}{3}$ 的长方形、线段图和圆。

②用填空的方式呈现分数的计数单位。

③用描述性语言揭示什么是分数。

④以 $\frac{3}{4}$ 为例介绍分数各部分的名称。

（5）关键问题：

①$\frac{3}{5}$ 里面有几个 $\frac{1}{5}$？$\frac{2}{3}$ 里面有几个 $\frac{1}{3}$？

②介绍分数各部分的名称及写法。

4. 第 85 页例 4

（1）知识点：同分母分数的大小比较。

（2）技能点：能根据同分母分数大小比较的方法正确比较同分母分数的大小。

（3）素养点：培养几何直观能力和数感能力。

（4）编写意图：

①呈现蕴含 $\frac{1}{4}$、$\frac{3}{4}$ 和 $\frac{2}{3}$、$\frac{1}{3}$ 两组分数的正方形和圆。

②比较两组分数的大小。

（5）关键问题：

①为什么 $\frac{3}{4}$ 大于 $\frac{1}{4}$？

②分母相同的两个分数，如何比较大小？

简单的同分母分数加减法

1. 第 88 页例 1

（1）知识点：掌握简单的同分母分数加法的计算方法。

（2）技能点：能正确计算同分母分数的加法。

（3）素养点：培养计算能力和推理能力。

（4）编写意图：

①呈现两名学生分月饼的情境图，引出问题："一共吃了这个月饼的几分之几？"

②列出算式。

③在圆上涂出 $\frac{1}{5}$ 和 $\frac{2}{5}$。

④结合图和分数单位的知识理解算理。

⑤通过"试一试"的练习，掌握同分母分数加法的计算方法。

（5）关键问题：

①请尝试算一算" $\frac{1}{5}+\frac{2}{5}$ "。

②可以画图或采用其他方式，验证你的计算结果。

2. 第 88 页例 2

（1）知识点：掌握同分母分数减法的计算方法。

（2）技能点：能运用减法正确计算同分母分数。

（3）素养点：培养计算能力和推理能力。

（4）编写意图：

①直接呈现减法算式，帮助学生理解长方形图的算理。

②结合图和分数单位的知识理解算理。

③通过"试一试"的练习，掌握同分母分数减法的计算方法。

④通过"议一议"，归纳总结出同分母分数加减法的计算方法。

（5）关键问题：

①怎样计算" $\frac{7}{8}-\frac{2}{8}$ "？

②怎样计算同分母分数加减法？

3. 第 89 页例 3

（1）知识点：应用同分母分数加减法解决生活中的简单问题。

（2）技能点：能够运用已有知识解决实际问题。

（3）素养点：培养应用意识。

（4）编写意图：

①用文字和图示呈现现实情境。

②利用分数相关知识解决情境中的两个实际问题。

（5）关键问题：

①请仔细观察题图，弄清题意尝试解决。

②分数的"问题解决"和之前学习的整数的"问题解决"有什么异同？

分　数

（五年级下册）

一、课标解读

（一）学段目标

理解分数的意义。

（二）课程目标

1. 结合具体情境，理解分数的意义。

2. 会进行小数、分数和百分数的转化（不包括将循环小数化为分数）；能比较分数的大小。

二、教材结构

（一）教学内容

项目 \ 题数 \ 小节	分数的意义	真分数假分数	分数的基本性质	约分通分	分数与小数	整理与复习	合计
例题	3	2	2	2	3	（3）	12（3）
课堂活动	3	3	1	2	1		10
练习题	8	8	5	5	5	9	40
思考题		1	1	1	1	1	5

（二）知识联系

在三年级上学期，学生已经初步认识了分数，知道了分数各部分的名称，会读、会写简单的分数，会比较同分母分数的大小，还学习了简单的同分母分数加减法。在本学期第一单元，学生又学习了因数、倍数的概念，掌握了 2，3，5 的倍数特征。这都是本单元学习的重要基础。本单元是学生系统学习分数的开始，将为后面学习分数加减法、分数乘除法以及用分数知识解决问题打下基础。

三、分节理解

分数的意义

1. 第 19 页例 1

（1）知识点：分数的意义。

（2）技能点：能说出分数的意义，以及单位 1 和分数单位。

（3）素养点：培养抽象概括能力和数感。

（4）编写意图：

①通过分 1 个月饼和分 1 盒月饼的情景对比，引出单位"1"的概念；理解单位"1"既可以表示 1 个物体，也可以表示多个物体组成的整体。

②通过"试一试"，揭示分数的意义，认识分数单位。

③通过"说一说"，巩固对分数单位的理解和掌握。

（5）关键问题：

①什么是单位 1？

②什么是分数单位？分数与分数单位有什么关系？

2. 第 20 页例 2

（1）知识点：分数与除法的关系。

（2）技能点：能说出分数与除法的关系，能用分数表示除法的商。

（3）素养点：培养观察推理能力和概括能力，渗透模型思想。

（4）编写意图：

①从情境图入手，结合除法知识，列出除法算式"$4 \div 7$"。

②结合分数的意义和情境图理解：把 1 米平均分成 7 份，1 份是 $\frac{1}{7}$ 米，4 个 $\frac{1}{7}$ 米就是 $\frac{4}{7}$ 米，也就是 $4 \div 7 = \frac{4}{7}$ 米。

③通过"议一议"，直观地发现分数与除法的关系："被除数相当于分子，除数相当于分母"，从而抽象概括出：$a \div b = \frac{a}{b}$（$b \neq 0$）。

④通过"试一试"，进一步加深对分数与除法关系的理解。

（5）关键问题：

①分数怎样列式计算？又怎样计算？

②怎样用字母表示分数与除法的关系？

3. 第 21 页例 3

（1）知识点：用除法与分数的关系解决实际问题。

（2）技能点：能用除法与分数的关系解决实际问题。

（3）素养点：培养运算能力，渗透模型思想。

（4）编写意图：

①呈现鸡、鸭和兔的情境图，引出"求兔的只数是鸭的几分之几和鸭的只数是兔的几分之几"的问题。

②引导学生解决"兔的只数是鸭的几分之几"：把鸭的只数看作单位"1"，鸭有 3 只，平均分成 3 份，1 只兔相当于其中的 1 份（这里 1 只鸭和 1 只兔的重量可能不等，但它们的地位一样），兔有 2 只，所以兔的只数是鸭的 $\frac{2}{3}$，利用分数与除法的关系可以写成算式：$2 \div 3 = \frac{2}{3}$。

③利用解决"兔的只数是鸭的几分之几"的方法解决"鸭的只数是兔的几分之几"，感受 $\frac{2}{3}$ 和 $\frac{3}{2}$ 的联系与区别。

④根据上面的经验，提出不同的数学问题并解答。

（5）关键问题：

①通过观察，你发现除法和分数有什么联系？

②求一个数是另一个数的几分之几，如何列式？

真分数、假分数

1. 第 23 页例 1

（1）知识点：真分数、假分数。

（2）技能点：能辨别真分数和假分数。

（3）素养点：利用数形结合的方式引导学生发现真分数和假分数的区别，培养数感；通过找真假分数在数轴上的位置，渗透集合思想。

（4）编写意图：

①出示圆片，以一个圆为单位"1"，通过涂色，感知真分数、假分数的不同。

②观察图形，以对话框的形式找不同。

③填表，抽象出真分数、假分数的概念。

④通过试一试，进一步加深对真分数、假分数的认识，知道真分数和假分数的取值范围。

（5）关键问题：

①什么样的分数是真分数？

②什么样的分数是假分数？

③真分数与假分数的区别是什么？

2. 第 24 页例 2

（1）知识点：同分子分数大小的比较方法。

（2）技能点：能比较异分母同分子分数的大小。

（3）素养点：培养数感和归纳概括能力，渗透数形结合的思想。

（4）编写意图：

①在相同线段上画图，表示出分数 $\frac{3}{5}$ 和 $\frac{3}{4}$。直观对比分数所表示的线段长短，比较大小。

②通过"试一试"，借助画线段图进一步掌握比较同分子分数大小的方法，知道分母小的分数反而大。

（5）关键问题：

①你是怎样比较 $\frac{3}{5}$ 和 $\frac{3}{4}$ 的大小的？

②比较同分子分数大小的方法有哪些？

分数的基本性质

1. 第 27 页例 1

（1）知识点：分数的基本性质。

（2）技能点：能举例说出分数的基本性质。

（3）素养点：培养归纳概括能力；通过折纸，发现平均分的份数在变，取的份数也在变，而分数的大小不变，渗透变中有不变的数学思想。

（4）编写意图：

①呈现图片，找出数学小报上"数学趣题"占整张小报的几分之几。

②通过"折一折"，直观地发现 $\frac{1}{2}=\frac{2}{4}=\frac{3}{6}=\frac{4}{8}$。

③通过"议一议"，发现分子、分母的变化规律，进而发现变中有不变（分子、分母同时变大或变小，但分数的大小不变），最后归纳出分数的基本性质。

（5）关键问题：

①用不同的分数表示"数学趣题"的面积大小，你有什么发现？

②$\frac{1}{2}$ 和 $\frac{2}{4}$ 有什么联系？

2. 第 28 页例 2

（1）知识点：把分数化成指定分母，而分数的大小不变。

（2）技能点：会把分数化成指定分母，而分数的大小不变。

（3）素养点：培养应用能力和归纳概括能力。

（4）编写意图：

①利用所学知识把 $\frac{3}{4}$ 和 $\frac{15}{24}$ 化成分母是 8 而大小不变的分数。

②通过"议一议"，比较两种不同的解法，感受分数的基本性质与商不变的性质的联系。

③通过"试一试"，进一步提高应用分数基本性质转化分数的能力。

约分、通分

1. 第 30 页例 1

（1）知识点：约分。

（2）技能点：能说出约分的意义，能正确进行约分。

（3）素养点：培养观察能力、运算能力和数感。

（4）编写意图：

①创设问题情境：彩色卡纸占全部卡纸的 $\frac{30}{50}$，能不能把这个分数化成分子分母比较小的分数？

②出示两种不同的化简方法，体会约分的过程。

③通过对 $\frac{30}{50}$ 的分子、分母不断化小的过程，体会约分的必要性，揭示最简分数的概念。

④通过"试一试"，巩固把分数化成最简分数的方法，体现约分的价值。

（5）关键问题：

①为什么要约分？

②怎样约分？约分的依据是什么？

2. 第 31 页例 2

（1）知识点：通分。

（2）技能点：能说出通分的意义，能正确进行通分。

（3）素养点：培养观察能力、运算能力和数感。

（4）编写意图：

①创设情景：两箱同样的产品一样多时，哪个工人检验快？

②图片出示两个工人 1 小时检验产品的分率为 $\frac{7}{8}$ 和 $\frac{5}{6}$，思考两个分数

的大小比较方法。

③通过两个小朋友的对话，呈现两种不同转化分数分母的比较方法，引出通分的概念。

③通过"试一试"，巩固通分的方法，体现通分的意义。

（5）关键问题：

①为什么要通分？

②怎样通分？通分的依据是什么？

分数与小数

1. 第33页例1

（1）知识点：分数化小数。

（2）技能点：能根据分数化小数的方法，正确将分数化成小数。

（3）素养点：培养运算能力和模型思想。

（4）编写意图：依据分数与除法的关系，把 $\dfrac{3}{4}$、$\dfrac{11}{25}$、$\dfrac{23}{8}$ 化成小数，得出分数化小数的方法。

（5）关键问题：

①为什么要把分数化成小数？

②怎样将分数化成小数？

2. 第33页例2

（1）知识点：小数化分数。

（2）技能点：能根据小数化分数的方法，正确将小数化成分数。

（3）素养点：培养运算能力和模型思想。

（4）编写意图：

①在数轴上的同一个点填小数和分数，沟通小数和分数的联系。

②通过把 0.4，0.8，0.85，1.125 化为分数，总结出小数化分数的方法。

（5）关键问题：

①小数怎样化成分数？

②小数化分数应该注意些什么？

3. 第33页例3

（1）知识点：用小数和分数的互化知识解决实际问题。

（2）技能点：能灵活解决实际问题。

（3）素养点：培养解决问题的能力，体会解决问题策略的多样性。

（4）编写意图：

①出示问题情境：这是小华栽的梨树和苹果树，哪棵高一些？

②通过对话框呈现两种不同的思路，体会解决问题方法的多样性，引

导学生把小数化成分数或是把分数化成小数来比较。

（5）关键问题：

①怎样比较分数与小数的大小？

②比较大小时，应该注意些什么？

百分数

（六年级下册）

一、课标解读

（一）学段目标

结合具体情境，理解百分数的意义，会进行小数、分数和百分数的转化；能解决涉及百分数的简单实际问题。

（二）课程目标

百分数的意义；百分数和分数、小数的互化；解决问题；整理与复习。

二、教材结构

（一）教学内容

项目＼题数＼小节	百分数的意义	百分数和分数、小数的互化	问题解决	整理与复习	合计
例题	2	2	5	(2)	9（2）
课堂活动	4	2	5		11
练习题	8	9	34	18	69
思考题			1	1	2

（二）知识联系

百分数在我们的生活中有着广泛的应用，人们常用百分数对事物进行描述、分析、统计、比较。虽然六年级学生在日常生活中已经大量接触了百分数，但对百分数的意义及其应用价值的认识还处于模糊阶段。本单元是在学生学习了整数、小数，特别是分数等相关知识的基础上，正式认识百分数。学习百分数对理解和判断生活中的相关数据、信息以及运用百分数解决日常生活中的实际问题有着重要的意义。

三、分节理解

百分数的意义

（一）单元主题图

1. 第 1 页情境图

这是一幅长江三峡库区的主题图，展示了长江三峡库区的自然状况。

2. 数学内容

上半部分呈现的是一组反映长江三峡库区的自然状况的百分数，下半部分呈现的是"你认识这些数吗？在哪些地方见过这样的数"的问题。

3. 编写意图

一方面，引导学生对三峡库区的情况有所了解，更重要的是引发学生对日常生活中所见的百分数的关注，激发学生探索百分数的兴趣；另一方面，教师可以将其作为读、写百分数及用百分数来解决问题的素材。

（二）知识陈述

第 2 页情境图

（1）知识点：百分号和百分数以及百分数的读法、写法。

（2）技能点：会认百分号和百分数；会正确读写百分数。

（3）素养点：培养对数据的观察、分析能力，渗透符号意识。

（4）编写意图：

①以在服装店买服装感受百分数的多样性（吊牌所呈现的百分数包含了百分号前是整数的、小数的，还有正好是 100 的数）。

②通过"羊毛含量为 36％是什么意思呢"这一问题引出百分数意义的讨论。

③结合吊牌对百分数进行描述性说明，指出 36％，25.6％，21％，17.4％，100％……这样的数都是百分数，并介绍百分号。

④结合 36％，25.6％等学习百分数的读法和写法；利用"读一读"巩固读法。

（三）例题理解

1. 第 2 页例 1

（1）知识点：百分数的意义。

（2）技能点：会正确认、读、写百分数，能举例说出百分数的意义。

（3）素养点：培养类比推理能力和归纳概括能力。

（4）编写意图：

①通过有意识地设计单位"1"是 100 人这样一个数量，借助"求一个

数是另一个数的几分之几是多少"的方法求出$\frac{40}{100}$后，引出百分数的含义。

②提出"女生人数是男生人数的百分之几"这一问题，完善对百分数的认识，即一方面让学生认识百分号前面的数大于100的百分数，另一方面便于更好地突出百分数表示一个数是另一个数的百分之几这一属性，直观建立百分数的意义的认识，总结出"求一个数是另一个数的百分之几的方法"的概念。

③结合40％和150％的含义，归纳出：表示一个数是另一个数的百分之几的数叫百分数。

（5）关键问题：

①你能用"求一个数是另一个数几分之几"的知识来解决"求一个数是另一个数百分之几"的问题吗？

②什么是百分数？

2. 第3页例2

（1）知识点：常见百分率的含义以及百分数大小的比较。

（2）技能点：能举例说出各种百分率的意义，会正确比较百分数的大小。

（3）素养点：培养数据分析能力和数学应用意识。

（4）编写意图：

①通过"什么是出勤率"的讨论，在具体情境中理解百分数的意义，感受百分率在生活中的应用。

②通过自主运算两个年级的出勤率并比较哪个年级出勤率高，引出百分率的解法及百分数大小比较的方法。

③通过讨论"两个年级缺勤人数相同，为什么六年级的出勤率要高一些"，得出：出勤率的高低与"实到人数和应到人数的百分比"有关，而不能单独看某一个量。

④通过"议一议"，理解几种常见的百分率，进一步拓宽学生对百分率意义的理解。

（5）关键问题：你能根据"合格率"表示的意义来说一说"成活率""出油率"吗？

百分数和分数、小数的互化

（一）知识陈述

根据学生解决问题的需要引出百分数与小数、分数的互化，使学生感受到百分数与分数、小数的互化既是数学知识，更是生活实际需求，进而激发学生学习的积极性和主动性。通过写出一个百分数化分数和小数的过程，即 $35\% = \dfrac{35}{100} = 0.35$，引导学生以已有的知识为桥梁，沟通百分数、分数和小数之间的关系，同时为探索三者之间互化方法提供素材。

（二）例题理解

1. 第 6 页例 1

（1）知识点：百分数化分数、小数。

（2）技能点：能利用百分数化分数、小数的方法把百分数化为分数和小数。

（3）素养点：培养迁移推理能力和归纳概括能力。

（4）编写意图：

①根据百分数的意义把 17% 和 40% 改写成 $\dfrac{17}{100}$ 和 $\dfrac{40}{100}$，通过两种情况的百分数化分数法（一是直接写成分母是 100 的分数；二是写成分母是 100 的分数后还要将其化成最简分数），归纳出百分数化分数的方法。

②根据分数与除法的关系，把 46% 和 128% 化成小数。引导学生按原有的认识先将百分数化成分数，然后利用分数与除法的关系写成除法算式并计算出结果，归纳出百分数化小数的方法。

③通过迁移，把 0.5% 化成小数，鼓励学生将百分号前面是小数的百分数化成小数，一方面让学生经历百分数化小数的过程，更重要的是借此引发学生观察，使他们将"除以 100"（缩小到原来的 1/100）与"小数点向左移动两位"联想起来，为归纳总结百分数化成小数方法做好准备。

④通过"议一议"，归纳概括百分数化分数、小数的方法（强调百分数化成分数时，不是最简分数的要化为最简分数），让学生获得百分数化成分数和小数的理性认识。

（5）关键问题：

①百分数化分数分几步？分别是什么？

②你能用分数化小数的办法解决百分数化小数问题吗？

2. 第 7 页例 2

（1）知识点：分数、小数化百分数。

（2）技能点：能利用分数、小数化百分数的方法把分数和小数化为百分数。

（3）素养点：培养迁移推理能力和归纳概括能力。

（4）编写意图：

①根据小数的意义，把"0.78"和"1.32"化成百分数，引出小数化百分数的方法。

②根据分数和除法的关系，把"$\dfrac{7}{4}$"和"$\dfrac{13}{75}$"化成百分数，引出分数

化成百分数的方法。

③以对话框的形式提示分数化成百分数时，除不尽的情况如何处理。

④通过"议一议"，让学生自己总结，归纳出小数、分数化百分数的方法。

（5）关键问题：怎样把小数、分数化成百分数？它们和前面所学的什么知识有联系呢？

问题解决

1. 第9页例1

（1）知识点：一个数比另一个数多（或少）百分之几。

（2）技能点：能解决"求一个数比另一个数多（或少）百分之几"的问题。

（3）素养点：培养应用意识，渗透模型思想。

（4）编写意图：

①以图文结合的方式呈现需要解决的问题。

②理解对话框呈现的"增加百分之几"是什么意思。

③完整呈现两种方法，感受"问题解决"策略的多样性。

④利用"今年比去年增加了百分之几"的解决方法，迁移解决"试一试"的问题。

⑤通过"议一议"，归纳出"求一个数比另一个数多（或少）百分之几"的方法。

（5）关键问题：

①增加（或减少）百分之几是什么意思？

②如何求多（或少）百分之几？

2. 第9～10页例2

（1）知识点：比一个数多（或少）百分之几的数。

（2）技能点：能解决"比一个数少百分之几的数是多少"的问题。

（3）素养点：提高问题解决能力，培养应用意识，渗透模型思想。

（4）编写意图：

①以图文结合的方式呈现需要解决的问题。

②数形结合，利用线段图帮助学生分析数量关系，一方面从图上学生比较容易看出今年毕业生的人数与去年毕业生人数间的关系，同时提示学生，画线段图分析是解决问题的方法之一。

③对话框呈现两种不同的解题思路：一是先找出今年毕业人数是去年的（1＋15%），再列式解答；二是先找出今年比去年增加的人数（200×15%），再列式解答。

④通过"议一议"，结合线段图发现两种解决方法的异同。

⑤通过"试一试"，进一步学习"比一个数少百分之几的数是多少"的解决办法。

（5）关键问题：你能找出"比一个数多或少几分之几"与"比一个数多或少百分之几"的内在联系吗？

3. 第12页例3

（1）知识点：用方程解决百分数问题。

（2）技能点：能通过找单位"1"的方法用方程解决百分数问题。

（3）素养点：培养数据分析能力和创新意识，渗透方程思想。

（4）编写意图：

①通过上衣和裤子的价格关系，找到单位"1"，明确将上衣价格设为 x 元，裤子价格则为 $70\%x$ 元。

②通过给出的信息，找到等量关系，列出方程并解答，使学生明确解决该问题的步骤：一是选择哪个量设为 x，二是根据数量间的相等关系列出方程，三是解答。

③结合问题想一想"还可以怎样解决"，找出不同的解决方法。

（5）关键问题：把什么看作单位"1"？等量关系是什么？

4. 第15页例4

（1）知识点：纳税问题。

（2）技能点：会解决与纳税有关的数学问题。

（3）素养点：培养数据分析观念，增强数学应用意识。

（4）编写意图：

①将图文表结合，呈现要解决的问题："小餐馆上月赢利多少元？"

②根据"按营业额的 5% 纳税"，运用百分数知识计算出纳税额，结合表格计算出总开支。

③用"营业额—开支—纳税额"得到上月赢利多少元。

（5）关键问题：

①如何理解"按营业额的 5% 纳税"？

②什么是"赢利"？如何计算？

5. 第16页例5

（1）知识点：利息及利率。

（2）技能点：能通过利息的计算公式正确计算利息。

（3）素养点：培养数据分析观念、数据分析能力及数学应用意识。

（4）编写意图：

①结合"人民币存款利率表"和文字信息，呈现要解决的问题："到期时应得利息多少元？"

②呈现"人民币存款利率表"，了解不同的存款种类和利率。

③通过情景对话，渗透本金、利息、利率的含义。

④呈现利息的计算公式，计算出到期应得的利息。

（5）关键问题：怎么理解赢利？如何求赢利部分？

小数的初步认识

（三年级下册）

一、课标解读

（一）学段目标

经历从日常生活中抽象出数的过程，初步认识小数；初步了解小数和日常生活的密切联系，能用小数表示日常生活中的简单数量，并进行交流，体现小数的应用价值。

（二）课程目标

1. 能结合具体情境初步认识小数，能读写小数。

2. 能结合具体情境比较两个一位小数的大小。

3. 初步理解一位小数加减法计算的算理，会进行一位小数的加减法运算。

二、教材结构

（一）教学内容

项目　　　　小节　题数	小数的初步认识	一位小数的加减法	合计
例题	6	2	8
课堂活动	4	1	5
练习题	10	7	17
思考题		1	1

（二）知识联系

本单元是在学生已经掌握万以内数的认识和加减法，初步认识分数的基础上编排的。本单元先引导学生结合具体情境初步认识小数的含义，学习小数部分不多于两位的小数的读法、写法，再学习一位小数的大小比较和加减法的计算。本单元还安排了数学文化知识《小数点的由来》。

三、分节理解

小数的初步认识

1. 第 77 页例 1

（1）知识点：初步认识小数。

（2）技能点：会认读小数，理解小数各部分的名称。

（3）素养点：培养数学表达能力，感受数学的作用与价值。

（4）编写意图：

①创设水果店销售情境，呈现相关数据信息。

②通过上面两个小孩的对话把情境数据分成整数和小数两类。

③通过下面两个小孩的对话引出小数的读法。

④直观呈现小数各部分的名称。

（5）关键问题：你认为小数最明显的标志是什么？

2. 第 77 页例 2

（1）知识点：以元为单位的小数的实际含义。

（2）技能点：会认识以元为单位的小数，能用小数表示人民币的币值。

（3）素养点：体会小数与生活的密切联系，培养归纳概括能力，丰富生活经验。

（3）编写意图：

①结合分数的含义及元、角、分之间的进率，让学生理解 1 角 $=\frac{1}{10}$ 元，用小数表示为 0.1 元。再通过知识的迁移让学生解决"5 角 ＝（　　）元"的问题。

②结合分数的含义及元、角、分之间的进率，引导学生理解 1 分 ＝ $\frac{1}{100}$ 元，用小数表示为 0.01 元。再通过知识的迁移让学生解决"8 分 ＝（　　）元"的问题。

③通过"试一试"，利用所学知识完成币值的小数表示法。

④以人民币知识为例，初步感知分母是 10，100 的分数与小数的联系。

（5）关键问题：分母是 10，100 的分数与小数有什么关联？

3. 第 78 页例 3

（1）知识点：小数的意义及小数数位顺序表。

（2）技能点：能举例说出简单的小数的意义，以及小数各部分的名称。

（3）素养点：以数形结合的思想获取活动经验，提高分析、解决问题的能力。

（4）编写意图：

①以图表的方式呈现内容，沟通图形与分数、小数的联系。

②以描述性语言叙述小数的概念。

③呈现图表式的小数数位顺序表，初步认识小数的各个数位。

（5）关键问题：

①小数数位顺序表是以什么为分界线的？

②整数部分与小数部分的数位只有一字之差，你是如何区分的呢？

4. 第 79 页例 4

（1）知识点："厘米、分米"为单位的数化成"米"为单位的小数及一位小数的意义。

（2）技能点：能把"厘米、分米"为单位的数化成以"米"为单位的小数；能说出一位小数的意义。

（4）素养点：培养应用意识及动手操作能力、分析能力、归纳综合能力、类比推理能力。

（4）编写意图：

①以量身高情境图呈现小朋友的身高数据。

②直接呈现"以分米为单位的数化成米为单位的小数"的方法，即 1dm 是 $\frac{1}{10}\text{m}$，用小数表示是 0.1m，并将此方法迁移类推完成"9dm 写作（　）m"。

③直接呈现"以米和分米为单位的数化成米为单位的小数"的方法，即 12dm 用小数表示，写作 1.2m，并将此方法迁移类推完成"13dm 写作（　）m"。

④以列举的方式呈现什么是一位小数。

（5）关键问题：

①分米与米的进率是多少？如何化成小数？

②一个小数是几位小数是以什么为依据的？你能举例说明吗？

5. 第 79 页例 5

（1）知识点：以"米"为单位的一位小数大小的比较。

（2）技能点：能结合具体情景正确比较小数的大小。

（3）素养点：培养语言表达能力和数感。

（4）编写意图：

①以表格形式呈现学生的身高数据。

②以小朋友对话的方式揭示出一位小数比较大小的方法。

③根据方法得出结论并填写。

6. 第80页例6

（1）知识点：一位小数的大小比较。

（2）技能点：能正确比较一位小数的大小。

（3）素养点：培养归纳概括能力、几何直观能力和数感。

（4）编写意图：

①借助图形，数形结合，出示要求。

②通过先涂后比，比出大小。

③把比较的方法迁移到"试一试"的三道题目中。

④通过"议一议"，以对话的方式得出一位小数的大小比较方法。

（5）关键问题：

①整数是如何比较大小的？

②可不可以用这样的方法去比较小数的大小呢？

一位小数的加减法

1. 第83页例1

（1）知识点：一位小数的不进位加法和不退位减法。

（2）技能点：能正确计算一位小数的加减法。

（3）素养点：提高语言表达能力、运算能力以及问题意识和应用意识。

（4）编写意图：

①呈现妈妈买菜的情境图，给出数学信息，并由小朋友提出数学问题。

②通过中间两个小孩的对话把"6.5＋3.4"和"6.5－3.4"还原成以"元和角"为单位的数，用整数的方法来计算。

③以最下面的男孩提出的问题来呈现小数的竖式计算及其结果。

④将小数的竖式计算方法迁移到"试一试"的两个题目中，积累计算经验。

（5）关键问题：

①计算整数加减法要注意什么？小数加减法呢？

②所有的小数加减法都应把什么对齐？为什么？

2. 第84页例2

（1）知识点：一位小数的进位加法和退位减法。

（2）技能点：能正确计算一位小数的进位加法和退位减法。

（3）素养点：培养归纳概括能力、合情推理能力和运算能力。

（4）编写意图：

①以图文结合的方式呈现数学信息和问题，并列出算式。

②直接给出竖式，并以两个女孩的对话总结一位小数进位加法和退位减法的计算方法。

③用一位小数进位加法和退位减法的计算方法解决"试一试"中的问题。

④通过几个小孩讨论的情境图揭示出一位小数加减的计算方法和注意要点。

（5）关键问题：

①整数加减法进位和退位时应如何处理？这样的方法适用于小数吗？

②小数点对齐意味着什么？

小数的意义与性质

（四年级下册）

一、课标解读

（一）学段目标

理解小数的意义；掌握必要的运算技能，形成数感；尝试从日常生活中发现并提出简单的数学问题，能探索分析和解决问题的有效方法，了解解决问题的多样性。

（二）课程目标

结合具体情境，理解小数的意义，能比较小数的大小，掌握小数点位置移动引起小数大小的变化规律，能进行各数的互化。

二、教材结构

（一）教学内容

项目　　小节　题数	小数的意义	小数的性质	小数点位置移动引起小数大小的变化	小数的近似数	整理与复习	合计
例题	3	3	5	3	（5）	14（5）
课堂活动	4	2	4	2		12
练习题	13	11	20	6	10	60
思考题		1		1		2

（二）知识联系

本单元内容是在学生三年级学过"分数的初步认识"和"小数的初步认识"的基础上教学的，是学生系统学习小数的开始，也是今后学习小数四则运算的基础。

三、分节理解

小数的意义

（一）知识陈述

呈现小朋友量黑板、课桌的情境图及相关数据，指出测量数据的特点：有些是整数，有些比 1 米多一些，有些不足 1 米。文题直接指出小数的产生：在测量和计算中，有时不能得到整数的结果，通常可以用小数表示。然后复习 1 角化成元作单位、1 厘米化成米作单位的小数的方法，并迁移完成两道对应的习题，为本单元的学习进行知识铺垫。

（二）例题理解

1. 第 48 页例 1

（1）知识点：分母 10，100 的分数与小数。

（2）技能点：能把分母 10，100 的分数化成小数，会认读一位、两位小数。

（3）素养点：渗透数形结合的思想，培养抽象思维能力和数感。

（4）编写意图：

①呈现把一个正方形平均分成 10 份、100 份的图形，用分数和小数表示出涂色部分。

②沟通分母为 10，100 的分数与小数的联系。

③引导学生理解 0.7 里面有 7 个 0.1，0.45 里面有 45 个（　），建立小数的计数单位与图形的联系。

（5）关键问题：小数部分的位数与分母有关系吗？是什么关系？

2. 第 49 页例 2

（1）知识点：分母为 1000 的分数与小数、小数的意义和计算单位、小数相邻两个单位之间的进率及数位顺序表。

（2）技能点：能把分母为 1000 的分数化成三位小数；能说出小数的意义、计数单位和进率；会认并掌握数位顺序表。

（3）素养点：渗透数形结合的思想，培养抽象归纳的思维能力和数感。

（4）编写意图：

①通过把一个正方体平均分成 1000 份，其中的几份用千分之几来表示，得出千分之几可以写成三位小数。

②数形结合理解 0.025 里有 25 个 0.001，0.107 里有 107 个 0.001。

③在例 1 和例 2 的基础上描述性地归纳出小数的意义。

④揭示小数与十进制分数的内在联系，并给出小数的计数单位以及相邻两个单位之间的进率是"10"。

⑤用《数位顺序表》沟通整数、小数之间的联系。

（5）关键问题：

①0.31 可以看作 31 个 0.01，那 0.301 该看作多少个 0.001 呢？有什么办法能快速找出计数单位的个数呢？

②从《数位顺序表》中你有什么发现？这样的排位是否有规律可循？

3. 第 49 页例 3

（1）知识点：小数的读法。

（2）技能点：会正确认、读小数。

（3）素养点：培养归纳概括能力和数感。

（4）编写意图：

①呈现 4 个小数，并由男孩和女孩直接读出小数。

②通过"议一议"指出"读小数要注意什么"。

③以女孩和男孩对话的方式归纳出小数的读法。

（5）关键问题：

①你认为应该把小数分为几部分读？

②各部分分别怎么读？

小数的性质

1. 第 53 页例 1

（1）知识点：小数的性质。

（2）技能点：能利用小数的性质正确地在小数末尾添 0 或去掉 0。

（3）素养点：培养归纳概括能力，渗透多样性解决问题的数学思想。

（4）编写意图：

①从学生的生活经验出发，用名数互化和图形来说明 0.3＝0.30。

②以"议一议"，指出在 0.3 后面添写 1 个 0、2 个 0，小数的大小都不变。

③通过女孩和男孩的对话归纳出小数的性质。

④通过"试一试"，巩固和加深对小数性质的理解。

（5）关键问题：

在小数的基本性质中，你认为最关键的词语是什么？你要提醒大家注意什么？

2. 第 53 页例 2

（1）知识点：小数的改写。

（2）技能点：能按要求正确改写小数。

（3）素养点：培养数学应用意识和数感。

（4）编写意图：

①直接利用小数的性质把不同的数改写成两位小数。

②通过两道范例的启发，引导学生完成剩下的题目。

（5）关键问题：为什么有的"0"需要添上，有的"0"却要去掉呢？

3. 第 54 页例 3

（1）知识点：小数的大小比较。

（2）技能点：能正确比较小数的大小。

（3）素养点：培养归纳概括能力和数感，渗透数形结合思想。

（4）编写意图：

①通过数形结合和联系生活实际多样性比较 3.2 与 2.8 的大小。

②以女孩和男孩的对话方式呈现整数部分相同而小数部分不同的小数大小比较的方法。

③直接呈现小数大小比较的方法。

（5）关键问题：

①整数是如何比较大小的？

②这样的方法对小数大小的比较适用吗？

小数点位置移动引起小数大小的变化

1. 第 57 页例 1

（1）知识点：小数点位置移动引起小数大小的变化规律。

（2）技能点：能利用变化规律按要求填数。

（3）素养点：培养观察能力、推理能力和数感，渗透数形结合的思想。

（4）编写意图：

①出示 4 个直观图，用小数表示涂色部分，直观感知小数点位置不同，小数大小不同。

②呈现问题，观察 4 个小数的小数点的位置变化。

③揭示小数点位置移动引起小数大小的变化规律。

④通过"说一说"，巩固小数点位置移动引起小数大小变化的规律，突破"位数不够用'0'补足"的难点。

（5）关键问题：小数点位置的移动和小数大小的变化规律是什么？

2. 第 57 页例 2

（1）知识点：把一个小数扩大到它的 10 倍、100 倍、1000 倍后分别是多少？

（2）技能点：能将一个小数扩大到它的相应倍数，能正确列出乘法算式，掌握小数点的移动规律。

（3）素养点：培养观察能力、合情推理能力和数感，渗透模型思想。

（4）编写意图：

①结合对话框，得出把 1.03 扩大到它的 10 倍、100 倍、1000 倍用 1.03 乘 10、100、1000 表示，列出乘法算式。

②运用小数点位置移动引起小数大小的变化规律，得出算式的结果。

（5）关键问题：把一个小数扩大到它的 10 倍、100 倍、1000 倍，其实就是把它的小数点分别向哪边移动几位？

3. 第 58 页例 3

（1）知识点：把一个小数缩小到它的 $\frac{1}{10}$、$\frac{1}{100}$、$\frac{1}{1000}$ 后分别是多少。

（2）技能点：能将一个小数按要求缩小，能正确列出除法算式，掌握小数点的移动规律。

（3）素养点：培养观察能力、合情推理能力和数感，渗透模型思想。

（4）编写意图：

①结合对话框，得出把 37.5 缩小到它的 $\frac{1}{10}$、$\frac{1}{100}$、$\frac{1}{1000}$，用 37.5 除以 10、100、1000 表示，列出除法算式。

②运用小数点位置移动引起小数大小的变化规律，得出算式的结果。

（5）关键问题：你能否用小数扩大的方法来解决小数缩小的问题呢？

4. 第 60 页例 4

（1）知识点：米和厘米的互化。

（2）技能点：能正确地进行米和厘米之间的互化。

（3）素养点：培养判断能力、推理能力和概括归纳能力。

（4）编写意图：

①呈现运动会的跳远情境图，通过图中的两个对话框呈现数据与问题。

②通过小女孩的描述揭示米与厘米互化的方法。

③完成填空。

（5）关键问题：

①米和厘米之间的换算与它们的什么有关？

②怎样进行单位换算？

5. 第 60 页例 5

（1）知识点：复名数与单名数的互化。

（2）技能点：学会复名数与单名数之间互化的方法，能正确地进行换算。

（3）素养点：培养判断能力、推理能力和概括归纳能力。

（4）编写意图：

①呈现称玉米质量的情境图，创设数据与问题。

②以女孩和男孩的对话框，揭示 1kg、500g 分别化成 g 和 kg 的方法。

③用复名数与单名数互化的方法完成"试一试"的题目。

④通过对话框，得出单位换算要注意的问题。

（5）关键问题：名数之间的互化以什么为依据？方法是什么？

小数的近似数

1. 第 63 页例 1

（1）知识点：用"四舍五入"法求小数的近似数。

（2）技能点：会用"四舍五入"法正确地求出小数的近似数。

（3）素养点：培养归纳概括能力和数感。

（4）编写意图：

①出示鲸的体重，呈现问题。

②以对话框的方式提示保留两位小数、保留一位小数以及保留整数的方法。

③通过"议一议"，抛出用"四舍五入"法怎样求一个小数近似数的问题，引发学生思考。

（5）关键问题：整数求近似数的方法对小数同样适用吗？如果可以，如何求小数的近似数？

2. 第 63 页例 2

（1）知识点：用求小数近似数的方法求小数的近似数。

（2）技能点：能按要求正确地求出小数的近似数。

（3）素养点：培养数感及反思性经验。

（4）编写意图：

①先让学生尝试分别求 1.396 保留两位小数、一位小数的近似数，巩固求小数近似数的方法。

②通过"议一议"，抛出 1.40 末尾的"0"能否去掉的问题，引发学生思考。

（5）关键问题：取小数近似数时，小数末尾的"0"能去掉吗？为什么？

3. 第 64 页例 3

（1）知识点：学会数的改写并按要求求近似数。

（2）技能点：能把一个数改写成以"万"或"亿"为单位的小数，并能按要求写出近似数。

（3）素养点：培养知识迁移能力、归纳概括能力和数感。

（4）编写意图：

①结合改写的知识和小数点位置移动引起小数大小变化的规律，直接呈现 402000 台改写成万作单位的数。

②迁移整数改写成用"万"作单位的数的方法，把 571210000 吨改写成 5.7121 亿吨，再保留整数。

③迁移改写和求近似数的知识，完成"试一试"的题目。

（5）关键问题：整数改写成以"万"或"亿"作单位的小数，分几步？特别应当注意什么？

第五节　负数的初步认识

西师版小学数学教材六年级上册按照《数学课程标准》的要求，安排了"负数的初步认识"这一单元，引导学生对负数进行常识性的了解。本单元由 4 道例题、5 道课堂活动题及 8 道练习题组成，单元末安排了一个数学文化小知识《最早使用负数的国家》。具体的教学内容可以分为两部分：负数的产生和意义以及具有相反意义的量的简单应用。

负数的初步认识

（六年级上册）

一、课标解读

（一）学段目标

了解负数的意义，进一步认识数据中蕴含着信息，培养数据分析理念，愿意了解社会生活中与数学相关的信息，主动参与数学学习活动。

（二）课程目标

在熟悉的生活环境中了解负数的意义，会用负数表示日常生活中的一些量。

二、教材结构

（一）教学内容

项目 \ 题数 \ 小节	负数的初步认识	合计
例题	4	4
课堂活动	5	5
练习题	8	8

（二）知识联系

本单元的知识基础包括自然数、分数和小数。

负数在生活中有着广泛的应用，学生在日常生活中已经接触了一些负数，有了初步认识负数的基础。在此基础上，结合学生熟悉的生活情境初步认识负数，能进一步丰富学生对数学概念的认识，有利于中小学数学知识的衔接。

三、分节理解

负数的初步认识

1. 第 87 页例 1

（1）知识点：认识温度计中的负数。

（2）技能点：能认识温度计中的负数，能举例说出负数的意义。

（3）素养点：培养数感，渗透符号意识。

（4）编写意图：

①呈现观看天气预报的情境图，引出负数。

②揭示生活中对 0 摄氏度和 100 摄氏度的规定，引出"—"，初步感知零上和零下温度的表示法。

③呈现 3 幅活动图与对应的 3 支温度计显示的数让学生填，进一步认识和应用所学知识。

（5）关键问题："0 度表示没有温度"对吗？为什么？

2. 第 87—88 页例 2

（1）知识点：负数的意义，负数的读法和写法。

（2）技能点：能举例说出负数的意义，会正确读、写负数。

（3）素养点：培养抽象概括能力和符号意识，发展数感。

（4）编写意图：

①以情景图的方式直观呈现珠穆朗玛峰比海平面高出的高度与吐鲁番盆地比海平面低的高度，并由小男孩的话指出海平面的计数法。

②直接出示比海平面高和比海平面低的计数方法。

③列举指出正数与负数的意义以及正数负数的读法、写法，通过男孩的对话框抛出"'－'可以省略不写吗"的问题，留给学生思考。

④结合情景图中小朋友的话"把海平面的高度记作 0 米"，认识到 0 不是表示没有高度，而是表示分界点，从而理解 0 既不是正数也不是负数。

⑤通过"试一试"，进一步巩固用正负数表示各地海拔高度知识。

（5）关键问题：

①"＋"可以不写，那"－"也可以不写，这样做正确吗？为什么？

②0 为什么既不是正数也不是负数？

3．第 89 页例 3

（1）知识点：用正数和负数表示相反意义的量。

（2）技能点：能用正数和负数表示一组相反意义的数量。

（3）素养点：培养和渗透符号化思想及对立统一的数学思想。

（4）编写意图：

①以情境图的方式由两名学生的对话指出"向东走 200m 记作＋200m，向西走 200m 可记作－200m"来理解正负数可以用来表示一组相反意义的量。

②通过"试一试"，进一步巩固练习"如何用正负数来表示相反意义的量"。

③理解并指出"正数和负数可以用来表示相反意义的量"。

（5）关键问题：正数和负数可以用来表示什么？

4．第 89 页例 4

（1）知识点：用正负数表示相反意义的量。

（2）技能点：会盈亏的正负数表示法，能用正负数来表示相反意义的数量。

（3）素养点：渗透符号化思想及对立统一思想，培养观察能力和数据分析能力。

（4）编写意图：

①表格呈现某商场下半年各月份的盈亏情况。

②由 3 个人的对话引出"正负数在盈亏问题上的表示法""根据数据正确表述各个月份的盈亏情况"以及其他数学信息。

（5）关键问题：0 在盈亏问题中表示什么？

第三章

数与代数（二）

内容结构导图

数与代数（二）	加减法	20 以内的进位加法
		20 以内的退位减法
		100 以内的加法和减法（一）（不进位、不退位）
		100 以内的加法和减法（二）（进位、退位）
		三位数的加减法
		小数的加法和减法
		分数的加法和减法
	乘 法	表内乘法（一）（1~5 的乘法口诀）
		表内乘法（二）（6~9 的乘法口诀）
		一位数乘两位数、三位数的乘法
		两位数乘两位数的乘法
		三位数乘两位数的乘法
		小数乘法
	除 法	表内除法
		有余数的除法
		两位数除以一位数的除法
		三位数除以一位数的除法
		三位数除以两位数的除法
		小数除法
		分数除法
	运算律和混合运算	加减法的关系和加法运算律
		乘除法的关系和乘法运算律
		四则混合运算（小括号、两步）
		四则混合运算（中括号、两步为主）
		小数混合运算
		分数混合运算

"数的运算"贯穿于整个第一、二学段，是两个学段数学学习分量最重、占用学习时间最多的内容，不仅是"数与代数"的重要内容之一，也是学习其他内容的重要基础。分册次内容安排如下表：

册次	单元	小节
一上	五、20 以内的进位加法	9 加几；8 加几；7，6 加几；整理与复习
	六、20 以内的退位减法	11 减几；12，13 减几；14，15 减几；16，17，18 减几；整理与复习
一下	四、100 以内的加法和减法（一）	整十数加、减整十数的口算；两位数加减整十数、一位数的口算；两位数加、减两位数；整理与复习
	七、100 以内的加法和减法（二）	进位加法；退位减法；整理与复习
二上	一、表内乘法（一）	乘法的初步认识；1，2 的乘法口诀；3 的乘法口诀；4 的乘法口诀；5 的乘法口诀；整理与复习
	三、表内乘法（二）	6，7 的乘法口诀；8，9 的乘法口诀；整理与复习
	六、表内除法	分一分；除法的初步认识；用乘法口诀求商；倍的认识；问题解决；整理与复习
二下	三、三位数的加减法	整十、整百数的加减；三位数的加法；三位数的减法；探索规律；问题解决；整理与复习
	五、有余数的除法	有余数的除法
三上	二、一位数乘两位数、三位数的乘法	一位数乘两位数；一位数乘三位数；问题解决；整理与复习
	四、两位数除以一位数的除法	两位数除以一位数；探索规律；问题解决；整理与复习
	五、四则混合运算	四则混合运算
三下	一、两位数乘两位数的乘法	两位数乘两位数；问题解决；整理与复习
	三、三位数除以一位数的除法	三位数除以一位数；问题解决；探索规律；整理与复习

册次	单元	小节
四上	二、加减法的关系和加法运算律	加减法的关系；加法运算律；整理与复习
	四、三位数乘两位数的乘法	三位数乘两位数；问题解决；整理与复习
	七、三位数除以两位数的除法	三位数除以两位数；探索规律；问题解决；整理与复习
四下	一、四则混合运算	四则混合运算
	二、乘除法的关系和乘法运算律	乘除法的关系；乘法运算律及简便运算；问题解决；整理与复习
	七、小数的加法和减法	小数的加法和减法；问题解决
五上	一、小数乘法	小数乘整数；小数乘小数；积的近似值；问题解决；整理与复习
	三、小数除法	除数是整数的除法；除数是小数的除法；商的近似值；循环小数；问题解决；整理与复习
	四、小数混合运算	小数混合运算
五下	四、分数加减法	分数加减法；分数加减混合运算；探索规律
六上	一、分数乘法	分数乘法；问题解决
	三、分数除法	分数除法；问题解决；探索规律；整理与复习
	六、分数混合运算	分数混合运算；问题解决

第一节　加减法

　　西师版小学数学教材按照《数学课程标准》的要求，把加减法分散、有梯度地安排在两个学段，整数加减法在第一学段完成，小数加减法和分数加减法在第二学段完成，其编排结构图如下：

$$
加减法\begin{cases}
20\,以内的进位加法（一上）\\
20\,以内的退位减法（一上）\\
100\,以内的加法和减法（一）（一下）\\
100\,以内的加法和减法（二）（一下）\\
三位数的加减法（二下）\\
小数的加法和减法（四下）\\
分数的加法和减法（五下）
\end{cases}
$$

20 以内的进位加法

（一年级上册）

一、课标解读

（一）学段目标

1. 体会四则运算的意义，掌握必要的运算技能，能准确地进行运算。

2. 在观察、操作等活动中，能提出一些简单的猜想；会独立思考问题，表达自己的想法。

3. 能在教师的指导下，从日常生活中发现和提出简单的数学问题，并尝试解决；了解分析问题和解决问题的一些基本方法，知道同一个问题可以有不同的解决方法；体验与他人合作交流解决问题的过程；尝试回顾解决问题的过程。

4. 对身边与数学有关的事物有好奇心，能积极参与数学活动；能在他人的帮助下，感受数学活动中的成功，能尝试克服困难；了解数学可以描述生活中的一些现象，感受数学与生活的密切联系；能倾听别人的意见，尝试对别人的想法提出建议。

（二）课程目标

1. 结合具体情境，体会整数四则运算的意义。

2. 能熟练地口算 20 以内的加法。

3. 经历与他人交流各自算法的过程。

4. 能运用数及数的运算解决生活中的简单问题，并能对结果的实际意义做出解释。

二、教材结构

（一）教学内容

项目＼小节 题数	9 加几	8 加几	7，6 加几	整理与复习	合计
例题	4	3	3	（2）	10（2）
课堂活动	4	3	3		10
练习题	8	9	8	6	31
思考题		1		1	2

（二）知识联系

本单元是在学生学习了 10 以内的加减法和 20 以内数的认识及不进位加法的基础上展开教学的。20 以内的进位加法是 20 以内的退位减法乃至多位数加减法计算的基础，也是学生口算的基本内容。在学生理解算理的基础上，提出口算速度方面的要求，能为其今后的学习奠定坚实的基础。

三、分节理解

9 加几

1. 第 70 页例 1

（1）知识点："9＋3"的算理、算法。

（2）技能点：会用"凑十法"计算"9＋3"。

（3）素养点：培养学生的数感、运算能力和创新意识。

（4）编写意图：

①利用主题截图呈现数矿泉水瓶的情境。

②将实物抽象出图片 9 和 3。

③根据图意列出算式。

④利用小棒呈现 3 种算法：一是在 9 的基础上接着数的方法；二是把 9 看作 10，多加 1 又减 1 的方法；三是通过小朋友的想、分、算，呈现"凑十法"。

（5）关键问题：

①根据情境图该怎样列式？为什么用加法？

②9＋3 是多少？你是怎样想的？

2. 第 70 页例 2

（1）知识点：用"凑十法"计算"9＋5"。

（2）技能点：会用"凑十法"的两种方案（看大数分小数和看小数分大数）计算"9＋5"。

（3）素养点：培养学生的数感、运算能力和模型思想。

（4）编写意图：

①呈现踢毽子图，引出算式"9＋5"。

②呈现女孩的"看大数 9，分小数 5"，男孩的"看小数 5，分大数 9"两种"凑十"方案。

（5）关键问题：

①根据情境图该怎样列式？"9＋5"表示什么？

②用"凑十法"怎么计算"9＋5"？

3. 第 71 页例 3

（1）知识点："7＋9"的计算方法。

（2）技能点：能正确计算几加 9。

（3）素养点：培养学生的数感、运算能力和模型思想。

（4）编写意图：

①直接出示算式"7＋9"。

②探索计算"7＋9"的不同方法：把 7 分成 6 和 1，9 加 1 得 10，10 加 6 得 16；把 9 分成 6 和 3，7 加 3 得 10，10 加 6 得 16。

③通过"试一试"，巩固几加 9 的计算方法。

（5）关键问题：

①"7＋9"怎么计算？"7＋9"与"9＋7"有什么关系？

②几加 9 怎么计算？

4. 第 71 页例 4

（1）知识点：9 加几的应用。

（2）技能点：能正确利用 9 加几的计算方法计算 9 加几。

（3）素养点：培养学生的数感、运算能力和应用意识。

（4）编写意图：

①创设两个学生数蚂蚁的情境，呈现"洞里有 9 只，洞外有 6 只"的数学信息，引出"一共有多少只蚂蚁"的问题。

②出示方框列式计算解决问题。

③体会 9 加几的应用。

（5）关键问题：

①"求一共有多少只蚂蚁"怎样列式？又如何计算？

②怎样计算"9＋6"和"6＋9"？

8 加几

1. 第 74 页例 1

（1）知识点："8＋5"的算理、算法。

（2）技能点：能正确计算 8 加几。

（3）素养点：培养学生的数感、运算能力和模型思想。

（4）编写意图：

①呈现情境图，引出算式"8＋5"。

②用小棒操作演示"8＋5"的计算过程：一是"凑十法"，把 5 分成 3 和 2，8 加 2 得 10，10 加 3 得 13；二是把 8 看作 10，运用多加 2 又减 2 的方法，10 加 5 得 15，15 减 2 得 13。

③通过"试一试"，巩固 8 加几的算法。

（5）关键问题：

①根据情境图该怎样列式？又怎样计算？

②怎样计算 8 加几？

2. 第 74 页例 2

（1）知识点：几加 8 的计算方法。

（2）技能点：能正确口算几加 8。

（3）素养点：培养学生的数感、运算能力和模型思想。

（4）编写意图：

①呈现划船情境图，引出算式"4＋8"。

②呈现左边女孩的"想：8＋4＝□，算：4＋8＝□"和右边女孩的"凑十法"两种不同的计算方法。

③通过"试一试"，巩固几加 8 的算法。

（5）关键问题：

①几加 8 怎样算？

②8 加几和几加 8 有什么联系？

3. 第 75 页例 3

（1）知识点：8 加几的应用。

（2）技能点：能看懂图文结合的题意，并能正确计算。

（3）素养点：培养学生的运算能力和应用意识。

（4）编写意图：

①以图文结合的形式呈现数学信息，引出"原来有多少盆花"的问题。

②帮助学生理解题意：现场还剩下 8 盆花（实物图），小明已经拿走了 7 盆（对话中呈现的信息）。要求原来有多少盆花，就是把拿走的花和剩下的花合起来，列式为"8＋7"。

③自主选择方法尝试计算。

（5）关键问题：

①根据情境图该怎样列式？"8＋7"表示什么意义？

②怎样计算"8＋7"？

7，6 加几

1. 第 78 页例 1

（1）知识点：7 加几的算理、算法。

（2）技能点：能正确计算 7 加几。

（3）素养点：培养学生的数感、运算能力和模型思想。

（4）编写意图：

①呈现摘水果的情境图，引出"爷爷一共摘了多少筐水果"的问题，并列式。

②呈现用"凑十法"计算 7 加几的计算过程：可以拆分 7 凑十，也可以拆分 5 凑十。

（5）关键问题：

①"求爷爷一共摘了多少筐水果"可以怎样列式？

②"7＋5"用"凑十法"怎么计算？

2. 第 78 页例 2

（1）知识点：6 加几的算理、算法。

（2）技能点：能正确计算 6 加几。

（3）素养点：培养学生的数感、运算能力和模型思想。

（4）编写意图：

①呈现孙悟空和猪八戒摘花的对话情境，引出"一共有多少朵花"的问题。

②根据具体情境列出算式"6＋5"。

③自主选择方法尝试计算。

④通过"试一试"，巩固掌握"凑十法"。

（5）关键问题：

①"求一共有多少朵花"可以怎样列式？

②怎样计算"6＋5"？

3. 第 78 页例 3

（1）知识点：懂得解决问题的两种不同策略。

（2）技能点：能从不同角度观察问题，获取有用的数学信息；能灵活运用所学计算方法，快速地解决问题。

（3）素养点：培养学生的观察能力、解决问题的能力和运算能力。

（4）编写意图：

①呈现山羊吃草情境图，引出男孩"有 8 只白羊，5 只灰羊"和女孩"我这边有 6 只，你那边有 7 只"的数学信息，提出"一共有多少只羊"的问题。

②根据不同的信息，列出算式：按颜色分类，有 8 只白羊，5 只灰羊，列式为"8＋5"；按远近来分类，这边有 6 只，那边有 7 只，列式为"6＋7"。

③自主选择方法尝试计算。

（5）关键问题：

①你从图中获得了什么数学信息？

②"求一共有多少只羊"可以怎么列式？

20以内的退位减法

（一年级上册）

一、课标解读

（一）学段目标

1. 体会四则运算的意义，掌握必要的运算技能，能准确地进行运算。

2. 在观察、操作等活动中，能提出一些简单的猜想；会独立思考问题，表达自己的想法。

3. 能在教师的指导下，从日常生活中发现和提出简单的数学问题，并尝试解决；了解分析问题和解决问题的一些基本方法，知道同一个问题可以有不同的解决方法；体验与他人合作交流解决问题的过程；尝试回顾解决问题的过程。

4. 对身边与数学有关的事物有好奇心，能积极参与数学活动；能尝试克服困难，在他人帮助下，感受数学活动中的成功；了解数学可以描述生活中的一些现象，感受数学与生活有密切联系；能倾听别人的意见，尝试对别人的想法提出建议。

（二）课程目标

1. 结合具体情境，体会整数四则运算的意义。

2. 能熟练地口算20以内的减法。

3. 能与他人交流自己的算法。

4. 能运用数及数的运算解决生活中的简单问题，并能对结果的实际意义做出解释。

二、教材结构

（一）教学内容

项目 \ 小节题数	11减几	12，13减几	14，15减几	16，17，18减几	整理与复习	合计
例题	3	2	2	2	(2)	9 (2)
课堂活动	2	3	2	2		9
练习题	8	9	7	10	7	41

续表

项目\题数\小节	11 减几	12，13 减几	14，15 减几	16，17，18 减几	整理与复习	合计
思考题	1					1

（二）知识联系

本单元知识是在学习 20 以内进位加法的基础上展开教学的，是进一步学习减法运算的重要基础。20 以内的进位加法和退位减法两部分知识联系紧密，结构完整，有利于学生把加减对照思考，沟通内在联系，形成对 20 以内加减法的整体认知结构。20 以内的退位减法是最基础的数学知识，是学生必须掌握的基本功之一。

三、分节理解

11 减几

1. 第 84 页例 1
（1）知识点："11－2"的算理、算法。
（2）技能点：会计算"11－2"。
（3）素养点：培养学生的数感、运算能力、模型思想和创新能力。
（4）编写意图：
①呈现从 11 支铅笔中拿走 2 支的生活情境，引出"还剩多少支"的问题。
②列算式"11－2"。
③用一捆和一根小棒呈现"11－2"的过程。运用破十法、数数法、想加法算减法等方法计算"11－2"，理解算理。
④通过"试一试"，练习"11－9"的计算方法。
（5）关键问题：
①要"求还剩多少支铅笔"应该怎样列式？
②"11－2"中个位上的 1 不够减 2，怎么办？
2. 第 84 页例 2
（1）知识点："11－8"的算理、算法。
（2）技能点：会正确计算"11－8"。
（3）素养点：培养学生的数感、运算能力和模型思想。
（4）编写意图：
①创设从 11 个杯子中拿走 8 个的生活情境，引出"还剩多少个"的

问题。

②列出算式"11－8"。

③呈现"破十法"和"想加算减"等计算方法、算理。

（5）关键问题：

①要"求还剩多少个"应该怎样列式？

②你能想出哪些方法计算"11－8"？你最喜欢哪种方法？

3. 第 85 页例 3

（1）知识点：11 减几的计算方法。

（2）技能点：会正确计算 11 减几。

（3）素养点：培养学生的观察能力和运算能力。

（4）编写意图：

①呈现分葫芦的情境图，通过"一图二式"，出示两个减法算法。

②直观呈现一个加法算式得出两个减法算式的计算方法。

③通过"试一试"，巩固 11 减几的计算方法。

（5）关键问题：

①根据图意，你能提出两个用减法计算的数学问题吗？怎么列式解决？

②你是怎样想的？

12，13 减几

1. 第 88 页例 1

（1）知识点：12 减几的算理、算法。

（2）技能点：会正确计算 12 减几。

（3）素养点：培养学生的数感、运算能力和模型思想。

（4）编写意图：

①呈现数猴子的情境图，引出"树上还有多少只猴"的问题。

②列式为"12－4"。

③呈现"破十法、拆分法（把 4 拆分为 2 和 2，12 减 2 得 10，10 减 2 得 8）、想加算减"等计算方法。

④通过"试一试"巩固 12 减几的计算方法。

（5）关键问题：

①要"求树上还有多少只猴"，应该怎样列式？

②你能用哪些方法计算"12－4"？

2. 第 88 页例 2

（1）知识点：13 减几的算理、算法。

（2）技能点：会正确计算 13 减几。

（3）素养点：培养学生的数感、运算能力和模型思想。

（4）编写意图：

①呈现猴子活动的场景图，理解图意，提出数学问题并列式。

②呈现"破十法、想加算减"等计算方法。

③通过"试一试"，巩固 13 减几的计算方法。

（5）关键问题：

①根据情境图，你能提出哪些用减法解决的数学问题？怎么列式？

②你能用自己喜欢的方法计算吗？

14，15 减几

1．第 92 页例 1

（1）知识点：14 减几的算理、算法。

（2）技能点：会正确计算 14 减几。

（3）素养点：培养学生的数感、运算能力和模型思想。

（4）编写意图：

①呈现中途下车的场景图，引出"现在车上有多少人"的问题。

②列式为"14－6"。

③用破十法、想加算减等方法计算"14－6"。

④通过"试一试"，巩固 14 减几的计算方法。

（5）关键问题：

①要"求现在车上有多少人"，该怎样列式？

②你能想出哪些方法计算"14－6"？这些方法中你最喜欢哪种？

2．第 92 页例 2

（1）知识点：15 减几的算理、算法。

（2）技能点：会正确计算 15 减几。

（3）素养点：培养学生的数感、运算能力和模型思想。

（4）编写意图：

①呈现从书架上拿走书的场景图，引出"还剩多少本"的问题并列式。

②用破十法、想加算减等方法算 15 减几。

③通过"试一试"，巩固 15 减几的计算方法。

（5）关键问题：

①要"求还剩多少本"怎样列式？

②你能想出哪些方法计算"15－9"？这些方法中你最喜欢哪种？

16，17，18 减几

1．第 95 页例 1

（1）知识点：16 减几的算理、算法。

（2）技能点：会正确计算 16 减几。

（3）素养点：培养学生应用意识和运算能力。

（4）编写意图：

①呈现小朋友给小树浇水的场景图，引出"小华浇了多少棵树"的问题。

②在方框中列式。

③探索怎么计算"16－9"。

（5）关键问题：

①要"求小华浇了多少棵树"，该怎样列式？

②你是怎样计算"16－9"的？

2. 第 95 页例 2

（1）知识点：17，18 减几的算理、算法。

（2）技能点：会正确计算 17，18 减几。

（3）素养点：培养学生的数感、运算能力和模型思想。

（4）编写意图：

①直接出示计算题目"17－8＝□，18－9＝□"。

②通过"说一说"让学生交流算法。

（5）关键问题：

①你是怎样计算"17－8"的？

②你是怎样计算"18－9"的？

100 以内的加法和减法（一）

（一年级下册）

一、课标解读

（一）学段目标

1. 体会四则运算的意义，掌握必要的运算技能，能准确地进行运算。

2. 在观察、操作等活动中，能提出一些简单的猜想；会独立思考问题，表达自己的想法。

3. 能在教师的指导下，从日常生活中发现和提出简单的数学问题，并尝试解决；了解分析问题和解决问题的一些基本方法，知道同一个问题可以有不同的解决方法；体验与他人合作交流解决问题的过程；尝试回顾解决问题的过程。

4. 对身边与数学有关的事物有好奇心，能积极参与数学活动；能尝试克服困难，能在他人帮助下，感受数学活动中的成功；了解数学可以描述生活中的一些现象，感受数学与生活的密切联系；能倾听别人的意见，尝试对别人的想法提出建议。

（二）课程目标

1. 结合具体情境，体会整数四则运算的意义。
2. 能口算简单的100以内的加减法，能计算两位数的加减法。
3. 能与他人交流自己的算法。
4. 能运用数及数的运算解决生活中的简单问题，并能对结果的实际意义做出解释。

二、教材结构

（一）教学内容

项目 \ 题数 \ 小节	整十数加、减整十数的口算	两位数加减整十数、一位数的口算	两位数加、减两位数	整理与复习	合计
例题	3	3	3	（3）	9（3）
课堂活动	3	2	3		8
练习题	10	9	10	9	38
思考题				1	1

（二）知识联系

本单元的教学是在学生学习了100以内数的认识和20以内加减法的基础上进行的，100以内数的认识及20以内的加减法是学习本单元的认知基础。学习本单元知识，将为后面学习100以内数的进位加法和退位减法、多位数的加减法打下基础，因此，本单元起着承前启后的作用，是全册教材的重要内容之一。

三、分节理解

整十数加、减整十数的口算

1. 第35页例1
（1）知识点：整十数加整十数的算理和算法。
（2）技能点：会正确口算整十数加整十数。
（3）素养点：培养学生的推理能力、运算能力和模型思想。
（4）编写意图：
①呈现文具店买铅笔情境图，引出"一共有多少支铅笔"的问题。

②根据信息和加法的意义，列出算式"40＋20"。

③运用小棒呈现"40＋20"的过程。

④探索"40＋20"的两种算法：一是左边铅笔是 4 个 10，右边铅笔是 2 个 10，合起来是 6 个 10，就是 60；二是根据"4＋2＝6"，类推出"40＋20＝60"。

（5）关键问题：

①"求一共有多少支铅笔"，该怎样列式？

②"40＋20"等于多少？你是怎样想的？有不同的想法吗？

2. 第 35 页例 2

（1）知识点：整十数减整十数的算理和算法。

（2）技能点：会正确口算整十数减整十数。

（3）素养点：培养学生的推理能力、运算能力和模型思想。

（4）编写意图：

①呈现文具店买铅笔情境图，引出"还剩多少支铅笔"的问题。

②根据情境信息及减法的意义，列出算式"60－10"。

③运用小棒呈现"60－10"的过程。

④探索"60－10"的算法：一是 6 个 10 减去 1 个 10，等于 5 个 10，就是 50；二是根据"6－1＝5"，类推出"60－10＝50"；三是想加法算减法，想"10＋50＝60"，算"60－10＝50"。

⑤通过"试一试"，巩固掌握整十数减整十数的口算方法。

（5）关键问题：

①要"求还剩多少支铅笔"，该怎样列式？

②你能想出哪些方法计算"60－10"？

3. 第 36 页例 3

（1）知识点：一个数比另一个数多（少）多少。

（2）技能点：能正确解答求一个数比另一个数多（少）多少的问题。

（3）素养点：培养学生的运算能力、解决问题的能力和模型思想。

（4）编写意图：

①呈现比较乒乓球个数的情境图，引出"黄色乒乓球比白色乒乓球多多少个"的问题。

②呈现 3 盒白色乒乓球和 4 盒黄色乒乓球，一一对应摆放。

③运用对话框呈现白色乒乓球和黄色乒乓球的关系。

④根据情境信息及意义，引出算式"40－30"并计算。

⑤将比多、比少的方法推广到"试一试"的题目中。

（5）关键问题：

①根据图意，你能提出哪些数学问题？

②你发现解决哪些问题要用减法计算？

两位数加减整十数、一位数的口算

1. 第 40 页例 1

（1）知识点：两位数加一位数（不进位）。

（2）技能点：会正确口算两位数加一位数（不进位）。

（3）素养点：培养学生的推理能力、归纳概括能力和运算能力。

（4）编写意图：

①呈现月饼图，引出"一共有多少个月饼"的问题。

②根据所给信息和加法的意义，引出算式"23＋3"。

③借助计数器演示"23＋3"的过程，理解算理，探索算法：一是数数法，一个一个地数——24，25，26；二是把 23 看成 20 和 3，先算"3＋3＝6"，再算"20＋6＝26"。

（5）关键问题：

①要"求一共有多少个月饼"，该怎样列式？

②怎样计算"23＋3"？

2. 第 40 页例 2

（1）知识点：两位数加整十数。

（2）技能点：会正确口算两位数加整十数。

（3）素养点：培养学生的推理能力、运算能力和模型思想。

（4）编写意图：

①呈现月饼图，引出"一共有多少个月饼"的问题。

②根据信息和加法的意义，引出算式"23＋30"。

③借助计数器演示"23＋30"的过程，理解算理，探索算法：一是数数法，一十一十地往后数——33，43，53；二是把 23 和 30 看成 20 和 30，先算"20＋30＝50"，再算"50＋3＝53"。

④通过"议一议"讨论"23＋3"与"23＋30"计算方法的不同。

⑤通过"试一试"，巩固两位数加减整十数、一位数的口算。

（5）关键问题：

①要"求一共有多少个月饼"，该怎样列式？怎样计算"23＋30"？

②计算"23＋3"与"23＋30"有什么不同？为什么？

3. 第 41 页例 3

（1）知识点：两位数减整十数、一位数。

（2）技能点：会正确口算两位数减整十数、一位数（不退位）。

（3）素养点：培养学生的数形结合思想、运算能力和模型思想。

（4）编写意图：

①呈现纸鹤情境图，引出"小华折了多少只纸鹤"的问题。

②根据信息和减法的意义，引出算式"54－30"。

③借助计数器的演示，理解算理，探索算法：一是把 54 分成 50 和 4，先算"50－30＝20"，再算"20＋4＝24"；二是数数法，一十一十地往前数——44，34，24。

④通过"试一试"，将"两位数加一位数的口算方法"和"两位数减整十数的口算方法"迁移到"两位数减一位数"中去。

⑤比较计算"54－30"与"54－3"的不同。

（5）关键问题：

①要"求小华折了多少只纸鹤"，该怎么列式？怎么计算"54－30"？

②计算"54－30"与"54－3"有什么不同？

两位数加、减两位数

1. 第 44 页例 1

（1）知识点：两位数加两位数（不进位）的加法。

（2）技能点：会正确计算两位数加两位数（不进位）。

（3）素养点：培养学生的推理能力、运算能力和模型思想。

（4）编写意图：

①呈现班级人数的情境图，引出"一共有多少人"的问题。

②根据信息和加法的意义，引出算式"23＋22"。

③借助计数器演示，理解算理，探索口算方法：把 23 分成 20 和 3，22 分成 20 和 2，先算"20＋20＝40"，再算"3＋2＝5"，最后算"40＋5＝45"。

④借助计数器抽象出竖式。明确写竖式时，22 中左边的 2 要对着 23 中的 2 写，右边的 2 要对着 23 中的 3 写。

⑤示范竖式计算的书写过程，并明确：像这样的计算就是用竖式计算。

⑥通过"试一试"，巩固两位数加两位数（不进位）的加法（口算方法和笔算方法）。

（5）关键问题：

①要"求一共有多少人"，该怎样列式？又怎样口算？

②怎样用竖式计算"23＋22"？计算时要注意什么？

2. 第 44 页例 2

（1）知识点：两位数减两位数（不退位）的减法。

（2）技能点：会正确计算两位数减两位数（不退位）。

（3）素养点：培养学生的知识迁移能力、运算能力和模型思想。

（4）编写意图：

①呈现茶杯与杯盖情境图，引出"还差多少个茶杯盖"的问题。

②根据茶杯与杯盖的对应关系，列出算式"39－25"。

③借助数位图的演示，理解算理，探索算法：把 39 分成 30 和 9，25 分成 20 和 5，先算"30－20＝10"，再算"9－5＝4"，接着算"10＋4＝14"。

④借助"数位图"和"加法竖式的书写方法"探究并规范减法竖式的书写方法。

⑤通过"试一试"，巩固两位数减两位数（不退位）的计算方法。

⑥总结"竖式计算加法、减法时，相同数位上的数要对齐"的方法。

（5）关键问题：

①要"求还差多少个茶杯盖"，该怎样列式？又该怎样计算？

②竖式计算两位数加、减两位数时要注意什么？

3．第 45 页例 3

（1）知识点：用两位数加、减两位数的方法解决比多比少的问题。

（2）技能点：会用两位数加、减两位数的计算方法解决生活中的一些简单问题。

（3）素养点：培养学生的模型思想、推理能力和运算能力。

（4）编写意图：

①呈现小客车和大客车的问题情境图，引出"小客车比大客车少多少个座位"的问题。

②列出算式"45－23"，学生独立解决。

③引导学生提出不同的数学问题并解决。

（5）关键问题：

①要"求小客车比大客车少多少个座位"，该怎样列式？怎样计算？

②你还能提出哪些数学问题？怎样解答？

100 以内的加法和减法（二）

（一年级下册）

一、课标解读

（一）学段目标

1．体会四则运算的意义，掌握必要的运算技能，能准确地进行运算。

2．在观察、操作等活动中，能提出一些简单的猜想；会独立思考问题，表达自己的想法。

3．能在教师的指导下，从日常生活中发现和提出简单的数学问题，并尝试解决；了解分析问题和解决问题的一些基本方法，知道同一个问题可以有不同的解决方法；体验与他人合作交流解决问题的过程，尝试回顾解决问题的过程。

4. 对身边与数学有关的事物有好奇心，能积极参与数学活动；能尝试克服困难，在他人帮助下，感受数学活动中的成功；了解数学可以描述生活中的一些现象，感受数学与生活的密切联系；能倾听别人的意见，尝试对别人的想法提出建议。

（二）课程目标

1. 结合具体情境，体会整数四则运算的意义。
2. 能口算简单的 100 以内的加减法，能计算两位数的加减法。
3. 经历与他人交流各自算法的过程。
4. 能运用数及数的运算解决生活中的简单问题，并能对结果的实际意义做出解释。

二、教材结构

（一）教学内容

项目＼小节＼题数	进位加法	退位减法	整理与复习	合计
例题	5	4	（2）	9（2）
课堂活动	8	5		13
练习题	20	16	10	46
思考题	2	1		3

（二）知识联系

本单元是在学生已学习 20 以内数的进位加法和退位减法以及 100 以内数的不进位加法和不退位减法的基础上进行教学的，本单元是今后学习万以内的进位加法和退位减法及四则混合运算的重要基础。

三、分节理解

进位加法

1. 第 65 页例 1

（1）知识点：两位数加一位数的进位加法。

（2）技能点：会正确口算和笔算两位数加一位数的进位加法。

（3）素养点：培养学生的数感、运算能力和模型思想。

（4）编写意图：

①呈现数一数停车场车辆的情境图，引出"一共有多少辆车"的问题。

②根据加法的意义列式为"27＋8"。

③用摆小棒的方法理解算理，探究口算方法：把 27 分成 20 和 7，"7＋8＝15，20＋15＝35"。用 10 根小棒捆成 1 捆与 2 捆合在一起，帮助学生理解"个位上相加满 10，向十进 1"。

④借助摆小棒的过程和两位数加两位数（不进位）的笔算方法来探究"27＋8"的笔算方法。

⑤总结进位加法的计算方法。

（5）关键问题：

①"27＋8"等于多少？你是怎么想的？

②个位上的数相加满 10 该怎么办？

2. 第 65 页例 2

（1）知识点：掌握一位数加两位数的算理和算法。

（2）技能点：会正确计算一位数加两位数。

（3）素养点：培养学生的运算能力和模型思想。

（4）编写意图：

①直接出示"9＋75＝□"。

②探索口算方法：一是把 9 看成 10，运用多加 1 要减 1 的方法，"75＋10＝85，85－1＝84"；二是把 75 分成 70 和 5，先算"9＋5＝14"，再算"14＋70＝84"。

③竖式计算。

方法一：　　　9　　方法二：　　　7　5
　　　　＋7₁5　　　　　　＋　₁9
　　　　――――　　　　　　――――
　　　　8　4　　　　　　　8　4

④对比两种竖式，发现一位数加两位数与两位数加一位的算法是一样的。

（5）关键问题：

①怎样口算？怎样用竖式计算？

②一位数加两位数与两位数加一位的算法有什么相同的地方？

3. 第 69 页例 3

（1）知识点：两位数加两位数的进位加法。

（2）技能点：能正确计算两位数加两位数的进位加法。

（3）素养点：培养学生的归纳概括能力、推理能力和运算能力。

（4）编写意图：

①创设春游活动情境，引出"一共有多少人参加春游"的问题。

②根据加法的意义列式"36＋37"。

③用摆小棒的方法理解算理，13 根可以理解为 10 根（1 捆）和 3 根，3 捆（3 个 10）加 3 捆再加个位相加后增加的 1 捆就是 7 捆（7 个 10）。

④探究口算方法：把 36 分成 30 和 6，把 37 分成 30 和 7，"30＋30＝60，6＋7＝13，60＋13＝73"。

⑤列竖式计算，突出"个位上的数相加满十要向十位进 1"的计算方法。

⑥通过"试一试"，巩固两位数加两位数的进位加法。

（5）关键问题：

①36＋37 等于多少？你是怎么想的？

②竖式计算怎样写？

4. 第 69 页例 4

（1）知识点：利用两位数加两位数（进位）的加法解决问题。

（2）技能点：能利用两位数加两位数（进位）的加法解决问题。

（3）素养点：培养学生的运算能力和解决问题的能力。

（4）编写意图：

①创设"评星"的问题情境，引出要运用两位数加两位数的进位加法解决的问题。

②列出算式"26＋35"，并列出竖式，讨论用竖式计算进位加法时的注意事项。

③列出算式"35＋17"，并列竖式计算。

④通过"议一议"，提出新的数学问题并解答。

（5）关键问题：

①用竖式计算进位加法要注意什么？

②你还能提出并解决哪些数学问题？怎样计算？

5. 第 71 页例 5

（1）知识点：掌握连加的算法和竖式计算方法。

（2）技能点：会用口算和笔算的方法计算连加。

（3）素养点：培养学生的运算能力和解决问题的能力。

（4）编写意图：

①创设统计队员人数的情境，引出"3 个小队一共有多少队员"的问题。

②根据加法的意义，理解把 3 个数合到一起要用连加，列式为"13＋10＋12"。

③按照"先把前两个数相加，再把计算的和与第 3 个加数相加"的运算顺序，用口算和竖式计算。

④通过"试一试"，巩固连加计算能力。

（5）关键问题：

①怎样列式计算？先算什么再算什么？

②用竖式怎样算呢？

退位减法

1. 第 75 页例 1

（1）知识点：掌握两位数减一位数的退位减法的算理和算法。

（2）技能点：能正确计算两位数减一位数的退位减法。

（3）素养点：培养学生的数感、运算能力、推理能力和模型思想。

（4）编写意图：

①创设领乒乓球的情境，引出"还剩多少个乒乓球"的问题。

②根据减法的意义列式为"34－6"。

③摆小棒，理解算理，探究口算方法：把 34 分成 20 和 14，先算"14－6＝8"，再算"8＋20＝28"。

④列竖式计算，遵守"相同数位上的数对齐相减""从个位减起"的规定，同时注意"个位上的数不够减，从十位退 1 作 10 再减"的计算方法，写十位时要减 1。

⑤总结退位减法的计算方法。

⑥通过"试一试"，巩固两位数减一位数的退位减法。

（5）关键问题：

①"34－6"等于多少？你是怎么想的？

②个位上的数不够减，怎么办？

2. 第 76 页例 2

（1）知识点：运用两位数减一位数的退位减法解决生活中的问题。

（2）技能点：能运用两位数减一位数的退位减法解决生活中的问题。

（3）素养点：培养学生的运算能力、应用意识和解决问题的能力。

（4）编写意图：

①创设爸爸、妈妈和小英的对话情境，引出"小英比爸爸小多少岁"的问题。

②写出算式，列竖式计算。

③提出新的数学问题并解决。

（5）关键问题：

①"求小英比爸爸小多少岁"用什么方法？为什么用减法？

②你还能提出哪些数学问题？怎么计算？

3．第 79 页例 3

（1）知识点：两位数减两位数的退位减法。

（2）技能点：能正确计算两位数减两位数的退位减法。

（3）素养点：培养学生的归纳概括能力、推理能力和运算能力。

（4）编写意图：

①创设比高楼的情境，引出"右边的高楼比左边的多多少层"的问题。

②列出算式"32－19"。

③摆小棒理解算理，重点理解 2 根减 9 根不够减，要打开一捆，退 1 作 10，12－9＝3，然后用 3 个 10 借去 1 个 10 后还有 2 个 10，20－10＝10。所以 32－19＝13。

④列竖式计算，个位上的数不够减，要从十位退 1 作 10 再减，计算十位时要先从十位减 1 后再减。

⑤总结退位减法的竖式计算注意事项。

（5）关键问题：

①这道题用竖式计算怎么做？

②用竖式计算退位减法要注意什么？

4．第 80 页例 4

（1）知识点：掌握连减的计算方法。

（2）技能点：能正确计算连减。

（3）素养点：培养学生的运算能力和应用意识。

（4）编写意图：

①创设学生购买学习用品的情境，引出"还剩多少元"的问题。

②根据减法的意义，求还剩多少元，就是要把书包和文具盒的钱数从 50 元里去掉，用连减，列式为"50－30－14"。

③按照从左往右依次计算，先算"50－30"，再算"20－14"，按运算顺序用口算和竖式计算。

④通过"试一试"，巩固连减的计算方法。

（5）关键问题：

①"求还剩多少元"，怎样列式计算？

②"50－30－14"先算什么？再算什么？

三位数的加减法

（二年级下册）

一、课标解读

（一）学段目标

1. 体会四则运算的意义，掌握必要的运算技能，能准确地进行运算。

2. 在具体情境中，能选择适当的单位进行简单的估算。

3. 能在教师的指导下，从日常生活中发现和提出简单的数学问题，并尝试解决；了解分析问题和解决问题的一些基本方法，知道同一个问题可以有不同的解决方法；体验与他人合作交流解决问题的过程，尝试回顾解决问题的过程。

（二）课程目标

1. 能计算三位数的加减法。

2. 能结合具体情境，选择适当的单位进行简单估算，体会估算在生活中的作用。

3. 经历与他人交流各自算法的过程。

4. 能运用数及数的运算方法解决生活中的简单问题，并能对结果的实际意义做出解释。

5. 探索简单情境下的变化规律。

二、教材结构

（一）教学内容

题数 项目 　　小节	整十、整百数的加减	三位数的加法	三位数的减法	探索规律	问题解决	整理与复习	合计
例题	6	4	5	4	3	（2）	22（2）
课堂活动	4	5	5	3	2		19
练习题	18	11	13	4	12	13	71
思考题	1	1	1	1		1	5

（二）知识联系

本单元知识是在学生学习了万以内数的认识和 100 以内的加减法的基

础上进行的。它是学习多位数的加减法、加减法的关系、运算顺序、加法运算律以及解决稍复杂的问题的基础。

四、分节理解

整十、整百数的加减

1. 第 31 页例 1

（1）知识点：掌握整十数加减法的口算方法。

（2）技能点：能正确口算整十数加减法。

（3）素养点：培养学生的合情推理能力、运算能力和应用意识。

（4）编写意图：

①呈现商场购买气球的情境，引出"求两个数的和"和"求一个数比另一个数多多少"的数学问题。

②结合"每袋 10 个"引导学生理解 8 个 10 就是 80，5 个 10 就是 50。

③根据求"两个数的和，用加法"列出算式"80＋50"；根据求"一个数比另一个数多多少，用减法"列出算式"80－50"。

④探索口算方法，8 个 10 加（减）5 个 10 等于 13（3）个 10，就是 130（30）；结合情境对话框，引导学生探讨整十数加减法的计算方法；也可以从 80 往后面（前面）数 5 个 10，得 130（30）。在交流算法多样化的基础上，引导学生对算法进行优化。

⑤完善答题语言。

⑥将"80＋50"和"80－50"的计算方法推广到"试一试"的两道题目当中。

⑦总结整十、整百数加、减的计算方法。

（5）关键问题：

①两种气球一共多少个？怎样列式？怎样计算？

②红气球比黄气球多多少个？怎样列式？怎样计算？

2. 第 31 页例 2

（1）知识点：整百数加整十数、几百几十减几十和几百的口算。

（2）技能点：能运用加法和减法的互逆关系解决"几百几十减几十和几百"的问题。

（3）素养点：培养学生的观察能力、运算能力、数学转化思想和模型思想。

（4）编写意图：

①呈现苹果图例，结合图示理解："300＋50"的意义：求两堆苹果的总数；"350－50"的意义：总苹果数减去右边一堆的苹果数等于左边一堆的苹果数；"350－300"的意义：总苹果数减去左边一堆的苹果数等于右

边一堆的苹果数。

②引导学生观察三个算式之间的联系，分析得出根据一个加法算式可以写出两个减法算式，让学生在观察算式中发现加法和减法的互逆关系。

③在"试一试"中运用加法和减法的互逆关系解决问题，加深学生对加减法意义的理解。

（5）关键问题：

①根据情境图，你能提出哪些问题？

②怎样根据一道加法算式写出两道减法算式？

3．第32页例3

（1）知识点：整百数加法的简单应用和加法的验算。

（2）技能点：能运用整百数加法的知识解决实际问题；理解加法的验算方法，并能正确进行验算。

（3）素养点：培养学生的运算能力、应用意识和模型思想。

（4）编写意图：

①呈现情境图，引出整百数相加的问题。

②观察线段图，列出算式"400＋500"。

③结合线段图探索验算方法：可以用交换加数的方法验算，还可以用减法验算。

④引导学生完整经历解决问题的过程，在探索与交流中体验加法计算的检验方法，使思维能力获得更大的提升。

（5）关键问题：

①小玲家与小丁家相距多少米？怎样列式？怎样计算？

②怎样验算"400＋500＝900"的计算结果对不对？

4．第32页例4

（1）知识点：整百数减法的简单应用和减法的验算。

（2）技能点：能运用整百数减法的知识解决实际问题；理解减法的验算方法，并能正确进行验算。

（3）素养点：培养学生的运算能力、应用意识和模型思想。

（4）编写意图：

①呈现书店销售书籍的情境及统计表，引出整百数减法的问题。

②引导学生读懂统计表，理解表格中各项目、数据的意义和联系，如："合计"表示什么？

③根据减法的意义"已知两个数的和与其中一个数，求另一个数，用减法"，列出算式"600－400"。

④通过"议一议"的问题，结合图表探索减法的验算方法：一是再算一次，二是用加法验算。

（5）关键问题：

①要"求2月份销售文学书多少册"，怎样列式？为什么要用减法计算？

②怎样验算计算结果对不对？

5. 第36页例5

（1）知识点：掌握整百数加法的估算方法。

（2）技能点：能根据生活中的实际情况进行整百数加法的估算。

（3）素养点：培养学生的数感、估算意识和应用意识。

（4）编写意图：

①呈现打疫苗的情境图，引出"大约要准备疫苗多少支"的数学问题，体会估算的必要性。

②根据生活经验得出可将接近整百数的数看成整百数进行估算。如将295看成300，将298看成300，一方面让学生感受估算是在估数的基础上进行的，先估数，再估算，从而明白"估算"这个词的意义；另一方面，激发学生的生活经验，感受到生活中处处有估算，帮助学生与估算建立亲近感。

③在估算时，可直接用接近的整百数进行计算，不用"≈"。

④结合"议一议"，体会估算时要结合具体的生活情境进行。

（5）关键问题：

①你从问题"大约要准备疫苗多少支"中读到了哪些信息？读懂了什么？

②对于"大约要准备疫苗多少支"，你是怎样估算的？

6. 第36页例6

（1）知识点：掌握整百数减法的估算方法。

（2）技能点：能根据生活中的实际情况进行整百数减法的估算。

（3）素养点：培养学生的数感、合情推理能力、估算意识和应用意识。

（4）编写意图：

①呈现购买MP4和手机的生活情境，引出"买一个MP4大约能剩多少元"的估算问题。

②根据加法的估算过程，推想"326－187"的估算过程。

③结合"议一议"，巩固减法的估算方法。

（5）关键问题：

①你从问题"买一个MP4大约能剩多少元"中读到了哪些信息？读懂了什么？

②你是怎样估算"买一个MP4大约能剩多少元"的？

三位数的加法

1．第 38 页例 1

（1）知识点：掌握三位数加法（不进位）的计算方法。

（2）技能点：能正确计算三位数的加法（不进位）。

（3）素养点：培养学生的运算能力、几何直观能力和模型思想。

（4）编写意图：

①呈现铅笔和钢笔摆放的情境图，引出"两种笔一共有多少支"的问题。

②根据加法的意义，列出加法算式"220＋260"。

③结合图示，理解"220＋260"的口算方法：先算大盒：200＋200＝400，再算小盒：20＋60＝80，一共：400＋80＝480。也就是 2 个 100 加 2 个 100 得 4 个 100。通过这个解题思路，明白"220＋260"的算理和方法。

④结合口算方法，理解竖式计算"220＋260"的算理和算法，关键理解为什么要"相同数位对齐"。

⑤在交流算法多样化的基础上，引导学生对算法进行优化，体验成功的快乐。

（5）关键问题：

①两种笔一共有多少支？怎样列式？怎样计算？

②笔算"220＋260"怎么计算？计算时要注意什么？

2．第 38 页例 2

（1）知识点：掌握三位数加法（个位进位）的计算方法。

（2）技能点：能正确计算三位数的加法（个位进位）。

（3）素养点：培养学生的运算能力、合情推理能力、归纳概括能力和模型思想。

（4）编写意图：

①呈现统计表，引出"丰收小学共有学生多少人"的问题。

②根据加法的意义，列出算式"433＋418"。

③尝试用竖式计算"433＋418"，重点突出：个位相加满 10 就向十位进 1。

④把"433＋418"的竖式计算方法推广到"试一试"的三道题目中。

⑤通过"议一议"，小结在加法计算中应该注意什么。

（5）关键问题：

①笔算"433＋418"时，应从哪一位算起？为什么？个位满十怎么办？进位的 1 怎么写？

②在加法计算中应该注意什么？

3．第 39 页例 3

（1）知识点：十位相加满 10 的三位数加法的计算方法。

（2）技能点：能正确计算十位相加满 10 的三位数加法。

（3）素养点：培养学生的运算能力、知识迁移能力和模型思想。

（4）编写意图：

①呈现情境图，引出"求比一个数多几的数"的问题。

②紧抓"猪比牛多 270 头"这个关键句，帮助学生理解题目的数量关系；根据"求比一个数多几的数"的意义列出算式"153＋270"。

③结合例 2"个位相加满 10 向十位进 1"的竖式计算方法，得出"十位相加满 10 向百位进 1"的计算方法。

④通过自主探索、直观演示、共同讨论等课堂活动，引导学生理解算理，掌握算法。

（5）关键问题：

①"求有多少头猪"，怎样列式？

②笔算"153＋270"，怎样计算？当十位相加满 10 时，该怎么做？

4. 第 40 页例 4

（1）知识点：掌握三位数连续进位加法的计算方法。

（2）技能点：能正确计算三位数连续进位的加法。

（3）素养点：培养学生的运算能力、知识迁移能力和归纳概括能力。

（4）编写意图：

①呈现商场售自行车情境图，引出"三位数连续进位加法"的问题。

②根据整数加法的意义列出算式"125＋378"，并列出竖式。

③根据"个位相加满 10 向十位进 1""十位相加满 10 向百位进 1"，探索个位、十位连续进位的加法的计算方法。

④把"125＋378"的竖式计算方法推广到"试一试"的两道题目中。

⑤通过"议一议"，总结"怎样计算三位数的加法"。

（5）关键问题：

①一辆自行车多少元？怎样列式？怎样用竖式计算？

②怎样计算三位数的加法？

三位数的减法

1. 第 43 页例 1

（1）知识点：掌握三位数减三位数（不退位）减法的计算方法。

（2）技能点：能正确计算三位数减三位数（不退位）减法。

（3）素养点：培养学生的运算能力、几何直观能力和模型思想。

（4）编写意图：

①呈现购买计算器情境图，引出"不退位减法"的问题。

②结合人民币实物图的演示，理解"340－120"的口算方法。

③结合口算方法理解竖式计算"340－120"时要把相同数位对齐。

④让学生独立尝试计算，交流汇报多种方法，培养学生思维的多样性，使其在互相交流中取长补短，更加明确不退位减法的算理。

（5）关键问题：

①"求还剩多少元"，怎样列式？怎样计算？

②笔算"340－120"怎样算？从哪一位算起？计算中要注意什么？

2. 第 43 页例 2

（1）知识点：个位不够减的三位数退位减法的计算及验算方法。

（2）技能点：能正确计算个位不够减的三位数退位减法。

（3）素养点：培养学生的运算能力、合情推理能力、归纳概括能力和模型思想。

（4）编写意图：

①根据题意，列出减法算式"876－448"。

②根据已学知识列出减法竖式，说一说个位不够减怎么办。

③用竖式计算时，可以在竖式上记好退位点，反映退位的过程，这样既不容易出错，又方便快速。

④尝试用加法验算减法。

⑤把"876－448"的竖式计算方法推广到"试一试"的三道题目中。

⑥通过"议一议"，小结在减法计算中要注意什么。

（5）关键问题：

①笔算"876－448"怎样计算？个位上的数不够减怎么办？

②在减法计算中要注意什么？

3. 第 44 页例 3

（1）知识点：十位不够减的三位数退位减法的算理和计算方法。

（2）技能点：能正确计算十位不够减的三位数退位减法。

（3）素养点：培养学生的运算能力、合情推理能力和模型思想。

（4）编写意图：

①呈现情境，理解题意：下山比上山少行 85 米，就是指下山行走的路程要比 517 米少 85 米。

②根据"求比一个数少几的数是多少，用减法"，列出算式。

③从个位不够减的退位减法，推广到十位不够减的退位减法，引导学生尝试计算，发现问题。在解决问题的过程中，对于自主探索有困难的学生，引导其充分利用已有的知识来解决问题，体现充分尊重学生、分层次进行指导的教学方式。

④把"517－85"的竖式计算方法推广到"试一试"的两道题目中。

（5）关键问题：

①笔算"517－85"怎样计算？十位上的数不够减怎么办？

②怎样计算三位数的减法？

4. 第 45 页例 4

（1）知识点：笔算三位数连续退位减法的算理和计算方法。

（2）技能点：能正确计算三位数连续退位的减法。

（3）素养点：培养学生的知识迁移能力、运算能力和模型思想。

（4）编写意图：

①以计算的形式直接呈现，便于集中讨论"个位、十位都不够减怎么办"。

②让学生尝试独立思考、计算：十位现在是"0－4"，"0－4"不够减从百位退 1 作 10，十位现在又变成了 10－4，10－4＝6，所以对齐十位写 6。

③把"713－548"的计算方法推广到"试一试"的题目中，巩固连续退位的三位数减法。

（5）关键问题：

①笔算"713－548"怎样计算？个位不够减怎么办？十位上 1 退 1 后是 0，"0－4"不够减又怎么办？

②怎样计算连续退位的三位数减法？

5. 第 45 页例 5

（1）知识点：整百数减三位数的连续退位减法的算理和计算方法。

（2）技能点：能正确计算整百数减三位数的连续退位的减法。

（3）素养点：培养学生的数感、运算能力、推理能力和模型思想。

（4）编写意图：

①呈现电影院座位的情境图，引出减法算式"800－736"。

②让学生尝试思考、计算被减数中间有 0 的连续退位减法，重点理解"十位上怎么减"：十位从百位退 1 作 10，又被个位退 1，十位上只剩 9，正确理解"0 上打点，当作 9 来减"。

③把"800－736"的计算方法推广到"试一试"的两道题目中。

（5）关键问题：

①"求还剩多少个座位"，怎样列式？

②笔算"800－736"怎样计算？个位上不够减怎么办？十位上是 0，也不够减又怎么办？

问题解决

1. 第 52 页例 1

（1）知识点：生活中求剩余问题的两步计算的应用题的解题方法。

（2）技能点：能正确解答求剩余的问题。

（3）素养点：培养学生的应用意识、分析归纳能力和模型思想。

（4）编写意图：

①呈现购书付款的情境图，引出"还剩多少元"的问题。

②结合实际情境理解题意，并列出算式。

③从问题入手，引导学生思考求还剩多少元，可以用 300 元减去用去的钱。

④引导学生尝试独立解决问题，分享解题思路：一是，分别依次付款；二是，把共用的钱先计算出来，再用总钱数减去共用钱数得出剩下钱数。

⑤引导学生用不同的方法对计算结果进行检验。

⑥通过"议一议"，引导学生说说解决这个问题的过程是怎样的。

⑦将例题的解决方法推广到"试一试"中去。

（5）关键问题：

①要"求还剩多少元"，应该先算什么？再算什么？

②怎样检验计算结果对不对？

2. 第 53 页例 2

（1）知识点：简单的"比少（或多）求和"的两步计算的应用题的解题方法。

（2）技能点：能正确解答简单的"比少（或多）求和"的两步计算的应用题。

（3）素养点：培养学生的应用意识、分析归纳能力和模型思想。

（4）编写意图：

①呈现池塘鸭、鹅游泳情境图，引出"比少求和"的问题。

②根据"求比一个数少几是多少"用减法，求出鹅的数量，列式为"$680-375=305$"。

③根据"求两个数的和"用加法，求出鸭和鹅一共有多少只，列式为"$680+305=985$"。

④把例题的分析方法推广到"试一试"中的题目上。

（5）关键问题：

①要"求鸭和鹅一共有多少只"，怎样计算？

②鹅的只数不知道，怎么办？根据哪个信息可以求鹅的只数？

3. 第 54 页例 3

（1）知识点：开放性问题。

（2）技能点：会用加减法和乘除法解决开放性问题。

（3）素养点：培养学生的数据分析观念、运算能力和应用意识，渗透函数思想。

（4）编写意图：

①呈现学生跳绳情境图，引出做跳绳的问题。

②根据长绳、短绳的长度，来确定做绳的方案。

③运用列表法，按照长绳做 0 根、1 根、2 根……这样顺序思考，找出做绳的全部方案。

④把有序思考的意识推广到"试一试"中。

（5）关键问题：

①要想不浪费材料，该怎样制作跳绳？

②怎样做才能将所有的方案都找到，不会遗漏和重复呢？

小数的加法和减法

（四年级下册）

一、课标解读

（一）学段目标

1. 掌握必要的运算技能。

2. 初步形成数感。

3. 在观察、实验、猜想、验证等活动中，发展合情推理能力，能进行有条理的思考，能比较清楚地表达自己的思考过程与结果。

（二）课程目标

1. 能进行简单的小数的加减运算及混合运算（以两步为主，不超过三步）。

2. 能解决小数的简单实际问题。

3. 经历与他人交流各自算法的过程，并能表达自己的想法。

4. 会应用运算律进行一些简便运算。

二、教材结构

（一）教学内容

项目 \ 小节 \ 题数	小数的加法和减法	问题解决	合计
例题	3	2	5
课堂活动	2	2	4
练习题	11	5	16
思考题	1	1	2

（二）知识联系

本单元是在学生学习了一位小数加减法的计算方法以及小数的意义和性质的基础上设计的，是学习小数四则混合运算的基础。

三、分节理解

小数的加法和减法

1. 第 79 页例 1

（1）知识点：两位小数加一位小数的进位加法。

（2）技能点：能正确计算两位小数加一位小数的进位加法。

（3）素养点：培养学生的推理能力、运算能力、应用意识。

（4）编写意图：

①呈现付水费和电费的情境图，引出数学问题。

②根据具体生活情境，提出问题，列出算式"24.83＋51.6"。

③体会小数进位加法的意义，探究"24.83＋51.6"的计算方法。

④小结：小数点对齐也就是要求相同数位对齐。

（5）关键问题：

①"求这个月应付水费和电费共多少元"，怎么计算？

②列竖式时，51.6 怎样与 24.83 对位呢？

2. 第 79 页例 2

（1）知识点：一位小数减两位小数的退位减法。

（2）技能点：能正确计算一位小数减两位小数的退位减法。

（3）素养点：培养学生的运算能力、归纳推理能力。

（4）编写意图：

①呈现大田村农民出售小麦的情境图，引出数学问题，列出算式："49.5－32.48"。

②竖式计算"49.5－32.48"。49.5 的百分位上没有数，根据小数的性质，在 49.5 的末尾添上 1 个 0，再从前一位退 1 作 10 再减，百分位上等于 2；十分位上 5 借走 1 还有 4，4 减 4 得 0；个位上 9 减 2 得 7；十位上 4 减 3 得 1，最后等于 17.02。

③通过"议一议"，总结小数加法和减法的计算方法。

④通过"算一算"，巩固小数加法和减法的计算方法，将一位小数减两位小数的计算方法推广到整数减小数的减法中。

（5）关键问题：

①一位小数减两位小数，百分位上怎么减？

②计算小数加法和减法时要注意什么？

3. 第 80 页例 3

（1）知识点：掌握在小数连加中运用整数加法的运算定律。

（2）技能点：能运用整数的运算定律进行小数连加计算。

（3）素养点：培养学生的运算能力、应用意识。

（4）编写意图：

①呈现买种子的情景图，引出数学问题。

②梳理信息，列出算式。

③独立计算，自主探索。

④通过比较得出：5.5 与 14.5 相加正好是 20，把这两个数先加，计算更简便。

⑤小结：整数加法运算律在小数加法中同样适用。

（5）关键问题：

①买种子一共用了多少元？你是怎样计算的？

②对比两种算法，你发现了什么？

问题解决

1. 第 83 页例 1

（1）知识点：运用小数加减混合运算解决问题。

（2）技能点：会运用小数加减混合运算解决问题。

（3）素养点：培养学生的数据分析能力、运算能力、推理能力、应用意识。

（4）编写意图：

①呈现找高度差的情境图，引出小数加减混合运算问题。

②根据具体问题，列出算式。

③通过检验，反思问题解决策略是否正确。

（5）关键问题：

①"求电信塔顶端与电力塔顶端的高度相差多少米"，怎么计算？

②你能想办法检验吗？

2. 第 83 页例 2

（1）知识点：根据数量关系"付出的钱－实际消费的钱＝找回的钱"解决问题。

（2）技能点：会用多种方法解决问题。

（3）素养点：培养学生的分析能力、解决实际问题能力、应用意识。

（4）编写意图：

①呈现小红买书的情境图，引出"应找回多少元"的数学问题。

②列式计算，用不同的方法解决问题。

③对比两种不同方法的异同点。

④总结付出的钱、实际消费的钱和找回的钱之间的关系。

（5）关键问题：

①"求应找回多少元"，怎么列式计算？

②还能用其他方法解决吗？

分数加减法

（五年级下册）

一、课标解读

（一）学段目标

1. 掌握必要的运算技能。

2. 在观察、实验、猜想、验证等活动中，发展合情推理能力，能进行有条理的思考，能比较清楚地表达自己的思考过程与结果。

3. 会独立思考，体会一些数学的基本思想。

4. 经历与他人合作交流解决问题的过程，尝试解释自己的思考过程。

5. 能回顾解决问题的过程，初步判断结果的合理性。

6. 在运用数学知识和方法解决问题的过程中，认识数学的价值；初步养成乐于思考、勇于质疑、言必有据等良好品质。

（二）课程目标

1. 能分别进行简单的分数（不含带分数）的加、减、乘、除运算及混合运算（以两步为主，不超过三步）。

2. 能解决分数的简单实际问题。

二、教材结构

（一）教学内容

项目　　　题数　　　小节	分数加减法	分数加减混合运算	探索规律	合计
例题	2	3	2	7
课堂活动	2	2	1	5
练习题	9	10	3	22
思考题		1		1

（二）知识联系

本单元知识是在学生掌握了整数、小数加减法的意义及其计算法则、分数的意义和性质、通分和约分，以及简单的同分母分数加减法的基础上进行教学的。从本单元起，我们将系统学习分数加减法。

三、分节理解

分数加减法

1. 第 60 页例 1

（1）知识点：分数加减法的意义，简单异分母分数加减法的算理和算法。

（2）技能点：能正确计算简单异分母分数加减法。

（3）素养点：培养学生的几何直观能力、推理能力、运算能力和应用意识。

（4）编写意图：

①呈现广场铺砖的情境，提出分数加减法的问题。

②根据具体生活情境，体会分数加减法的意义。

③以 "$\frac{1}{16}+\frac{7}{16}=\frac{8}{16}=\frac{1}{2}$" 为例，复习同分母分数加减法的计算方法，引导学生把结果化成最简分数。

④结合方格图，理解 "$\frac{1}{2}+\frac{1}{4}$" 可以转化成 "$\frac{2}{4}+\frac{1}{4}$" 来计算。

⑤依据第（2）个问题的解题经验解决第（3）个问题。

（5）关键问题：

①分母相同，怎样计算？

②分母不同，又怎么算？

2. 第 61 页例 2

（1）知识点：异分母分数加减法。

（2）技能点：能熟练、正确地计算异分母的分数加减法。

（3）素养点：培养学生的运算能力、推理能力和模型思想。

（4）编写意图：

①呈现分母是互质数和分母不是互质数的异分母分数加减法算式。

②尝试计算，比较不同做法，引导学生发现以两个分母的最小公倍数作公分母比较简便。

③将 "$\frac{2}{7}+\frac{3}{5}$" "$\frac{8}{9}-\frac{5}{6}$" 的计算方法推广到 "试一试" 的三个题目

中，完善找公分母的类型。

④总结分母不同的分数加减法的计算方法。

（5）关键问题：

①怎样确定通分时的公分母？

②分母不同的分数怎样加减？

分数加减混合运算

1. 第 64 页例 1

（1）知识点：异分母分数的连加。

（2）技能点：能正确计算异分母分数的连加。

（3）素养点：培养学生的运算能力，发展学生数感。

（4）编写意图：

①呈现求剩余酒精总和的情境，提出求几个异分母分数连加的问题。

②组织算法交流。第一种：直接将 3 个分数一起通分化成同分母分数；第二种：根据数据的特点，先将同分母分数相加，再加异分母分数。

③引导学生展开互评，优化计算方法。

④以 "$1+\dfrac{2}{3}$ 可记为 $1\dfrac{2}{3}$" 直接告知学生这是用带分数表示，它与 $\dfrac{5}{3}$ 相等。

⑤把分数连加的计算方法推广到 "试一试" 的 3 道分数加减混合计算中。

⑥通过 "议一议" 活动，引导学生得出分数加减混合运算的运算顺序与整数加减混合运算的顺序相同的结论。

（5）关键问题：

① "求一共剩多少瓶酒精"，怎样算？

②分数加减混合运算的运算顺序是怎样的？

2. 第 65 页例 2

（1）知识点：分数加减混合运算。

（2）技能点：能正确计算分数加减混合运算。

（3）素养点：培养学生的运算能力、推理能力、模型思想和应用意识。

（4）编写意图：

①呈现全班同学大扫除的情境，引出分数连减问题。

②引导学生关注擦门窗、擦桌子和扫地的人都是把全班同学看作单位 "1"。

③呈现不同做法，引导学生理解 "一个数连续减去两个数，等于这个数减去两个减数的和" 对分数加减法同样适用。

（5）关键问题：

①两种算法有什么不同？

②一个数连续减去两个分数，还可以怎样计算？

3. 第 65 页例 3

（1）知识点：分数加减法的简便计算。

（2）技能点：能灵活选择方法进行简便计算。

（3）素养点：培养学生的运算能力、应用意识、数感和模型思想。

（4）编写意图：

①呈现种果树的情境，提出"种果树的面积占这片山地面积的几分之几"的数学问题。

②借助对话框提示，结合具体情境，引导学生在交流中优化计算方法。

③观察、对比、反思、总结：3 个分数相加，先把同分母分数相加，再加异分母分数，计算起来比较简便。

④完成"试一试"中的题目，巩固分数加减简便算法。

（5）关键问题：

① " $\dfrac{5}{10} + \dfrac{3}{8} + \dfrac{1}{10}$ " 怎样计算更简便。

②说说运用哪些定律可使计算更简便。

第二节　乘　法

西师版小学数学教材中的乘法是按照《数学课程标准》的要求，从二年级上册开始有梯度地编排的。二至四年级完成整数乘法，五年级完成小数乘法，六年级完成分数乘法，其编排结构图如下：

$$
乘法
\begin{cases}
表内乘法（一）（二上）\\
表内乘法（二）（二上）\\
一位数乘两位数、三位数的乘法（三上）\\
两位数乘两位数的乘法（三下）\\
三位数乘两位数的乘法（四上）\\
小数乘法（五上）\\
分数乘法（六上）
\end{cases}
$$

表内乘法（一）

（二年级上册）

一、课标解读

（一）学段目标

1. 体会四则运算的意义，掌握必要的运算技能，能准确地进行运算。

2. 在对运算结果进行估计的过程中，培养数感；在观察、操作等活动中，能提出一些简单的猜想；会独立思考问题，表达自己的想法。

3. 能在教师的指导下，从日常生活中发现和提出数学问题，并尝试解决；体验与他人合作交流解决问题的过程，尝试回顾解决问题的过程。

4. 对身边与数学有关的事物有好奇心，能积极参与数学活动；能在他人的帮助下，感受数学活动中的成功，能尝试克服困难；了解数学可以描述生活中的一些现象，感受数学与生活有密切联系；能倾听别人的意见，尝试对别人的想法提出建议。

（二）课程目标

1. 结合具体情境，体会乘法运算的意义。
2. 能熟练地口算表内乘法。
3. 经历与他人交流各自算法的过程。
4. 能运用数的运算解决生活中的简单问题，并能对结果的实际意义做出解释。

二、教材结构

（一）教学内容

项目＼题数＼小节	乘法的初步认识	1，2的乘法口诀	3的乘法口诀	4的乘法口诀	5的乘法口诀	整理与复习	合计
例题	2	3	3	2	2	(3)	12 (3)
课堂活动	3	4	5	3	3		18
练习题	9	7	14	7	6	8	51
思考题		1		1			2

（二）知识联系

本单元是学生学习乘法的开始，主要由乘法的初步认识、1～5的乘法口诀、用乘法口诀求积、乘加和乘减式题的意义与计算以及应用乘法口诀解决简单的实际问题等内容构成。这些内容不仅在日常生活中有着非常广泛的应用，而且是学生今后学习6～9的乘法口诀，表内除法，一位数乘两位数、三位数以及两位数乘两位数等知识的基础。

三、分节理解

乘法的初步认识

1．第2页例1

（1）知识点：初步认识乘法的意义。

（2）技能点：会写、会读乘法算式。

（3）素养点：观察能力、符号意识、模型思想。

（4）编写意图：

①呈现植树情境图，引出"共植了多少棵树"的问题。

②引出两个连加算式。

③通过"像这样的加法还可以用乘法计算"引出乘法算式。

④初步认识乘法的意义，并认识乘号及乘法算式的读写。

⑤通过对比体会用乘法计算的简便。

（5）关键问题：

①共植了多少棵树？

②分别表示几个几相加？

2．第2页例2

（1）知识点：乘法的意义。

（2）技能点：能说出乘法算式各部分的名称，能举例说出乘法的意义。

（3）素养点：归纳概括能力、符号意识、模型思想。

（4）编写意图：

①呈现花盆情境图，引出"共有多少盆花"的问题。

②根据情境信息引出连加算式"3＋3＋3＋3＋3＋3＝18"，并由此得出"6个3相加"可以写成"3×6"或"6×3"。

③介绍乘法算式各部分名称。

④小结："求几个相同加数的和，可以用乘法计算"。

（5）关键问题：

①共有多少盆花？怎样列式？

② "6×3" 的意义是什么？

1，2 的乘法口诀

1. 第 7 页例 1

（1）知识点：2 的乘法口诀。

（2）技能点：能归纳总结 2 的乘法口诀，会背 2 的乘法口诀。

（3）素养点：观察分析能力、归纳总结能力。

（4）编写意图：

①呈现熊猫数筷子情境图，利用表格，写出筷子"双数"对应的"根数"。

②根据表格列出对应的加法算式、乘法算式，编出口诀。

③根据前五句口诀找规律，编出后三句口诀。

④通过找相邻两句口诀之间有什么关系，进一步理解 2 的乘法口诀。

（5）关键问题：相邻两句口诀之间有什么联系？

2. 第 7 页例 2

（1）知识点：2 的乘法口诀的应用。

（2）技能点：会用 2 的乘法口诀求积。

（3）素养点：应用能力、运算能力。

（4）编写意图：

①呈现滑冰图，引出"共有几人在滑冰"的问题。

②列出乘法算式。

③提出"用哪句口诀计算"，学会用乘法口诀来求积。

④让学生知道"2×4"和"4×2"都可以用"二四得八"的口诀求出积。

（5）关键问题：

①共有几人在滑冰？

②用哪句口诀计算？

3. 第 8 页例 3

（1）知识点：1 的乘法口诀。

（2）技能点：能归纳总结 1 的乘法口诀，会背 1 的乘法口诀。

（3）素养点：应用归纳总结能力、运算能力。

（4）编写意图：

①通过摆小棒，写乘法算式，编出 1 的乘法口诀的前两句。

②根据规律编完 1 的乘法口诀的余下几句。

③通过观察比较，归纳总结出"1 乘几就是几"。

（5）关键问题：观察乘法算式，你发现了什么？

3的乘法口诀

（一）例题理解

1. 第 11 页例 1

（1）知识点：3 的乘法口诀。

（2）技能点：能归纳总结 3 的乘法口诀，会背 3 的乘法口诀。

（3）素养点：迁移能力、类推能力、模型思想。

（4）编写意图：

①呈现跳绳的情境图。

②根据信息引出表格并填写表格。

③根据表格数据列出乘法算式，编写乘法口诀。

④总结记忆口诀的方法。

（5）关键问题：

①从表格里你发现了什么？

②怎样记住 3 的乘法口诀？

2. 第 11 页例 2

（1）知识点：3 的乘法口诀的应用。

（2）技能点：会用 3 的乘法口诀求积。

（3）素养点：应用能力、运算能力。

（4）编写意图：

①呈现 3 的乘法算式。

②用 3 的乘法口诀求积。

（5）关键问题：

①"3×8"用哪句口诀算？

②这句口诀还可以计算哪个算式呢？

3. 第 15 页例 3

（1）知识点：乘加、乘减计算。

（2）技能点：会运用乘加或乘减进行计算。

（3）素养点：运算能力、解决问题的能力。

（4）编写意图：

①呈现情境图，引出"共有多少人"的问题。

②根据 3 个小朋友的对话，明确列式依据：比 3 个 3 多 2，列式为"3×3+2"；比 4 个 3 少 1，列式为"3×4−1"。

（5）关键问题：

①共有多少人？怎样列式计算？

②结合情境想想计算时先算什么，再算什么。

4的乘法口诀

1. 第17页例1

（1）知识点：4的乘法口诀。

（2）技能点：能归纳总结4的乘法口诀，会背4的乘法口诀。

（3）素养点：迁移能力、类推能力、模型思想。

（4）编写意图：

①呈现汽车情境图。

②出示表格，并填写表格。

③让学生列出乘法算式，编写4的乘法口诀。

（5）关键问题：

①7辆汽车有多少个车轮？8辆呢？9辆呢？

②4的乘法口诀有哪些？

2. 第17页例2

（1）知识点：4的乘法口诀。

（2）技能点：能用4的乘法口诀求积。

（3）素养点：应用能力、运算能力。

（4）编写意图：

①呈现4的乘法算式。

②用4的乘法口诀求积。

（5）关键问题："4×5""4×7"各用哪句口诀算？

5的乘法口诀

1. 第20页例1

（1）知识点：5的乘法口诀。

（2）技能点：能归纳总结5的乘法口诀，会背5的乘法口诀。

（3）素养点：迁移能力、类推能力、模型思想。

（4）编写意图：

①呈现奥运五环情境图。

②呈现表格，填写表格。

③根据表格，写出乘法算式，并写出5的乘法口诀。

（5）关键问题：

①7面小旗有几个圆环？8面呢？9面呢？

②怎样记住5的乘法口诀？

2. 第20页例2

（1）知识点：5的乘法口诀。

（2）技能点：会用5的乘法口诀求积。

（3）素养点：应用能力、运算能力。

（4）编写意图：

①呈现 5 的乘法算式。

②通过算一算，掌握用 5 的乘法口诀求积的方法。

（6）关键问题："5×6""8×5"各用哪句乘法口诀计算？

表内乘法（二）

（二年级上册）

一、课标解读

（一）学段目标

1. 体会四则运算的意义，掌握必要的运算技能，能准确地进行运算。

2. 在对运算结果进行估计的过程中，培养数感；在观察、操作等活动中能提出一些简单的猜想；会独立思考问题，表达自己的想法。

3. 能在教师的指导下，从日常生活中发现和提出数学问题，并尝试解决；体验与他人合作交流解决问题的过程，尝试回顾解决问题的过程。

4. 对身边与数学有关的事物有好奇心，能积极参与数学活动；能在他人帮助下，感受数学活动中的成功，能尝试克服困难；了解数学可以描述生活中的一些现象，感受数学与生活的密切联系；能倾听别人的意见，尝试对别人的想法提出建议。

（二）课程目标

1. 结合具体情境，体会乘法运算的意义；

2. 能熟练地口算表内乘法；

3. 经历与他人交流各自算法的过程；

4. 能运用数的运算解决生活中的简单问题，并能对结果的实际意义做出解释。

二、教材结构

（一）教学内容

项目 题数 小节	6，7的乘法口诀	8，9的乘法口诀	整理与复习	合计
例题	2	2	（2）	4（2）

小节 / 题数 / 项目	6，7的乘法口诀	8，9的乘法口诀	整理与复习	合计
课堂活动	2	2		4
练习题	11	9	12	32
思考题		1	1	2

（二）知识联系

本单元是在学生对乘法有了初步认识，并且学习了1～5的乘法口诀，会用1～5的乘法口诀求积等基础上进行教学的。通过本单元的学习，学生将经历编写6～9的乘法口诀的过程，逐步熟记乘法口诀，对乘法口诀的内在联系和规律有更系统、完整的认识。进一步体会乘法的含义，提高表内乘法的计算能力和解决简单实际问题的能力。表内乘法是小学阶段最重要的基础知识之一，其既是学生今后进一步学习乘除法的必备基础，也是学生计算能力的重要组成部分。

三、分节理解

6，7的乘法口诀

1. 第31页例1

（1）知识点：6，7的乘法口诀。

（2）技能点：能归纳总结6，7的乘法口诀，会背6，7的乘法口诀。

（3）素养点：迁移能力、类推能力、模型思想。

（4）编写意图：

①呈现买台历情境图，发现数学信息"1本台历6元，1个星期7天"，引出数学问题：6本台历多少钱？7本、8本、9本呢？7个星期多少天？8个星期、9个星期呢？

②根据信息，写出算式，编写6，7的乘法口诀。

（5）关键问题：

①根据"6×6=36""6×7=42""6×8=48""6×9=54"能分别编制哪一句口诀？

②根据"7×7=49""7×8=56""7×9=63"又分别能编制哪一句口诀？

2. 第31页例2

（1）知识点：6，7的乘法口诀。

（2）技能点：会运用 6、7 的乘法口诀求积。

（3）素养点：应用能力、运算能力。

（4）编写意图：

①呈现 6，7 的乘法算式。

②用 6，7 的乘法口诀求积。

（5）关键问题：计算 6×8 和 7×9 各用哪句口诀？

8，9 的乘法口诀

1. 第 35 页例 1

（1）知识点：8，9 的乘法口诀。

（2）技能点：能归纳总结 8，9 的乘法口诀，会背 8，9 的乘法口诀。

（3）素养点：迁移能力、类推能力、模型思想。

（4）编写意图：

①呈现螃蟹情境图，引出问题：1 只螃蟹 8 条腿，8 只螃蟹几条腿？9 只螃蟹呢？

②根据乘法意义列出算式。

③根据"7×8=56"推出"8×8=64""8×9=72"。

④编写 8 的乘法口诀并读记。

⑤根据"8×9=72"推出"9×9=81"，并编写出对应的口诀。

（5）关键问题：

①怎样编 8 的乘法口诀？

②怎样编 9 的乘法口诀？

2. 35 页例 2

（1）知识点：8，9 的乘法口诀。

（2）技能点：会用 8，9 的乘法口诀求积。

（3）素养点：应用能力、运算能力。

（4）编写意图：

①呈现 8，9 的乘法算式。

②用 8，9 的乘法口诀求积。

（5）关键问题：计算"9×8=""9×9="两个算式各用哪句口诀？

一位数乘两位数、三位数的乘法

（三年级上册）

一、课标解读

（一）学段目标

1. 体会四则运算的意义，掌握必要的运算技能，能准确进行运算；在具体的情境中，能选择适当的单位进行简单的估算。

2. 在对运算结果进行估计的过程中，发展数感。

3. 了解分析问题和解决问题的一些基本方法，知道同一个问题可以有不同的解决方法；体验与他人合作交流解决问题的过程，尝试回顾解决问题的过程。

（二）课程目标

1. 结合具体情境，体会整数四则运算的意义。

2. 能口算一位数乘两位数，能计算一位数乘两位数、三位数的乘法，经历与他人交流各自算法的过程。

3. 能结合具体情境，选择适当的单位进行简单的估算，发展数感，体会估算在生活中的作用。

4. 能运用数及数的运算解决生活中的简单问题，并能对结果的实际意义做出解释。

二、教材结构

（一）教学内容

项目 题数 小节	一位数乘两位数	一位数乘三位数	问题解决	整理与复习	合计
例题	6	6	2	（4）	14（4）
课堂活动	8	8	2		18
练习题	19	19	6	7	51
思考题	1	1		1	3

（二）知识联系

本单元的知识是学生在学习了表内乘法的基础上继续学习的，它是1000以内数的认识、乘法的意义、表内乘法等内容的重新组合与发展。与表内乘法相比，无论是从计算方法上看，还是从算理上看，都具有一定的复杂性和理解的难度，但它是今后进一步学习两位数乘两位数、两位数乘三位数乘法及解决问题的重要基础。

三、分节理解

一位数乘两位数

1. 第 9 页例 1

（1）知识点：一位数乘整十数。

（2）技能点：能正确口算一位数整十数。

（3）素养点：数感、运算能力、推理能力。

（4）编写意图：

①呈现装鸡蛋的情境图，引出"一共有多少个鸡蛋"的问题。

②根据乘法的意义列出算式。

③引导学生探索算法，重点理解算理：2 个 10 乘 3 得 6 个 10。

④通过"试一试"，巩固一位数乘整十数的算理和算法。

（5）关键问题：

①要"求 3 盒鸡蛋一共有多少个"，怎么计算？

②你是怎样计算"20×3"的？

2. 第 9 页例 2

（1）知识点：一位数乘两位数（不进位）的乘法。

（2）技能点：会口算一位数乘两位数（不进位）的乘法。

（3）素养点：观察能力、几何直观能力、运算能力。

（4）编写意图：

①呈现正方体图，引出"一共有多少个▢"的问题。

②应用整数的意义列出算式。

③数形结合探索算法：把两位数分成整十数和一位数，分别与原来的一位数相乘，再把两部分的积相加。

④通过"试一试"，巩固一位数乘两位数的算理和算法。

（5）关键问题：

①"求一共有多少个▢"，怎样列式？

②"13×2"怎样计算？

3. 第 10 页例 3

（1）知识点：一位数乘两位数的估算。

（2）技能点：能进行一位数乘两位数的估算。

（3）素养点：数感、转化思想、模型思想、运算能力。

（4）编写意图：

①创设对话情境引出估算的需要。

②根据具体情境选择以"十"为单位进行估算。

③理解一位数乘两位数的估算方法，掌握估算算式的写法。

（5）关键问题：

①把 32 估成多少来计算？

②把 48 估成多少来计算？

4. 第 13 页例 4

（1）知识点：笔算一位数乘两位数（不进位）乘法。

（2）技能点：能计算一位数乘两位数（不进位）。

（3）素养点：观察能力、几何直观能力、运算能力。

（4）编写意图：

①呈现茶杯的情境，引出"一共有多少个茶杯"的数学问题。

②根据乘法的意义，列出算式。

③结合图示口算，理解"12×4"的笔算过程：先用 4 去乘个位上的 2 得 8，对着个位写 8；再用 4 去乘十位上的 1 得 4，对着十位写 4；最后将 8 和 40 相加，得 48。

④简化竖式书写格式，掌握一位数乘两位数（不进位）的竖式书写格式。

⑤通过"试一试"，巩固一位数乘两位数（不进位）的笔算方法。

（5）关键问题：

①"求一共有多少个茶杯"，怎样列式？如何计算？

②怎样写竖式更简便？

5. 第 14 页例 5

（1）知识点：笔算一位数乘两位数（不连续进位）的乘法。

（2）技能点：能笔算一位数乘两位数（不连续进位）。

（3）素养点：观察能力、几何直观能力、运算能力。

（4）编写意图：

①呈现数玩具的情境图，引出一位数乘两位数（不连续进位）的数学问题。

②根据乘法的意义，列出算式。

③结合图示口算，理解 24 可以分成 20 和 4，它们分别与 3 相乘，最后把两部分乘积相加。

④探索竖式计算方法。理解个位相乘满几十就向十位进几，十位相乘的积还应加上进上来的数。

⑤通过"试一试"，巩固一位数乘两位数（不连续进位）的笔算方法。

（5）关键问题：

①要"求一共有多少个玩具"，怎样列式？

②"24×3"用竖式怎么计算？

6．第 14 页例 6

（1）知识点：笔算一位数乘两位数（连续进位）的方法。

（2）技能点：能笔算一位数乘两位数（连续进位）。

（3）素养点：归纳概括能力、运算能力。

（4）编写意图：

①呈现载客情景图，引出一位数乘两位数（连续进位）的数学问题。

②根据乘法的意义，列出算式。

③探索竖式计算方法，理解个位相乘满几十就向十位进几，十位相乘的积还应加上进上来的数。

④学会用竖式计算一位数乘两位数。

（5）关键问题：

①要"求最多可以载客多少人"，怎样列式？怎样计算？

②怎样用竖式计算一位数乘两位数？

一位数乘三位数

1．第 18 页例 1

（1）知识点：口算一位数乘整百数。

（2）技能点：能口算一位数乘整百数。

（3）素养点：数感、运算能力、推理能力。

（4）编写意图：

①呈现计算松果个数的情境图，引出"一共有多少颗松果"的数学问题。

②列出算式，进一步体会乘法的意义。

③探索一位数乘整百数的口算方法。交流算理、算法，感受一位数乘整百数与一位数乘整十数的口算方法的联系。

④把例题的算法推广到"试一试"中去，巩固一位数乘整百数的算理和算法。

（5）关键问题：

①"求一共多少颗松果"，怎么列式？

②"300×4"是怎样计算的？

2．第 18 页例 2

（1）知识点：一位数乘三位数的估算。

（2）技能点：能用估算一位数乘三位数。

（3）素养点：数感、推理能力和运算能力。

（4）编写意图：

①呈现情境图，引出"小东 3 分大约能跑多少米"的数学问题。

②根据实际情况选择以"百"为单位进行估算。

③估算算式的写法：以一位数乘整百数口算算式的形式书写。

（5）关键问题：

①"求小东 3 分钟大约能跑多少米"，怎么列式？

②小兰 3 分钟大约能跑多少米？

3. 第 21 页例 3

（1）知识点：笔算一位数乘三位数（连续进位）的乘法。

（2）技能点：能笔算一位数乘三位数（连续进位）。

（3）素养点：观察能力、运算能力、归纳概括能力。

（4）编写意图：

①呈现买东西的情境图，引出数学问题，列出乘法算式。

②计算，交流算法。注意：哪位相乘满几十，就向前一位进几，在乘前一位时一定注意加上进上来的数；注意进位数字的写法和乘积的对位。

③通过"试一试"，巩固一位数乘三位数的计算方法。

④通过"议一议"，总结一位数乘三位数的计算方法，与一位数乘两位数的计算方法进行比较。

（5）关键问题：

①"求买 3 个微波炉要用多少元"，怎么列式？

②怎样用竖式计算"758×3"？

③一位数乘三位数与一位数乘两位数的计算方法有什么相同点？

4. 第 22 页例 4

（1）知识点：0 和任何数相乘都得 0。

（2）技能点：能运用 0 和任何数相乘都得 0 的结论快速计算。

（3）素养点：数感、推理能力、归纳概括能力。

（4）编写意图：

①呈现观察金鱼的情境图，引出"一共有多少条鱼"的数学问题。

②根据加法的意义列出加法算式"0＋0＋0＝0"，再根据乘法的意义改写成乘法算式"0×3＝0"，初步理解"0 和任何数相乘都得 0"。

③把例题的算法推广到"试一试"中去，归纳小结：0 和任何数相乘都得 0。

（5）关键问题：

①一共有多少条鱼？你用什么方法来解答？

②观察"试一试"中的 3 个算式，你发现了什么？

5. 第 23 页例 5

（1）知识点：一位数乘三位数（中间有 0）的乘法。

（2）技能点：能计算一位数乘三位数（中间有 0）的乘法。

（3）素养点：模型思想、运算能力。

（4）编写意图：

①呈现买票情境图，引出数学问题。

②根据乘法的意义，列出乘法算式。口算"102×3"：把102分成100和2，先算"100×3"，再算"2×3"，最后把两部分的积加起来。

③结合口算过程探索竖式计算方法：用3依次乘102的个位、十位、百位。注意用3乘十位的0得0，因此积的十位应写0。

④把例题的计算方法推广到"试一试"中去，提高学生的计算能力。

（5）关键问题：

①"求一共需要多少元"，怎么列式？

②"102×3"用竖式怎样计算？

6. 第23页例6

（1）知识点：一位数乘三位数（末尾有0）的乘法。

（2）技能点：能计算一位数乘三位数（末尾有0）的乘法。

（3）素养点：模型思想、观察能力、运算能力。

（4）编写意图：

①呈现方队的情境图，引出数学问题，根据乘法的意义列出乘法算式。

②呈现竖式的两种写法，通过说一说观察比较，优化算法。

③通过试一试，巩固一位数乘三位数（末尾有0）的乘法的计算方法。

（5）关键问题：

①"求9个方队一共多少人"，怎么计算？

②你喜欢哪种算法？为什么？

问题解决

1. 第27页例1

（1）知识点：应用乘、加两级运算解决实际问题。

（2）技能点：能结合具体情境，分析数量关系，并能根据数量关系找出解决问题的策略。

（3）素养点：数据分析观念、应用意识、运算能力。

（4）编写意图：

①呈现会议室座位的情境图，引出数学问题。

②理解要"求一共可以坐多少人"，必须知道"台上人数"和"台下人数"，若"台下人数"不知道，必须先求出。

③根据数量关系"每排人数×排数＝台下人数，台上人数＋台下人数＝总人数"，列出算式，独立解答。

④通过"想一想"，总结出解题步骤。

（5）关键问题：

①要"求学校会议室一共可以坐多少人"，应先算什么？

②这个问题是怎样解决的？

2. 第 27 页例 2

（1）知识点：应用一位数乘三位数的知识和比较的方法解决实际问题。

（2）技能点：能结合具体情境，分析题中的主要数量关系，并能根据数量关系找出解决问题的策略。

（3）素养点：数据分析观念、应用意识、创新意识。

（4）编写意图：

①呈现教室铺砖的情境图，引出数学问题。

②独立尝试，交流思路：一是估算后比较；二是精算后比较。

（5）关键问题：

①要"求 1500 块地砖够铺吗"，应先算什么，再算什么？

②该怎样解答？

两位数乘两位数的乘法

（三年级下册）

一、课标解读

（一）学段目标

1. 体会四则运算的意义，掌握必要的运算技能，能准确地进行运算；在具体的情境中，能选择合适的单位进行简单的估算。

2. 在对运算结果进行估计的过程中，发展数感；在观察、操作等活动中，能提出一些简单的猜想；会独立思考问题，表达自己的想法。

3. 了解分析问题和解决问题的一些基本方法，知道同一个问题可以有不同的解决方法；体验与他人合作交流解决问题的过程，尝试回顾解决问题的过程。

（二）课程目标

1. 能计算两位数乘两位数的乘法。

2. 能结合具体情境，选择适当的单位进行简单估算，体会估算在生活中的作用。

3. 经历与他人交流各自算法的过程。

4. 能运用数及数的运算解决生活中的简单问题，并能对结果的实际意义做出解释。

二、教材结构

（一）教学内容

项目＼小节＼题数	两位数乘两位数	问题解决	整理与复习	合计
例题	7	2	（1）	9（1）
课堂活动	8	1		9
练习题	23	10	15	48
思考题	0	1	1	2

（二）知识联系

本单元知识是学生在学习了两位数、三位数乘一位数乘法的基础上进行教学的，学习这部分内容，有利于学生更好地掌握整数乘法的计算方法，同时为以后学习三位数乘两位数乘法及小数乘法奠定基础。

三、分节理解

两位数乘两位数

1. 第2页例1

（1）知识点：两位数乘10的口算。

（2）技能点：能计算两位数乘10的口算。

（3）素养点：数感、运算能力、推理能力、归纳概括能力。

（4）编写意图：

①呈现体育馆中座位数情境图，引出乘法的意义，列出算式"48×10"。

②重点理解"48×10"的算理：10个十是100，48个十是480。

③把"48×10"的计算方法推广到"算一算"的三道题目中。

④小结两位数乘10的计算方法：一个两位数乘10，所得的积恰好等于原数的末尾添上一个0。

（5）关键问题：

①"48×10"该怎样口算？

②小结两位数乘10的计算方法是什么。

2. 第2页例2

（1）知识点：两位数乘整十数的口算。

（2）技能点：能计算两位数乘整十数。

（3）素养点：归纳概括能力、运算能力。

（4）编写意图：

①呈现计算面粉重量的情境图，引出"这些面粉共重多少千克"的问题。根据乘法的意义，列出算式"25×30"。

②呈现两种算法：一是，一堆有 10 袋，先求一堆有多少千克：25×10＝250（kg），再算 3 堆有多少千克：250×3＝750（kg）；二是，把 25×30 看成乘数是一位数的乘法，先算 25×3＝75（kg），再在 75 的后面添上 1 个 0，得 750kg。

③把"25×30"的计算方法推广到"算一算"的三道题目中。

（5）关键问题：

①要"求这些面粉共重多少千克"，怎样列式？怎样口算呢？

②两位数乘整十数该如何口算？

3. 第 3 页例 3

（1）知识点：整十数乘整十数的口算。

（2）技能点：能计算整十数乘整十数。

（3）素养点：数感、归纳概括能力、运算能力。

（4）编写意图：

①直接呈现算式"20×30"，引导学生探索口算方法：一是先算"20×3＝60"，再算"60×10＝600"；二是，先算"2×3＝6"，再在积的末尾添 2 个 0。

②思考算理：为什么要在 6 的后面添 2 个 0？

③总结整十数乘整十数的一般算法：先直接口算一位数乘一位数，再在积的末尾添 2 个 0。

（5）关键问题：

①怎样口算"20×30"呢？

②整十数乘整十数该如何口算？

4. 第 3 页例 4

（1）知识点：整十数乘整十数的口算的应用。

（2）技能点：能正确口算整十数乘整十数。

（3）素养点：运算能力、应用意识。

（4）编写意图：

①呈现购买体育用品的情境图，引出"买 20 个足球需要多少元"的数学问题。

②根据乘法的意义，列出算式"20×90"。

③交流"20×90"的计算方法。

④鼓励学生提出不同的数学问题并解决。

（5）关键问题：

①要"求买20个足球需要多少元"，怎样列式？怎样计算？

②你还能提出哪些数学问题？

5. 第7页例5

（1）知识点：两位数乘两位数（不进位）的笔算。

（2）技能点：能用笔算的方法计算两位数乘两位数（不进位）。

（3）素养点：归纳概括的能力、运算能力、模型思想。

（4）编写意图：

①呈现购买卷笔刀的情境图，引出"14盒共有多少个卷刀"的问题。根据乘法的意义列出算式"12×14"。

②探索"12×14"的口算方法：可以先算4盒有多少个，再算10盒有多少个，最后算一共有多少个，列式为"12×4＝48，12×10＝120，48＋120＝168"。

③理解"12×14"笔算的算理：先用个位的4乘12得48；再用十位上的1乘12，得到12个十（即120），所以2必须写在十位上；最后把两个积相加。

④把笔算的算理推广用到"试一试"的三道题目中。

⑤总结用竖式计算两位数乘两位数的计算方法。

（5）关键问题：

①要"求14盒共有多少个卷笔刀"，怎样列式？又如何计算？

②怎样用竖式计算"12×14"？每一步算的是什么？

6. 第8页例6

（1）知识点：两位数乘两位数（进位）的笔算。

（2）技能点：能用笔算的方法计算两位数乘两位数（进位）。

（3）素养点：知识迁移能力、运算能力、归纳概括能力、模型思想。

（4）编写意图：

①呈现青蛙吃害虫的情境图。引出"这只青蛙25天要吃多少只害虫"的问题，根据乘法的意义列式"34×25"。

②引导学生用"先……再……最后……"说清算理。

③用填空的形式，帮助学生理解算理。

④议一议：尝试计算一个因数末尾有0的乘法，呈现不同的算法，比较得出最简便的算法。

⑤把上述算法推广到"算一算"的计算中。

⑥总结用竖式计算两位数乘两位数（进位）的计算方法。

（5）关键问题：

①两位数乘两位数（进位）的笔算乘法该如何计算？

②怎样计算"79×80"？怎样计算比较简便？

7．第9页例7

（1）知识点：积的变化规律。

（2）技能点：能举例说出积的变化规律。

（3）素养点：数感、分析能力、归纳概括能力。

（4）编写意图：

①呈现简单的行程问题的情境图，以表格的形式引出数学问题。

②根据"路程＝速度×时间"列出算式，填写表格。

③结合表格，引导学生观察"每小时行驶的路程不变，时间用得越多，行驶的总路程就越长""每小时行驶的路程不变，时间扩大到原来的几倍，总路程就扩大到原来的几倍"。

④结合算式，引导学生从上往下观察："两数相乘，一个因数不变，另一个因数扩到原来的几倍，积也扩到原来的几倍。"从下往上观察："两数相乘，一个因数不变，另一个因数缩小到原来的几分之一，积也缩小到原来的几分之一。"

（5）关键问题：

①怎样计算行驶的总路程？该如何列式计算？

②在上面的算式中，因数和积的变化规律是怎样的？

问题解决

1．第13页例1

（1）知识点：运用两位数乘两位数等知识解决实际问题。

（2）技能点：能用不同的方法解决实际问题。

（3）素养点：应用意识、创新意识。

（4）编写意图：

①呈现排队参加训练的情境图，引出"参加训练的22所学校共有多少人"的数学问题。

②引导学生分析"每所学校的同学都站了4列，每列18人"的含义。

③理清数量关系：一是"每列18人×4列＝一所学校的人数，一所学校的人数×22所学校＝总人数"；二是"每所学校4列×22所学校＝总列数，总列数×每列18人＝总人数"。

④通过"说一说"想想解决这个问题的过程和解决问题的基本方法。

（5）关键问题：

① "每所学校的同学都站了 4 列，每列 18 人"是什么意思？怎样列式计算？

②你还有不同的计算方法吗？你是怎样想的？

2. 第 14 页例 2

（1）知识点：有关"归一"的实际问题。

（2）技能点：能用有关"归一"的方法解决问题。

（3）素养点：分析问题和解决问题的能力、创新意识。

（4）编写意图：

①呈现搬矿泉水的情境图，引出"24 箱共有多少瓶矿泉水"的数学问题。

②呈现解决问题的两种分析思路：一是从信息入手思考：根据"3 箱共有矿泉水 36 瓶"可以算出"每箱矿泉水 12 瓶"，再乘 24 箱就能算出总瓶数；二是从问题入手思考：要"求 24 箱共有多少瓶矿泉水"，需要知道"每箱多少瓶"，根据"3 箱共有 36 瓶矿泉水"可以先求"每箱多少瓶"。

（5）关键问题：

①从"3 箱共有矿泉水 36 瓶"可以得出什么信息？怎样列式？

②要"求 24 箱共有多少瓶矿泉水"还可以先算什么？再算什么？

三位数乘两位数的乘法

（四年级上册）

一、课标解读

（一）学段目标

1. 在观察、实验、猜想、验证等活动中，发展合情推理能力；能进行有条理的思考，能比较清楚地表达自己的思考过程与结果；会独立思考，体会一些数学基本思想。

2. 能探索分析和解决简单问题的有效方法，了解解决问题方法的多样性。

3. 在运用数学知识和方法解决问题的过程中，认识数学的价值。

（二）课程目标

1. 能计算三位数乘两位数的乘法。

2. 在具体情境中，了解常见的数量关系，如：总价＝单价×数量，路程＝速度×时间，并能解决简单的实际问题。

3. 在解决问题的过程中能选择合适的方法进行估算。

二、教科书的结构

（一）教学内容

题数 项目＼小节	三位数乘两位数	问题解决	整理与复习	合计
例题	5	2	（4）	7（4）
课堂活动	5	1		6
练习题	11	8	8	27
思考题			1	1

（二）知识联系

本单元知识是在学生掌握了表内乘法、多位数乘一位数以及两位数乘两位数的基础上进行教学的，将为学生将来学习小数乘法打下坚实的基础。通过本单元的学习，学生将掌握一般整数乘法的口算方法，进一步培养估算能力。

三、分节理解

三位数乘两位数

1. 第 51 页例 1

（1）知识点：整百数乘整十数的口算。

（2）技能点：能正确口算整百数乘整十数。

（3）素养点：合情推理能力、创新思维能力、转化思想。

（4）编写意图：

①呈现苹果树情境图，引出整百数乘整十数的口算。

②根据表内乘法和整百数乘一位数的算法，推导出整百数乘整十数的算法。

③理解整百数乘整十数的算理，掌握其算法。

（5）关键问题：

①要"求一共有多少棵苹果树"，应怎样列式计算？

②"400×30"怎样计算？你是怎么想的？

2. 第 51 页例 2

（1）知识点：三位数乘两位数的估算。

（2）技能点：会估算三位数乘两位数。

（3）素养点：估算意识和数感，以及主动建构数学模型和抽象思维的能力。

（4）编写意图：

①呈现摘桃子的数学信息，引出估算问题。

②把 198 看作 200，把 91 看作 90，明确估算方法和书写格式。

③通过"议一议"，在解决问题的过程中，明确单价、数量、总价，引导学生发现"单价×数量＝总价"。

（5）关键问题：

①要"求大约能卖多少元"，应该怎么算？

②从上面的问题中你发现了什么数量关系？

3. 第 52 页例 3

（1）知识点：三位数乘两位数的不进位的笔算。

（2）技能点：掌握三位数乘两位数（不进位）的笔算方法。

（3）素养点：合情推理能力、转化思想。

（4）编写意图：

①呈现情景图，引出"王叔叔家距果园多少米"的问题。

②利用知识迁移探索三位数乘两位数的笔算方法。

（5）关键问题：

①要"求王叔叔家距果园多少米"，怎么列式？

②"233×12"怎样计算？

4. 第 52 页例 4

（1）知识点：三位数乘两位数连续进位的笔算。

（2）技能点：能笔算三位数乘两位数（连续进位）。

（3）素养点：知识迁移能力、运算能力、归纳概括能力和模型思想。

（4）编写意图：

①呈现装载水果的列车到广州的数学信息，引出三位数乘两位数（连续进位）的数学问题。

②进一步理解三位数乘两位数的算理，掌握算法。

③通过"议一议"，引导学生发现"速度×时间＝路程"。

④通过"说一说"，总结三位数乘两位数的计算方法；与两位数乘两位数的计算方法进行比较。

（5）关键问题：

①计算时要注意什么？

②从上面的问题中你发现了什么数量关系？

③三位数乘两位数的计算方法是怎样的？它与两位数乘两位数的计算方法相同吗？

5. 第 53 页例 5

第（1）小题

（1）知识点：三位数乘两位数（末尾有 0）的笔算乘法。

（2）技能点：能正确笔算三位数乘两位数（末尾有 0）的笔算乘法。

（3）素养点：归纳概括能力、运算能力和模型思想。

（4）编写意图：

①呈现摘脐橙情境图，引出三位数乘两位数（末尾有 0）的数学问题。

②通过比较，优化算法。

（5）关键问题：

①要"求张阿姨 30 时采摘脐橙多少千克"，应怎样列式计算？

②"120×30"你是怎样算的？

第（2）小题

（1）知识点：三位数乘两位数（中间有 0）的笔算乘法。

（2）技能点：能正确计算三位数乘两位数（中间有 0）的笔算乘法。

（3）素养点：归纳概括能力、运算能力和模型思想。

（4）编写意图：

①呈现摘脐橙情境图，引出三位数乘两位数（中间有 0）的数学问题。

②通过计算进一步理解算理，掌握算法。

③通过总结算法，提炼算法。

（5）关键问题：

①要"求李叔叔 18 天一共包装脐橙多少筐"，应怎样列式计算？

②"304×18"你是怎样计算的？

问题解决

1. 第 56 页例 1

（1）知识点：两步的连乘解决问题。

（2）技能点：能用两步的连乘解决问题。

（3）素养点：独立思考能力、归纳概括能力、思维创新能力。

（4）编写意图：

①呈现铺路的数学信息，引出连乘的问题。

②结合数量关系，分步解决问题再写出综合算式。

③综合运用乘法知识解决生活中的实际问题。

④通过"议一议"，探讨用其他方法来解决问题。

（5）关键问题：

①要"求这条公路长多少千米"，应怎样列式计算？

②对于"450×2×40"，你是怎样想的？

2. 第 56 页例 2

（1）知识点：有关路程的"问题解决"。

（2）技能点：能用时间计算和行程问题的知识来解决问题。

（3）素养点：解决问题的能力、运算能力和推理能力。

（4）编写意图：

①呈现旅行社组团到北京旅游的数学信息，引出行程问题。

②用结束时间减开始时间，算出火车运行的时间。

③根据"速度×时间＝路程"，算出该市至北京的铁路长多少千米。

（5）关键问题：

①要"求该市至北京的铁路长多少千米"，应先求什么？怎么计算火车的运行时间？

②要"求该市至北京的铁路长多少千米"，怎样列式计算？

小数乘法

（五年级上册）

一、课标解读

（一）学段目标

1. 掌握必要的运算技能；理解估算的意义。

2. 尝试从日常生活中发现并提出简单的数学问题，并运用一些知识加以解决。

3. 能探索分析和解决简单问题的有效方法，了解解决问题方法的多样性。

4. 经历与他人合作交流解决问题的过程，尝试解释自己的思考过程。

5. 能回顾解决问题的过程，初步判断结果的合理性。

6. 在运用数学知识和方法解决问题的过程中，认识数学的价值；初步养成乐于思考、勇于质疑、言必有据等良好品质。

（二）课程目标

1. 能进行简单的小数乘法运算。

2. 能解决小数乘法的简单实际问题。

3. 经历与他人交流各自算法的过程，并能表达自己的想法。

4. 在解决问题的过程中，能选择合适的方法进行估算。

二、教材结构

（一）教学内容

项目＼题数＼小节	小数乘整数	小数乘小数	积的近似值	问题解决	整理与复习	合计
例题	2	5	2	2	（3）	11（3）
课堂活动	1	2	1	1	0	5
练习题	11	12	5	10	9	47
思考题	0	1	1	0	0	2

（二）知识联系

本单元知识是在学生掌握整数乘法的运算、小数的意义和性质以及小数加减法的基础上的进一步学习。小数乘法的竖式形式、乘的顺序、积的对位与进位都与整数乘法的规则一致，只需处理好小数点的问题。小数乘法是整数乘法的发展，也是学生全面掌握计算方法的一个重要内容。

三、分节理解

小数乘整数

1. 第 2 页例 1

（1）知识点：小数乘整数的意义、算理和算法。

（2）技能点：能理解小数乘整数的意义和算理，探索算法。

（3）素养点：数感、运算能力和推理能力。

（4）编写意图：

①呈现买菜情境图，引出小数乘整数的问题。

②根据整数乘法的意义引申出"求几个相同小数的和"用乘法计算，列式为"4.2×6"或"6×4.2"。

③借助"元"和"角"的联系，把小数乘法转化为整数乘法来计算，即"$42 \times 6 = 252$（角）"，"252 角就是 25.2 元"。

④用竖式计算"4.2×6"，把因数 4.2 扩大到它的 10 倍，转化为整数乘法，乘积为 252。要使积不变，就要把 252 缩小到它的 $\frac{1}{10}$。着重引导学生对比因数与积的变化过程，感受积不变的道理。

⑤"试一试"的题目"9×1.8"，将小数放到了第二个因数，根据乘

法交换律，可以看作"1.8×9"计算。

（5）关键问题：

①要"求买 6 千克西红柿需要多少元"，怎样列式？

②"4.2×6"怎样计算？

2. 第 3 页例 2

（1）知识点：小数乘整数的算法。

（2）技能点：会计算小数乘整数。

（3）素养点：运算能力、推理能力，模型思想。

（4）编写意图：

①呈现求一箱糖果重量的情境图，引出小数乘整数的问题。

②在理解算理的基础上，重点引导学生掌握计算方法。如把"0.75×24"概括为：先把"0.75×24"看作"75×24"；然后看因数中有几位小数就从积的右边起，数出几位点上小数点；最后根据小数的性质去掉小数末尾的 0。

③引导学生用"议一议"的方式概括小数乘整数的计算方法。

（5）关键问题：

①小数乘整数该怎么计算？

②怎样确定积的小数点位置？

小数乘小数

1. 第 6 页例 1

（1）知识点：小数乘小数的算理和算法。

（2）技能点：理解小数乘小数的算理，掌握算法。

（3）素养点：运算能力、推理能力和模型思想。

（4）编写意图：

①呈现求黑板面积的情境图，提出小数乘小数的问题。

②根据小数乘整数的计算方法，推想小数乘小数的计算方法。

③学生尝试计算并说明算理。如：把因数 3.1 扩大到它的 10 倍变为 31，把因数 1.2 扩大到它的 10 倍变为 12，转化成整数乘法计算；两个因数各扩大到原数的 10 倍，积就扩大到原数的 $10 \times 10 = 100$ 倍；要使积不变，就应该把得数 372 缩小到它的 $\frac{1}{100}$。

④对比两个因数中一共的小数位数和积中的小数位数，发现因数中一共有几位小数，积就有几位小数。

⑤把小数乘小数的计算方法推广到本题的第二个问题解决方法中，着重引导学生观察：两个因数中一共有几位小数，积就有几位小数。

（5）关键问题：

①要计算"3.1×1.2"，你是怎么想的？

②这道题的积有几位小数？

2. 第 7 页例 2

（1）知识点：归纳总结小数乘法的计算方法。

（2）技能点：能正确熟练地计算小数乘小数。

（3）素养点：运算能力、推理能力、模型思想。

（4）编写意图：

①呈现奶牛产奶的情境图，提出小数乘小数的数学问题。

②根据倍数问题的数量关系，列出小数乘法算式。

③根据已有经验，在独立计算的基础上交流算理、算法。

④通过"议一议"，讨论、概括、总结小数乘法的计算方法。

（5）关键问题：

①你是怎样计算"8.35×1.8"的？

②怎样计算小数乘法？

3. 第 7 页例 3

（1）知识点：较复杂的小数乘小数（定积的小数点时，积的位数不够）。

（2）技能点：能熟练计算较复杂的小数乘小数（定积的小数点时，积的位数不够）。

（3）素养点：运算能力、推理能力、模型思想。

（4）编写意图：

①先把小数乘小数转化为整数乘法计算，得出积后，观察积"350"只有三位，而因数的小数位数一共有四位。

②思考：积的小数位数不够时，怎么办？为什么补 0？

③思考：为什么补足四位后，还要添 0 后再点小数点？

④将这种方法推广到"试一试"的四道题目中，在理解算理的基础上，熟练掌握这类算式的计算方法。

（5）关键问题：

①在计算"0.25×0.14"的过程中，你遇到了什么问题？

②积的小数位数不够时怎么办？

4. 第 8 页例 4

（1）知识点：小数乘法的估算。

（2）技能点：能结合具体情景对小数乘法进行估算。

（3）素养点：运算能力、数感、推理能力和模型思想。

（4）编写意图：

①呈现市场买肉的情境图，提出"我带了 50 元，够吗"的小数乘法估

算问题。

②探讨估算方法：把 24.9 看作 25，把 1.9 看作 2，用"25×2"。

③讨论放大估计的合理性。在估计钱够不够时，可以把两个因数适当放大来估计，如果放大估计后钱数够，那么所带的钱一定够用；如果采用缩小估计，就不能准确判断所带的钱是否够用。

④讨论、总结小数乘法的估算方法。

（5）关键问题：

①你怎么理解"我带了 50 元，够吗"这句话？怎么列式？

②怎样估算小数乘法？

5. 第 8 页例 5

（1）知识点：小数连乘问题。

（2）技能点：能正确计算小数连乘。

（3）素养点：运算能力、数感、模型思想和推理能力。

（4）编写意图：

①呈现动物比较高度的情境图，提出小数连乘问题。

②根据倍数问题的数量关系可知：梅花鹿高度＝小狗高度×2，长颈鹿高度＝梅花鹿高度×3.5。求长颈鹿高度，列式为"0.7×2×3.5"。

③根据整数连乘式的运算顺序，推想小数连乘算式的运算顺序，再计算出结果。

（5）关键问题：

①要"求长颈鹿有多高"，怎样列式？

②"0.7×2×3.5"的运算顺序是怎样的？

积的近似值

1. 第 12 页例 1

（1）知识点：求积的近似值。

（2）技能点：会根据实际需要或题目要求取积的近似值。

（3）素养点：计算能力、应用意识和数据分析观念。

（4）编写意图：

①呈现缴水费的情境图，提出"奶奶应缴水费多少元"的问题。

②根据"总价＝单价×数量"，列出算式"3.45×8.5"。

③讨论积"29.325"的处理：因为人民币的最小单位是"分"，表示分的数在此小数的百分位上，所以只保留两位小数；用"四舍五入"法取积的近似值，要保留两位小数，应看小数部分第三位，千分位上是 5，满 5 应向前一位进 1，所以结果约是 29.33，算式中应用约等号"≈"。

④将例题方法推广应用到"试一试"的题目中。

⑤讨论"为什么积要取近似值"和"怎样取积的近似值"两个问题。

引导学生明白在实际生活中，一般采用"四舍五入"法取积的近似值，但在特殊情况下也会用到其他取近似值的方法，为后面用的"进一法"和"去尾法"取近似值做铺垫。

（5）关键问题：

①积为什么要保留两位小数？

②怎样保留？

2. 第 13 页例 2

（1）知识点：用计算器计算较大数的乘法后，取积的近似值。

（2）技能点：会用计算器计算较大数的乘法后，取积的近似值。

（3）素养点：运算能力、应用意识和数据分析观念。

（4）编写意图：

①呈现榨油的情境图，根据"每千克榨油量×油菜籽千克数＝总榨油量"，列式"0.47×3286"。

②体会并明确：数大，直接计算比较麻烦，可以用计算器来算。

③学习用计算器计算小数乘法。

④讨论怎样把得数保留整数。要保留整数，应看十分位上的数，用"四舍五入"法决定向前一位进 1 还是舍去。

（5）关键问题：

①较大数的计算可以用计算器来算，"0.47×3286"应怎样按键呢？

②你是怎样把得数保留为整数的？

问题解决

1. 第 15 页例 1

（1）知识点：天然气费用问题。

（2）技能点：会用小数乘法解决生活中的实际问题。

（3）素养点：计算能力、应用意识和模型思想。

（4）编写意图：

①呈现天然气用量的情境图，提出两步计算的小数乘法问题。

②引导学生理解"单价×数量＝总价"，懂得要求总价，必须先求出数量，也就是本月的实际用量。

③结合生活经验理解天然气表上的读数是"累计读数"，所以计算某月的天然气用量要用"本月读数－上月读数"。求 7 月份的实际用量列式为"$506 - 478$"。

④在充分理解题意的基础上，再分步解答问题。

⑤回顾总结天然气费用问题的解题思路，引导学生明白此方法还可以运用到求电费、水费等问题中。

⑥将例题的解题方法推广到"做一做"的题目中。

（5）关键问题：

①怎样理解"上月读数、本月读数"？怎么计算实际用量？

②生活中还有哪些费用的计算也可以运用这类方法解决？

2. 第 16 页例 2

（1）知识点：出租车计费问题。

（2）技能点：会用小数乘法解决生活中的实际问题。

（3）素养点：计算能力、应用意识、创新意识和模型思想。

（4）编写意图：

①呈现出租车计费的情境图，提出出租车计费问题。

②结合线段图，理解起步价 8 元是 2 千米路程的总价，超出 2 千米部分的 4 千米的计费标准是每千米 1.8 元。

③结合线段图，理解"一共要付的车费＝起步价＋以 1.8 元计价路程的出租车费"。因为起步价已知，所以要先计算以 1.8 元计价路程的出租车费，即：超出 2 千米部分应付的车费，列式为（6－2）×1.8。

④鼓励学生寻求不同的解题方法。如：6 千米都按 1.8 元计算，那么就少算了 8－1.8×2＝4.4（元），最后列出：1.8×6＋4.4＝15.2（元）。

（5）关键问题：

①这 6 千米的价格都一样吗？计价路程有多少千米？

②求"至少需要多少元"，你是怎么想的？

③你还有不同的计算方法吗？

分数乘法

（六年级上册）

一、课标解读

（一）学段目标

1. 掌握必要的运算技能。

2. 尝试从日常生活中发现并提出简单的数学问题，并运用一些知识加以解决。

3. 能回顾解决问题的过程，初步判断结果的合理性。

4. 在运用数学知识和方法解决问题的过程中，认识数学的价值。

（二）课程目标

1. 能分别进行简单的分数（不含带分数）的乘法运算及混合运算（以两步为主，不超过三步）；

2. 能解决分数的简单实际问题。

二、教材结构

（一）教学内容

项目 ＼ 小节 题数	分数乘法	问题解决	合计
例题	4	3	7
课堂活动	4	3	7
练习题	14	14	28
思考题	1	1	2

（二）知识联系

本单元知识是在学生学习整（小）数乘法的意义、分数的意义和基本性质，以及分数加减法计算的基础上进行教学的，本单元也是后面学习分数除法的基础。

三、分节理解

分数乘法

1. 第 2 页例 1

（1）知识点：分数乘整数的意义、算理和算法。

（2）技能点：能正确计算分数乘整数。

（3）素养点：数感、运算能力、归纳概括能力和模型思想。

（4）编写意图：

①呈现吃饼的情境图，引出分数乘整数的数学问题。

②根据整数乘法的意义引出"求几个相同分数的和"用乘法的概念，列式为"$\frac{1}{5} \times 4$"或"$4 \times \frac{1}{5}$"。

③结合 4 个 $\frac{1}{5}$ 相加的计算过程，引出"$\frac{1}{5} \times 4$"和"$\frac{1}{5} \times 4$"的计算方法。

④把"$\frac{1}{5} \times 4$"的计算方法推广到"试一试"的三道题目中。

⑤总结分数乘整数的计算方法。

（5）关键问题：

①要"求 4 人一共吃了多少个饼"，怎么列式？怎样计算？

②分数乘整数怎样计算？

2. 第 2 页例 2

（1）知识点：分数乘法的计算方法（约分）。

（2）技能点：掌握分数乘法的计算方法（约分）。

（3）素养点：数感、运算能力。

（4）编写意图

①呈现分数乘整数的乘法算式。

②呈现分数乘整数在计算中的两种不同的约分方式。

③通过对比，得出先约分后计算比较简便的结论。

④通过"试一试"，巩固分数乘整数时先约分后计算的方法。

（5）关键问题：

①两种计算方法有什么相同点和不同点？

②你认为哪一种算法更好？为什么？

3. 第 3 页例 3

（1）知识点：整数乘分数的意义、算理和算法。

（2）技能点：掌握整数乘分数的计算方法。

（3）素养点：运算能力和模型思想，推理能力。

（4）编写意图

①呈现加工零件的情境图，引出"求一个数的几倍"和"求一个数的几分之几"的问题。

②根据"工作总量＝工作效率×工作时间"，列出算式"$100×3$"和"$100×\frac{4}{5}$"。

③根据 $100×3$ 表示求 100 的 3 倍是多少，推出"$100×\frac{4}{5}$"就表示求 100 的 $\frac{4}{5}$ 倍（$\frac{4}{5}$ 倍不足一倍，一般情况省略"倍"字），也可以理解为 $\frac{4}{5}$ 时是 1 时的 $\frac{4}{5}$，那么 $\frac{4}{5}$ 时做的零件数也是 1 时做的零件数（100 个）的 $\frac{4}{5}$，还可以画线段图厘清"$100×\frac{4}{5}$"的意义。

④总结出一个数乘分数表示求这个数的几分之分是多少的概念。同时，求一个数的几分之几是多少，用乘法计算。

（5）关键问题：

①"求一个数的几倍是多少"，怎么计算？

②"求一个数的几分之几是多少"，怎么计算？

4. 第 3 页例 4

（1）知识点：分数乘分数的意义、算理和算法。

（2）技能点：掌握分数乘分数的计算方法。

（3）素养点：运算能力、推理能力、几何直观能力。

（4）编写意图

①呈现拖拉机耕地的情境图，引出分数乘分数的问题。

②把"求一个整数的几分之几是多少用乘法"推广到"求一个分数的几分之几也用乘法"中。

③借助长方形图感受分数乘分数的意义；理解 $\frac{3}{5}$ 公顷的 $\frac{1}{2}$ 相当于 1 公顷的 $\frac{3}{10}$，$\frac{3}{5}$ 公顷的 $\frac{3}{4}$ 相当于 1 公顷的 $\frac{9}{20}$。

④把" $\frac{3}{5} \times \frac{1}{2}$ "和" $\frac{3}{5} \times \frac{3}{4}$ "的计算方法推广到"试一试"的三道题目中。

⑤总结分数乘分数的计算方法。

（5）关键问题

①你能用画图的方法表示" $\frac{3}{5} \times \frac{1}{2}$ "吗？

②你能说出分数乘分数的计算方法吗？

问题解决

1. 第 7 页例 1

（1）知识点："求一个数的几分之几是多少"的问题。

（2）技能点：会用"求一个数的几分之几是多少"的计算方法解决实际问题。

（3）素养点：推理能力、运算能力和应用意识。

（4）编写意图：

①呈现行车的情境图，引出"求一个数的几分之几是多少"的问题。

②引导学生画线段图理解"已行了全程的 $\frac{2}{3}$ "是把全程看作单位"1"，平均分成 3 份，已行了其中的 2 份。

③启发学生从不同角度分析问题。可以先求一份是多少，再求两份是多少，列式为"84÷3×2"。也可以想："行了全程的 $\frac{2}{3}$ "，全程是 84 千米，已经行了"84 千米的 $\frac{2}{3}$ "，根据"求一个数的几分之几"用乘法，列式为

"$84 \times \frac{2}{3}$"。着重引导学生理解"$84 \times \frac{2}{3}$"这一种解法。

（5）关键问题：

①怎样理解"已经行了全程的$\frac{2}{3}$"？如何用线段图来表示？

②你怎样解释"$84 \times \frac{2}{3}$"？

③"求一个数的几分之几是多少"的问题用什么方法计算？

2. 第7页例2

（1）知识点：求"一个数的几分之几是多少"的分数连乘问题。

（2）技能点：能正确分析题意，解决求一个数的几分之几的分数连乘问题。

（3）素养点：解决实际问题的能力、几何直观能力、推理能力和运算能力。

（4）编写意图：

①呈现种玫瑰花的情境图，引出单位"1"的不同的分数连乘问题。

②结合长方形图，理解题中$\frac{3}{4}$和$\frac{3}{5}$的单位"1"不同。"$\frac{3}{4}$"是把20hm²土地看作单位"1"，其中$\frac{3}{4}$种玫瑰；"$\frac{3}{5}$"是把玫瑰地面积看作单位"1"，其中的$\frac{3}{5}$种红玫瑰。

③根据"求一个数的几分之几是多少"用乘法，玫瑰地面积＝20hm²土地$\times \frac{3}{4}$，红玫瑰地面积＝玫瑰地面积$\times \frac{3}{5}$。求种红玫瑰土地的面积必须先求种玫瑰土地的面积。列式为"$20 \times \frac{3}{4} \times \frac{3}{5}$"。

④结合长方形图，鼓励学生寻求不同的方法解题。引导学生发现如果以"20hm²土地"为单位"1"，那么种红玫瑰土地的面积就是"这块地的$\frac{3}{4}$"里面的$\frac{3}{5}$。因为$\frac{3}{4} \times \frac{3}{5}$得$\frac{9}{20}$，所以种红玫瑰土地的面积占20hm²土地的$\frac{9}{20}$，列式为"$20 \times \left(\frac{3}{4} \times \frac{3}{5} \right)$"。

（5）关键问题：

①题目中的$\frac{3}{4}$和$\frac{3}{5}$对应的单位"1"相同吗？各是什么？

②你能在图中表示出玫瑰土地的面积和红玫瑰土地的面积吗？

③两种算法有什么不同？

3. 第 8 页例 3

（1）知识点：用不同的方法解决生活中的分数问题。

（2）技能点：能用不同的解决生活中分数问题的方法解决实际问题。

（3）素养点：解决实际问题的能力、推理能力和运算能力。

（4）编写意图：

①呈现购买农具的情境图，引出生活中的分数乘法问题。

②以理解 "$\frac{3}{5}$" 的意义为关键点，可以将其理解为每件农具的售价都是自己原价的 $\frac{3}{5}$，也可以将其理解为几件农具的总售价就是这几件农具原价和的 $\frac{3}{5}$。

③收集不同的解题方法，鼓励学生从不同的角度观察问题、分析问题。一种是先求几件农具的原价和，再求几件农具的总售价，最后比较；另一种是先求每件农具的售价，再求几件农具的总售价，最后比较。

（5）关键问题：

①如何理解 "按原价的 $\frac{3}{5}$ 出售" 的意义？有几种理解方法？

②你是怎样列式的？你是怎样思考的？

③两种不同的方法有什么相同点和不同点？

第三节　除　法

西师版小学数学教材中的除法是按照《数学课程标准》的要求，从二年级上册开始有梯度地编排的。二至四年级完成整数除法，五年级完成小数除法，六年级完成分数除法，其编排结构图如下：

$$
除法\begin{cases}
表内除法（二年级上册）\\
有余数的除法（二年级下册）\\
两位数除以一位数的除法（三年级上册）\\
三位数除以一位数的除法（三年级下册）\\
三位数除以两位数的除法（四年级上册）\\
小数除法（五年级上册）\\
分数除法（六年级上册）
\end{cases}
$$

表内除法

（二年级上册）

一、课标解读

（一）学段目标

1. 体会四则运算的意义，掌握必要的运算技能，能准确地进行运算。

2. 在对运算结果进行估计的过程中，发展数感。

3. 尝试从日常生活中发现并提出简单的数学问题，并运用一些知识加以解决。

4. 能回顾解决问题的过程，初步判断结果的合理性。

（二）课程目标

1. 结合具体情境，体会除法运算的意义。

2. 能熟练地口算表内除法。

3. 经历与他人交流各自算法的过程。

4. 能运用数的运算解决生活中的简单问题，并能对结果的实际意义做出解释。

二、教材结构

（一）教学内容

项目＼小节题数	分一分	除法的初步认识	用乘法口诀求商	倍的认识	问题解决	整理与复习	合计
例题	3	3	3	4	3	（4）	16（4）
课堂活动	2	3	5	3	4		17
练习题	5	6	24	10	13	11	69
思考题		1	1	1		1	4

（二）知识联系

表内除法是在学生已经熟练掌握表内乘法的基础上进行学习的，熟记乘法口诀以及会用乘法口诀口算表内乘法是学习本单元的基础。表内除法与表内乘法一样，是数与代数部分最基础的知识，属于学生必须熟练掌握的内容之一。它是整个除法运算知识系统的逻辑起点，是进一步学习乘法、除法以及四则运算的必备基础，也是解决生活中许多数学问题的重要工具。

三、分节理解

分一分

1. 第 66 页例 1

（1）知识点：理解平均分的意义。

（2）技能点：能举例说出平均数的意义。

（3）素养点：观察能力、数据分析观念、数形结合思想。

（4）编写意图：

①呈现分★的情境图，引出"有 6 个★，分成两堆，有几种分法"的问题。

②呈现 3 种不同的分法，观察比较得出：其中一种分法，每堆★都一样多。

③揭示：每份分得同样多，这种分法叫平均分。

（5）关键问题：

①你能把图中的这些分法分成两类吗？

②什么是平均分？

2. 第 66 页例 2

（1）知识点：按份数平均分。

（2）技能点：会按份数进行平均分。

（3）素养点：抽象思维能力、推理能力和动手操作能力。

（4）编写意图：

①呈现把 12 支铅笔平均分成 3 份的情境图，引出"可以怎样分"的问题。

②引导学生经历平均分的过程，在活动中更好地理解平均分的意义。

③引导学生在充分操作的基础上交流"平均分"。

④提出具有开放性的问题让学生参与议论，让学生感受平均分的方法。

⑤突出"不管一次放几支，最后都能得到平均每份有 4 支铅笔"的结果。

（5）关键问题：

①把 12 支铅笔平均分成 3 份，可以怎样分？

②若要把 24 支铅笔平均放入 3 个盒子里，你准备怎样放？

3. 第 67 页例 3

（1）知识点：按每份数平均分。

（2）技能点：会按每份数进行平均分。

（3）素养点：抽象思维能力、推理能力和动手操作能力。

（4）编写意图：

①呈现分 18 串葡萄的情境图，引出平均分的数学问题。

②让学生动手操作实践"每盘放 6 串，可以放几盘"，"每盘放 2 串，可以放几盘"。

③提出开放性问题"还可以怎样平均分"，引导学生思考。

（5）关键问题：

①每盘放 6 串，可以放几盘？每盘放 2 串，可以放几盘？

②还可以怎样平均分？

除法的初步认识

1. 第 69 页例 1

（1）知识点：除法的意义及除法算式。

（2）技能点：能举例说出除法的意义，会读、写除法算式。

（3）素养点：数感、符号意识和模型思想。

（4）编写意图：

①呈现把 8 个桃平均放在 4 个盘子里的情境图，引出"每盘放几个"的问题。

②根据平均分与除法之间的联系，引出除法算式"8÷4＝2（个）"。

③结合具体情境，体会除法的意义。

④认识除号，学会除法算式的读法。

（5）关键问题：

①平均分可以用什么算式表示？除号怎么写？

②除法算式中的每一个数表示什么？除法算式怎么读？

2. 第 69 页例 2

（1）知识点：认识除法算式各部分的名称及意义。

（2）技能点：能说出除法算式各部分的名称。

（3）素养点：数感、符号意识和模型思想。

（4）编写意图：

①呈现 12 人跳绳，3 人 1 组情境图，引出"可以分成几组"的问题。

②根据平均分和除法的关系，引出算式"12÷3＝4（组）"。

③借助算式，理解算式中每部分表示的意义。

④结合除法算式"12÷3＝4"，认识除法算式中各部分的名称。

（5）关键问题：

①可以分成几组？该怎么列式呢？

②算式中的各部分是什么名称？

3. 第 70 页例 3

（1）知识点：用除法解决实际问题。

（2）技能点：能用除法解决简单的实际问题。

（3）素养点：培养数感、符号意识和应用意识。

（4）编写意图：

①呈现插花情境图，引出"平均每个花瓶里插几枝花"的问题。

②根据信息和除法的意义，列出算式"15÷3＝5（枝）"。

③理解算式各部分表示的意义。

（5）关键问题：

①平均每个花瓶里插几枝花？怎么列式？

②算式中每个数字分别表示什么意义？

用乘法口诀求商

1. 第 73 页例 1

（1）知识点：用乘法口诀求商的方法。

（2）技能点：会用乘法口诀求商。

（3）素养点：数感、运算能力、推理能力和模型思想。

（4）编写意图：

①呈现分苹果的情境图，引出"表内除法"的问题。

②根据信息和除法的意义，列出算式"24÷4"和"24÷6"。

③呈现回忆乘法口诀的过程，算出除法算式的商。

④呈现"议一议"的问题，获得求表内除法的商的方法。

（5）关键问题：

①两道除法算式的商是怎么算出来的？

②从计算中你发现了什么？

2. 第 73 页例 2

（1）知识点：用乘法口诀求商的方法解决实际问题。

（2）技能点：会用乘法口诀求商的方法解决实际问题。

（3）素养点：数感、运算能力、推理能力和模型思想。

（4）编写意图：

①创设买文具的情境图，引出"表内除法"的问题。

②根据呈现的问题，引导学生列出算式并根据对应的乘法口诀求商。

③熟练掌握用乘法口诀求商的方法。

（5）关键问题：

①怎样列出除法算式？

②怎样用乘法口诀求出这些算式的商？

3. 第 78 页例 3

（1）知识点：利用乘法口诀求商的方法解决实际问题。

（2）技能点：会用乘法口诀求商的方法解决简单的实际问题。

（3）素养点：运算能力、推理能力、模型思想和应用意识。

（4）编写意图：

①呈现小朋友就餐情境图，引出"表内除法"的问题。

②根据信息和除法的意义，引导列出算式。

③根据算式引导学生思考"分别用哪句乘法口诀"计算。

④通过"议一议"，进一步巩固用乘法口诀求商的方法。

（5）关键问题：

①本题分别用了哪句乘法口诀？

②怎样用乘法口诀求商？

倍的认识

1. 第 82 页例 1

（1）知识点："倍"的概念。

（2）技能点：能初步表达"倍"的意义。

（3）素养点：数感、数据分析观念和模型思想，以及利用几何直观理解题意的经验。

（4）编写意图：

①呈现摆小棒情境图，把一个数是另一个数的几倍与以前学过的一个数里有几个几联系起来。

②通过"一个数里有几个几"的理解，帮助学生先建立"倍"的概念。

（5）关键问题：

①第 2 排中有几个 3？

②为什么可以说 6 是 3 的 2 倍？

2. 第 82 页例 2

（1）知识点：求一个数是另一个数的几倍。

（2）技能点：能判断一个数是另一个数的几倍。

（3）素养点：数感、数据分析观念、知识迁移能力和模型思想，以及利用几何直观理解题意的经验。

（4）编写意图：

①呈现红花、黄花情境图，通过圈一圈，填一填，进一步理解倍的意义。

②根据一个数里面有几个另一个数，引申出这个数就是另一个数的几倍。

③通过对数的倍数的理解，扩展到对数量之间的倍数关系的理解。

④把"根据一个数里面有几个另一个数，引申出一个数就是另一个数的几倍"的方法推广到"议一议"的题目中，巩固对"一个数是另一个数的几倍"的理解。

（5）关键问题：

①你从图中发现了哪些数学信息？应该如何圈呢？

②8 是 4 的几倍？8 是 2 的几倍？

3. 第 82 页例 3

（1）知识点：求一个数是另一个数的几倍。

（2）技能点：会求一个数是另一个数的几倍。

（3）素养点：分析归纳能力、知识迁移能力和模型思想。

（4）编写意图：

①呈现树叶情境图，引出"一个数是另一个数的几倍"的问题。

②根据图中信息和倍的意义，引出算式"6÷2"和"12÷6"，呈现怎样用算式表达"一个数是另一个数的几倍"。

③通过树叶情境图，把求一个数是另一个数的几倍与前面学的除法中的求一个数里面有几个另一个数联系起来。

④总结：求一个数是另一个数的几倍，用除法计算。

（5）关键问题：

①阔叶的片数是枫叶的几倍？你是怎么想的？

②"求银杏叶的片数是阔叶的几倍"，怎样列式？为什么？

4. 第 83 页例 4

（1）知识点：求一个数的几倍是多少。

（2）技能点：会计算一个数的几倍是多少。

（3）素养点：归纳概括能力、应用意识和模型思想。

（4）编写意图：

①呈现植树情境图，引出"一个数的几倍是多少"的问题。

②根据图中信息和倍的意义，引出算式"7×3"。

③总结：求一个数的几倍是多少，用乘法计算。

（5）关键问题：

①第 2 小组植了多少棵树？

②你是怎么想的？为什么这样列式？

问题解决

1. 第 87 页例 1

（1）知识点：用乘法解决问题的方法。

（2）技能点：会用乘法解决问题的方法解决简单的实际问题。

187

（3）素养点：培养数据分析观念、几何直观能力和应用意识，体验解决问题策略的多样性。

（4）编写意图：

①呈现用鸡笼装鸡的情境图，引出"用什么方法去解决"的问题，引发计算的需要。

②用提问的方式呈现解决问题的基本步骤，引出对问题的分析，并指导学生思考解决问题的方法。

③呈现两种思路：一是"1笼1笼地装"，对应着"逐个减去6"的想法；二是先算出"5个鸡笼一共装多少只鸡"，再与要装的鸡的只数进行比较。

④在图示分析的基础上，引出算式"6×5＝30（只）"及答语。

⑤呈现"想一想"，引导学生用不同的方法解决，同时总结解决此类问题的步骤和方法。

（5）关键问题：

①从例题中你提取了哪些数学信息？要解决什么问题？用什么方法去解决？

②你还能用其他办法解决吗？

2．第88页例2

（1）知识点：求一个数的几倍是多少的问题。

（2）技能点：能用求一个数的几倍是多少的方法解决简单的实际问题。

（3）素养点：分析归纳能力、应用意识和模型思想。

（4）编写意图：

①呈现大小客车情境图，引出"求一个数的几倍是多少"的问题。

②用对话框的方式呈现分析的过程。

③结合情境进一步把"求一个数的几倍"与"求几个几是多少"联系起来。

④呈现"议一议"的问题，总结"求一个数的几倍是多少"的问题解决步骤。

（5）关键问题：

①"求大客车坐了多少人"，怎样列式计算？

②你能说说这个问题的解决过程吗？

3．第90页例3

（1）知识点：利用除法解决问题。

（2）技能点：利用除法解决问题的方法解决简单的实际问题。

（3）素养点：分析理解能力、应用意识和模型思想。

（4）编写意图：

①呈现买新年联欢会礼物的情境图，引出"用除法解决"的问题。

②结合除法算式中被除数不变，商随除数变化而相应变化的情况，并结合具体情境让学生理解如果买最便宜的，买到玩具的个数就最多；买最贵的，买到的玩具的个数就最少。

③让学生联系生活实际以及前面学习的内容，列出算式解决问题。

④总结"利用除法解决问题"的计算方法和解题步骤。

（5）关键问题：

①她最多可买几个？该怎么买？为什么？

②她最少可买几个？该怎么买？为什么？

有余数的除法

（二年级下册）

一、课标解读

（一）学段目标

1. 体会四则运算的意义，掌握必要的运算技能，能准确进行运算。

2. 在观察、操作等活动中，能提出一些简单的猜想；会独立思考问题，表达自己的想法。

（二）课程目标

1. 能口算简单的一位数除两位数。

2. 学习计算两位数除以一位数的除法。

3. 能运用数及数的运算解决生活中的简单问题，并能对结果的实际意义做出解释。

二、教材结构

（一）教学内容

项目　　　题数　　　小节	有余数的除法	合计
例题	5	5
课堂活动	4	4

项目 题数 小节	有余数的除法	合计
练习题	10	10
思考题	1	1

（二）知识联系

本单元是表内除法的延伸和扩展，是今后学习两位数、三位数除以一位数，商是多位数的基础和起点。学生学习表内除法时是用口诀求商，并用横式写出运算的结果，现在要求学生先学会用竖式进行书写，再安排有余数的除法，体现了数学知识内部的联系与发展。学好本单元的内容，有利于整个小学阶段除法知识的学习。

三、分节理解

有余数的除法

1. 第 70 页例 1

（1）知识点：认识表内除法竖式。

（2）技能点：能正确书写表内除法竖式。

（3）素养点：运算能力、应用意识和模型思想。

（4）编写意图：

①呈现按份数平均分 12 朵花的情境，引出"每个花瓶插几枝"的问题。

②根据问题写出除法算式，复习除法算式中各部分的名称。

③结合算式，学习除法竖式的书写方法，认识除法竖式中各部分的名称。

④联系情境图和实际分一分的过程，理解竖式计算的三个步骤，尤其是"乘"和"减"的结果表示的意思。

⑤"试一试"中的两道题目用方框确定了竖式中商、积、差的位置，帮助学生巩固除法竖式的写法和计算步骤。

（5）关键问题：

①要"求每个花瓶插几枝"，怎样列式？怎样计算？

②除法算式还可以写成竖式，你会列竖式吗？每部分的含义是什么？

2. 第 70 页例 2

（1）知识点：除法竖式的写法及各部分的意义。

（2）技能点：会写除法竖式，能说出除法竖式各部分的意义。

（3）素养点：运算能力、应用意识和模型思想。

（4）编写意图：

①呈现猴子分桃的情境，引出"这些桃可以分给几只小猴"的问题。

②列出除法算式"45÷5"，进一步强调竖式中商、积、差的意义及所在的位置。

③竖式中被除数减去除数与商的积，所得的结果正好为0。强调这里的"0"表示刚好分完，没有剩余，也为下节课出现分物品有剩余产生余数做了铺垫。

（5）关键问题：

①要"求这些桃可以分给几只小猴"，怎样列式？用竖式怎样计算？

②被除数下面的45表示什么意思？商为什么要写在个位上？0又是怎么来的？

3. 第71页例3

（1）知识点：余数和有余数除法的意义。

（2）技能点：能举例说出余数和有余数除法的意义。

（3）素养点：数学推理能力、归纳概括能力、几何直观能力和模型思想。

（4）编写意图：

①呈现按每份数分18个圆片的情境图，引出"每人分6个，可以分给几人"和"每人分7个，可以分给几人"的问题，并根据问题写出除法算式。

②结合情境和学具，引导学生分别经历两次平均分的操作活动，理解第一次刚好分完没有剩余；第2次有剩余，这种结果用表内除法的知识不能解决，从而产生学习新知的需求。

③通过"剩下的4个不够分一份"，体会"余数"和"有余数的除法"的意义。

④学习有余数的除法算式的写法及读法，理解商和余数的单位。

⑤把所学方法推广到"试一试"的题目中，通过分19个、20个、21个、22个……圆片，一是巩固有余数的除法算式的写法；二是观察余数和除数的变化规律，得出"余数必须小于除数"的结论。

（5）关键问题：

①拿出18个圆片，每7个分1份，怎样分？除法算式怎样写？

②如果拿出19个、20个、21个、22个……分一分，你有什么发现？

4. 第72页例4

（1）知识点：用竖式计算有余数的除法。

（2）技能点：会用竖式计算有余数的除法。

（3）素养点：运算能力、应用意识和归纳概括能力。

（4）编写意图：

①呈现装羽毛球的情境图，引出"平均每筒可以装几个？还剩几个"的问题。

②根据除法的意义列出有余数的除法横式，再用竖式计算。

③结合没有余数的除法竖式的计算方法，学习有余数的除法试商的过程，即：想哪句口诀最接近且小于被除数。

④引导学生弄清有余数除法各部分之间的关系，让学生明白商乘除数要小于被除数的道理，为接下来学习的商乘除数加余数等于被除数打下基础。

（5）关键问题：

①"求平均每筒装几个，还剩几个"，怎样列式？

②用竖式计算"57÷9"怎样列式？为什么商是 6？余数 3 写在哪里？

5．第 73 页例 5

（1）知识点："余数必须小于除数"在竖式计算中的运用。

（2）技能点：能说出"余数必须小于除数"的道理，能正确计算有余数的除法。

（3）素养点：观察能力、运算能力和模型思想。

（4）编写意图：

①通过对比两个除法竖式的计算过程，突出除法竖式计算中最后一步"比"的重要性——余数必须比除数小。

②通过"议一议"，引导学生理解"余数必须小于除数"的道理。

③通过"试一试"，巩固有余数除法的竖式计算，强化试商时要考虑"余数必须小于除数"的概念。

（5）关键问题：

①哪位同学的计算是正确的？为什么？

②通过上面这些题的计算，你发现了什么？

两位数除以一位数的除法

（三年级上册）

一、课标解读

（一）学段目标

1．结合具体情境，体会除法的意义，掌握必要的运算技能，能准确进行运算。

2．能在具体情境中选择适当的单位进行简单的估算，在对运算结果进行估计的过程中发展数感。

3. 了解分析问题和解决问题的一些基本方法，知道同一个问题可以有不同的解决方法。

4. 了解数学可以描述生活中的一些现象，感受数学与生活有密切的联系。

（二）课程目标

1. 能口算简单的两位数除以一位数。

2. 学会计算两位数除以一位数的除法。

3. 能结合具体情境，选择适当的单位进行简单的估算，体会估算在生活中的作用。

4. 能运用数及数的运算解决生活中的简单问题，并能对结果的实际意义做出解释。

二、教材结构

（一）教学内容

项目 \ 小节 \ 题数	两位数除以一位数	探索规律	问题解决	整理与复习	合计
例题	4	1	2	（3）	7（3）
课堂活动	5	1	2		8
练习题	16	4	8	9	37
思考题	1	1	1	1	4

（二）知识联系

学习两位数除以一位数的除法，是在学生已经熟练地掌握了表内乘法、除法及有余数的除法的基础上展开的教学，这充分体现了数学知识的教学顺序，为以后学习三位数除以一位数、三位数除以两位数以及问题解决做好铺垫，有利于学生不断利用已有知识推动新知识的学习，在知识内容和学习方法上起到了承上启下的作用。

三、分节理解

两位数除以一位数

1. 第 41 页例 1

（1）知识点：两位数除以一位数的口算。

（2）技能点：能口算两位数除以一位数。

（3）素养点：数感、运算能力。

（4）编写意图：

①呈现买西红柿的情境图，引出数学问题。

②第一个问题，根据除法的意义列出算式"20÷2"，呈现两种方法理解算理：一是用"2个十除以2等于1个十"，即：2÷2＝1，20÷2＝10；二是算除法想乘法："因为10×2＝20，所以20÷2＝10。"

③第二个问题，根据除法的意义列出算式"24÷2"。讨论算法，把24分成20和4，即：20÷2＝10，4÷2＝2，10＋2＝12。

④把例题的算法推广到"试一试"的题目中。

⑤总结两位数除以一位数的口算方法。

（5）关键问题：

①怎样计算"20÷2"？

②怎样计算"24÷2"？

2. 第42页例2

（1）知识点：两位数除以一位数的估算。

（2）技能点：能估算两位数除以一位数。

（3）素养点：数感、归纳概括能力、运算能力。

（4）编写意图：

①呈现买苹果的情境图，引出数学问题，感受估算的必要性。

②探索两位数除以一位数的估算过程：把59看作60，则：60÷6＝10（kg）。

③总结两位数除以一位数的估算方法：一般是将被除数看成整十数后进行估算。

（5）关键问题：

李叔叔大约买了多少千克苹果？

3. 第44页例3

（1）知识点：两位数除以一位数的笔算（整除）。

（2）技能点：能正确笔算两位数除以一位数（整除）。

（3）素养点：几何直观能力、推理能力、运算能力。

（4）编写意图：

①呈现分月饼的情境图，引出数学问题，根据除法的意义列出算式。

②数形结合，理解算理："36÷3"，先分整盒再分单个，并与竖式中的算理结合起来；"36÷2"，先分整盒再分剩余，把第一次平均分后剩下的一整盒与6个单个的合起来再分，理解第一次除后剩下的是1个10。

③把例题的笔算方法推广到"试一试"的题目中。

（5）关键问题：

①怎样计算"36÷3"？

②怎样用竖式计算"36÷2"？

4．第 45 页例 4

（1）知识点：两位数除以一位数的笔算（有余数）。

（2）技能点：能正确笔算两位数除以一位数（有余数）。

（3）素养点：运算能力。

（4）编写意图：

①呈现插花的情境图，引出数学问题，根据除法的意义列出算式。

②结合情境图理解余数，第一次除后余数是 1 个 10，与个位的 5 合起来再除，第二次除后余数是 3 个 1。因为 3 枝花不够插一瓶，所以就将 3 作为余数。

③把例题的笔算方法推广到"试一试"的题目中。

（5）关键问题：

①这些花可以插多少个花瓶？还剩多少枝？

②"95÷4"用竖式怎样计算？

问题解决

1．第 51 页例 1

（1）知识点：解决两位数除以一位数的问题。

（2）技能点：能运用两位数除以一位数的知识解决问题。

（3）素养点：数据分析能力、应用意识。

（4）编写意图：

①呈现到农家乐吃饭的情境图，引出"至少需要多少张桌子"的数学问题，根据除法的意义，列出算式。

②根据问题和条件，明确解题思路：先求可以坐满的桌数和剩下的人数，则：$95÷8=11$（张）……7（人），再求至少需要几张桌子，则：$11+1=12$（张）。

③着重理解"至少"的意思和为什么加 1（进一法），即：根据"每桌坐 8 人"，必须再准备一张桌子。

（5）关键问题：

①要坐下这些人至少需要多少张桌子？怎样列式？

②"$95÷8=11$（张）……7（人），$11+1=12$（张）"，这里为什么要加 1？

2. 第51页例2

（1）知识点：解决两位数除以一位数的问题。

（2）技能点：能应用两位数除以一位数解决问题的基本策略解决简单的实际问题。

（3）素养点：创新意识、应用意识、实践能力。

（4）编写意图：

①呈现租船的情境图，引出"怎样租船比较合算"的数学问题。

②呈现解决问题的两种思路：一是比总钱数，即：$16 \times 6 = 96$（元），$87 < 96$；二是比每只船的钱数，即：$87 \div 6 = 14$（张）……7（元），$14 < 16$，所以包船合算。

（5）关键问题：

①租船有哪些方法？

②怎样租船比较合算？

三位数除以一位数的除法

（三年级下册）

一、课标解读

（一）学段目标

1. 体会四则运算的意义，掌握必要的运算技能，能准确地进行运算；能在具体的情境中选择合适的单位进行简单的估算。

2. 在对运算结果进行估算的过程中，发展数感；在观察、操作等活动中能提出一些简单的猜想；会独立思考问题，表达自己的想法。

3. 了解分析问题和解决问题的一些基本方法，知道同一个问题可以有不同的解决方法；体验与他人合作交流解决问题的过程；尝试回顾解决问题的过程。

（二）课程目标

1. 能计算三位数除以一位数的除法。

2. 能结合具体情境，选择适当的单位进行简单估算，发展数感，体会估算在生活中的作用。

3. 经历与他人交流各自算法的过程。

4. 能运用数及数的运算解决生活中的简单问题，并能对结果的实际意义做出解释。

二、教材结构

（一）教学内容

小节 题数 项目	三位数除以 一位数	解决问题	探索规律	整理与 复习	合计
例题	8	2	3	（3）	13（3）
课堂活动	6	1	3		10
练习题	27	10	6	13	56
思考题	1	1		1	3

（二）知识联系

本单元是在学生掌握了表内乘法、除法及一位数乘多位数的基础上进行教学的，将为后面学生掌握三位数除以两位数、小数除法和问题解决奠定扎实的知识、技能和思维基础。

三、分节理解

三位数除以一位数

1. 第 49 页例 1

（1）知识点：整百数除以一位数，商是三位数的口算除法。

（2）技能点：能口算整百数除以一位数商是三位数的除法。

（3）素养点：运算能力、迁移能力、推理能力。

（4）编写意图：

①呈现 6 捆树苗（每捆 100 株）平均分给 2 所学校的情境图，引出"每所学校分多少棵树苗"的问题。

②理解"600÷2"的算理：即 6 个百除以 2 得 3 个百，3 个百是 300。

③呈现"6÷2＝3""60÷2＝30"推出"600÷2＝300"，鼓励算法多样化。

（5）关键问题：

①要"求每所学校分多少棵树苗"，怎样列式？怎样计算？

②总结三位数除以一位数该怎样口算。

2. 第 49 页例 2

（1）知识点：几百几十的数除以一位数，商是两位数的口算除法。

（2）技能点：能口算几百几十的数除以一位数的除法。

（3）素养点：数感、运算能力、类推能力、归纳概括能力。

（4）编写意图：

①呈现长方形草坪的情境图，引出"长是多少米"的问题。

②理解"$120 \div 6$"的算理：①由"$12 \div 6 = 2$"类推出"$120 \div 6 = 20$"；②因为"$6 \times 20 = 120$"，所以"$120 \div 6 = 20$"。鼓励算法多样化。

（5）关键问题：

①要"求长方形实验田的长是多少米"，怎样列式？为什么？

②总结几百几十除以一位数该怎样口算。

3. 第 50 页例 3

（1）知识点：0 除以任何不是 0 的数都等于 0。

（2）技能点：能正确口算 0 除以任何不是 0 的数的除法。

（3）素养点：归纳概括能力。

（4）编写意图：

①呈现小兔分蘑菇的情境图，引出"平均每只小兔分多少朵蘑菇"的问题，理解"一朵蘑菇也没有，5 只小兔去分，什么也分不到"。

②把例题中的算法推广到"算一算"的三道题中去。

③总结 0 除以任何不是 0 的数都等于 0。

（5）关键问题：

①要"求平均每只小兔分多少朵蘑菇"，怎样列式？

②对于"5 只小兔去分，什么也分不到"，你是怎么想的？

4. 第 50 页例 4

（1）知识点：三位数除以一位数的估算。

（2）技能点：能正确估算三位数除以一位数。

（3）素养点：数感、转化思想、模型思想以及应用能力和运算能力。

（4）编写意图：

①呈现参观展览的情境图，引出要估算的问题。

②探索估算方法：①把 568 看作 600，$600 \div 3 = 200$；②把 568 看作 570，$570 \div 3 = 190$。

③通过对比不同的估算方法，体会三位数除以一位数的估算，一般除数不变，要估被除数。

（5）关键问题：

①可以把 568 估成多少来计算？

②怎样进行三位数除以一位数的估算？

5. 第 53 页例 5

（1）知识点：三位数除以一位数的笔算。

（2）技能点：能正确笔算三位数除以一位数的除法。

（3）素养点：模型思想、运算能力。

（4）编写意图：

①呈现小猪吹泡泡的情境图，引出"小猪平均每分吹多少个泡泡"的问题，列出算式"135÷3"。

②被除数最高位"1"比除数"3"小，需要把13个10看作一个整体，除以3，得4个10，余1个10。关键理解"4"应写在哪位上。

③小结：当被除数的最高位不够商1时，要先用被除数的前两位除以这个一位数，商写在十位上。

④呈现"算一算"的三道习题，理解商是三位数、商是两位数的两种情况。

（5）关键问题：

①"135÷3"该怎样计算？"4"为什么要写在十位上呢？

②对照竖式，你能说说竖式中的每一步算的是什么吗？

6. 第54页例6

（1）知识点：三位数除以一位数（商中间有0）的笔算除法（被除数十位上是0）。

（2）技能点：能正确笔算三位数除以一位数（商中间有0）的除法（被除数十位上是0）。

（3）素养点：模型思想、运算能力。

（4）编写意图：

①直接出示算式，计算过程中会出现0除以一个不为0的数。

②用"406÷2"呈现两种不同的竖式书写格式，观察比较得出：在除的过程中，遇到被除数哪一位上的数是0（且前面没有余数）时，就直接在这一位写0，这个0起占位作用。

（5）关键问题：

①"406÷2"该怎样计算？你是怎样想的？

②三位数除以一位数（商中间有0），应该怎么计算？

7. 第54页例7

（1）知识点：三位数除以一位数（商中间有0）的笔算除法（被除数十位上不是0）。

（2）技能点：能正确笔算三位数除以一位数（商中间有0）的除法（被除数十位上不是0）。

（3）素养点：运算能力、观察归纳概括能力、模型思想。

（4）编写意图：

①呈现打字情境图，引出三位数除以一位数的数学问题。根据问题列

出算式"624÷6"。

②讨论：呈现算式"624÷6"，除到十位不够商1，怎么办？理解"十位上的2除以6，不够商1个10，就写0占位"的算理。

③算一算：巩固三位数除以一位数除法的笔算方法，其中"840÷4"是商末尾是0的除法，要注意竖式的格式和写法。

④议一议：总结三位数除以一位数的笔算方法。

（5）关键问题：

①要"求平均每分钟打多少个字"，你是怎样想的？

②怎样计算三位数除以一位数？

8．第57页例8

（1）知识点：在除法里，除数不变被除数和商的变化规律。

（2）技能点：能正确表达在除法里，除数不变被除数和商的变化规律。

（3）素养点：概括能力、逻辑能力和应用能力。

（4）编写意图；

①呈现分篮球的情境图，完善统计表。

②根据统计表，抽象出算式。

③通过对三个算式的比较，得出"在除法里，除数不变，被除数扩大到原数的几倍，商就扩大相同的倍数"这一规律。

④把在例题中发现规律的方法推广到"试一试"中，得出"被除数不变，除数扩大到原来的几倍，商就缩小相同的倍数"这一规律。

（5）关键问题：

①填表格，你发现了什么规律？

②从试一试中你发现了什么规律？

问题解决

1．第60页例1

（1）知识点：解决两步计算的乘除法问题。

（2）技能点：能根据数量关系找出用不同方法解决问题的策略。

（3）素养点：分析和解决问题的能力、应用意识。

（4）编写意图：

①呈现分水彩笔的数学信息，引出"每班分得水彩笔多少支"的数学问题。

②探索解决问题的两种方法：一是先算出一共有多少支水彩笔，再平均分给三个班，求出每班分得多少支，列式为"24×12÷3"；二是先算出平均每班分多少盒，再求每班分得多少支，列式为"12÷3×24"。

③按四则混合运算的运算顺序解答。

（5）关键问题：

①要"求每班分得水彩笔多少支"，你是怎样想的？怎样列综合算式？

②还可以用不同的方法计算吗？你是怎样想的？

2. 第 60 页例 2

（1）知识点：解决两步计算的除法问题。

（2）技能点：能根据数量关系找出用不同方法解决问题的策略。

（3）素养点：分析和解决问题的能力、应用意识。

（4）编写意图：

①呈现 4 辆货车运货的情境图，引出"需要派多少辆这样的车"的问题。

②探索解决问题的思路。先算每辆车一次运多少吨，列式为"$32 \div 4 = 8$（吨）"，再算需要派出多少辆这样的车，列式为"$200 \div 8 = 25$（辆）"。

③尝试列出综合算式，理解小括号在算式中的作用。在算式"$200 \div 32 \div 4$"中，要想先算"$32 \div 4$"，就要改变原来的运算顺序，所以要加小括号。列式为"$200 \div (32 \div 4)$"。

④按四则混合运算的运算顺序解答。

（5）关键问题：

①要"求需要派多少辆这样的车"，你是怎样想的？

②还可以用不同的方法计算吗？你是怎样想的？

三位数除以两位数的除法

（四年级上册）

一、课标解读

（一）学段目标

1. 掌握必要的运算技能；理解估算的意义。

2. 在观察、实验、猜想、验证等活动中，发展合情推理能力，能进行有条理的思考，能比较清楚地表达自己的思考过程与结果；会独立思考，体会数学的一些基本思想。

3. 能探索分析和解决简单问题的有效方法，了解解决问题方法的多样性。

4. 能在运用数学知识和方法解决问题的过程中，认识数学的价值。

（二）课程目标

1. 能计算三位数除以两位数的除法。

2. 经历与他人交流各自算法的过程，并能表达自己的想法；在解决问题的过程中，能选择合适的方法进行估算。

3. 会应用运算定律进行一些简便运算。

4. 能借助计算器进行运算，解决简单的实际问题，探索简单的规律。

二、教材结构

（一）教学内容

项目 \ 题数 \ 小节	三位数除以两位数	探索规律	问题解决	整理与复习	合计
例题	6	3	2	（3）	11（3）
课堂活动	6	4	2		12
练习题	24	9	6	7	46
思考题		1			1

（二）知识联系

本单元的教学内容是在学生已经熟练掌握表内乘除法以及三位数除以一位数的基础上的延伸与拓展。笔算除法中的试商和调商是本单元教学的重点，通过本单元的学习，将培养学生灵活运用"四舍五入"法解决实际问题的能力，同时为以后学习小数除法打下基础。

三、分节理解

三位数除以两位数

1. 第 77 页例 1

（1）知识点：三位数除以两位数的口算。

（2）技能点：能口算三位数除以两位数的除法。

（3）素养点：推理能力、归纳概括能力、转化思想。

（4）编写意图：

①呈现包车去参观野生动物园的情境图，引出三位数除以两位数的口算问题。

②通过男女生对"200÷40 口算方法"的讨论，理解整百数除以整十数的算理及口算方法。

③通过男女生对"840÷40 口算方法"的讨论，理解几百几十除以整

十数的算理及口算方法。

（5）关键问题：

①"200÷40"得多少？你是怎么想的？

②"840÷40"得多少？你是怎么想的？

2．第 77 页例 2

（1）知识点：三位数除以两位数的估算。

（2）技能点：能估算三位数除以两位数。

（3）素养点：概括能力、分析判断能力和运算能力。

（4）编写意图：

①呈现从重庆乘船去三峡大坝的情境图，引出三位数除以两位数的估算问题。

②通过对"624÷23 的估算方法"的讨论，引导学生发现估算方法的多样性和结果的不唯一性。

③通过讨论"624÷48 的估算方法"，引导学生总结三位数除以两位数的估算方法。

④通过"议一议"，总结出"路程÷速度＝时间"的数量关系。

（5）关键问题：

①要"求大约要多少时间"，应该怎样列式计算？你是怎么想的？

②在解决问题的过程中，你运用了什么样的数量关系？

3．第 80 页例 3

（1）知识点：几百几十数除以整十数。

（2）技能点：能计算几百几十数除以整十数。

（3）素养点：归纳概括能力、迁移能力。

（4）编写意图：

①呈现老虎成长历程情境图，引出"老虎出生几月后开始随母虎外出"的问题。

②列出算式"180÷30"，根据 6 个 30 是 180，口算出"180÷30＝6"。

③引出第二个问题："老虎出生几月后开始独立生活？"

④列出算式"720÷30"，用竖式计算"720÷30"：先看被除数的前两位 72，表示 72 个 10，其中有 2 个 30，在十位上商 2；余数 12 表示 12 个 10，其中有 4 个 30，在个位上商 4。

⑤以对话框的形式帮助学生理解三位数除以两位数的算理，掌握竖式的书写格式。

（5）关键问题：

①要"求老虎出生几月后开始随母虎外出"，应怎样列式计算？

②"180÷30"得多少？你是怎样想的？

4. 第81页例4

(1) 知识点：三位数除以两位数（将除数四舍后进行试商）。

(2) 技能点：能正确计算三位数除以两位数（将除数四舍后进行试商）。

(3) 素养点：数感、运算能力。

(4) 编写意图：

①呈现搬运货物的情境图，引出"如果每次运21箱，要运多少次"的问题。

②列出算式"840÷21"，把840看作800，21看作20，则：800÷20＝40，所以在十位上商4，则：21×4＝84，所以余数是0。商在十位上，个位上一个也没有，所以个位上要写0占位。

③引出第二个问题"如果每次运24箱，要运多少次"。

④列出算式"840÷24"，把840看作800，21看作20，则：800÷20＝40，所以在十位上商4，则：24×4＝96，84减96不够减，说明十位上商4大了，改商3，则：24×3＝72，84减72得12，12个"十"除以24得5，所以在个位上写5。最后得出"840÷24＝35"。

⑤引导学生发现：用"四舍"时除数变小，试商结果易偏大。

(5) 关键问题：

①"840÷21""840÷24"得多少？你是怎样想的？

②"四舍"时除数怎样变化，试商结果会出现什么情况？

5. 第82页例5

(1) 知识点：三位数除以两位数（将除数"五入"后进行试商）。

(2) 技能点：能正确计算三位数除以两位数（将除数"五入"后进行试商）。

(3) 素养点：数感、运算能力。

(4) 编写意图：

①呈现野生动物园情景图，引出"平均每只猴子的活动面积有多少平方米"的问题。

②列出算式"850÷17"。用竖式计算"850÷17"，把17看作20试商，在十位上商4，17×4＝68，85－68＝17，余数和除数一样大，说明十位上商4小了，改商5，17×5＝85，所以余数是0。商在十位上，个位上一个也没有，所以个位上要写0占位。最后得出"850÷17＝50"。

③引导学生发现：将除数"五入"后试商，商容易偏小，有时需要调商。

(5) 关键问题：

①要"求平均每只猴子的活动面积有多少"，应该怎样列式？

②怎样用竖式计算"850÷17"？

6．第 84 页例 6

（1）知识点：商是一位数的三位数除以两位数。

（2）技能点：能正确计算商是一位数的三位数除以两位数。

（3）素养点：归纳概括能力、运算能力和应用能力。

（4）编写意图：

①呈现运饲料到养鸡场的情境图，引出商是一位数的三位数除以两位数的计算问题。

②提出"商为什么写在个位上"的问题，引导学生发现：三位数除以两位数，当被除数的前两位比除数小时，商是一位数。

③通过"议一议"的活动总结怎样笔算三位数除以两位数的除法。

（5）关键问题：

①"688÷86"得多少？你是怎样想的？

②怎样笔算三位数除以两位数的除法？

问题解决

1．第 90 页例 1

（1）知识点：求单一量的归一问题。

（2）技能点：能用连除解决单一量的归一问题。

（3）素养点：逻辑思维能力、应用能力。

（4）编排意图：

①呈现花椒生产情境图，引出连除问题。

②例题中出现了多个数学信息，根据问题选择有用的信息解答。

③以提问的方式呈现解题思路，引导学生说出每一步解决了什么问题。

④提出问题"还可以怎样解决"，启发学生一题多解。

（5）关键问题：

①要"求平均每人每天摘多少千克"，应先求什么？

②还可以怎样解决？

2．第 90 页例 2

（1）知识点：应用速度、时间、路程的数量关系解决问题。

（2）技能点：能应用速度、时间、路程的数量关系解决问题。

（3）素养点：分析问题、解决问题能力。

（4）编排意图：

①呈现汽车从雅安市到芒康县的文字信息，引出两步计算的数学问题。

②呈现汽车从雅安市到芒康县行驶的情境图，增进学生对道路交通信息的了解。

③根据汽车 3 小时行驶了 180 千米，求出汽车行驶的速度"180÷3＝60（千米）"，再根据从雅安市到芒康县的 318 国道长 840 千米，算出一共需要多少小时，即 840÷60＝14（小时）。

④在分步算式的基础上，厘清每一步解决了什么问题，再列综合算式"840÷（180÷3）"，明白小括号的作用。

（5）关键问题：

①要"求汽车从雅安市到芒康县一共需要多少时"，应先算什么，再算什么？

②你能列综合算式解答吗？

小数除法

（五年级上册）

一、课标解读

（一）学段目标

1. 掌握必要的运算技能；理解估算的意义。

2. 在观察、实验、猜想、验证等活动中，发展合情推理能力，能进行有条理的思考，能比较清楚地表达自己的思考过程与结果。

3. 能探索分析和解决简单问题的有效方法，了解解决问题方法的多样性。

4. 在运用数学知识和方法解决问题的过程中，认识数学的价值。

（二）课程目标

1. 能进行简单的小数除法运算。

2. 能解决小数运算的实际问题。

3. 经历与他人交流各自算法的过程，并能表达自己的想法。

4. 在解决问题的过程中，能选择合适的方法进行估算。

二、教材结构

（一）教学内容

项目 \ 题数 \ 小节	除数是整数的除法	除数是小数的除法	商的近似值	循环小数	问题解决	整理与复习	合计
例题	3	4	3	2	3	（2）	15（2）

续表

项目 \ 题数 \ 小节	除数是整数的除法	除数是小数的除法	商的近似值	循环小数	问题解决	整理与复习	合计
课堂活动	2	2	1	1	1	0	7
练习题	11	13	9	9	10	10	62
思考题	1	1	1	1	0	1	5

（二）知识联系

本单元知识是在学生学习了除数是一位数和两位数的整数除法和商不变性质的基础上进行教学的。小数除法在试商的方法、除法计算的步骤、书写格式等方面都与整数除法基本相同，不同的地方只是小数点的处理问题。小数除法是整数除法的发展，也是学生全面掌握除法计算方法的一个重要内容。

三、分节理解

除数是整数的除法

1. 第 45 页例 1

（1）知识点：理解除数是整数的小数除法的意义、算理和算法。

（2）技能点：会正确计算除数是整数的小数除法。

（3）素养点：推理能力、运算能力、应用意识和模型思想。

（4）编写意图：

①呈现求每层楼高度的情境图，引出小数除法问题。

②根据整数除法的意义引申出"把一个数平均分成若干份，求其中一份是多少"用除法，列式为"23.4÷6"。

③第一种方法：借助"米"和"分米"的联系，把小数除法转化成整数除法来计算，得出每层楼高 39 分米，也就是 3.9 米。

④第二种方法：引导学生理解竖式中的 54 表示 54 个十分之一，54 个十分之一除以 6，商就是 9 个十分之一，所以 9 应该写在十分位上，从而得出"商的小数点要与被除数的小数点对齐"的概念。

⑤把第二种计算方法推广到"试一试"的三道题目中。

（5）关键问题：

①要"求平均每层楼的高度是多少平方米"，怎样列式？

②"23.4÷6"等于多少？你是怎样算的？

2. 第 46 页例 2

（1）知识点：掌握较复杂的除数是整数的小数除法（个位不够商 1 要写 0，除到小数末尾还不能除尽，需要添 0 继续除）。

（2）技能点：会正确计算较复杂的除数是整数的小数除法（个位不够商 1 要写 0，除到小数末尾还不能除尽，需要添 0 继续除）。

（3）素养点：推理能力、运算能力、应用意识和模型思想。

（4）编写意图：

①呈现机器碾米的情境图，提出小数除法问题。

②尝试计算"$46.5 \div 62$"。首先，引导学生理解整数部分不够商 1 要写 0。理由是：写小数时，整数部分一个计数单位也没有就用 0 占位。其次，引导学生理解除到被除数末尾仍有余数时，可在后面添 0 继续除。理由是：余数"31"表示 31 个 0.1，31 个 0.1 除以 62 不够除，可看作"310"个 0.01 除以 62，商是 5 个 0.01。

③用乘法进行验算。一方面通过验算证明除法的计算是正确的，从中获得成功的体验；另一方面通过验算沟通小数乘除法的联系。

④通过"议一议"，小结除数是整数的小数除法的计算方法：按照整数除法的法则计算，商的小数点和被除数的小数点对齐，整数部分不够商 1 要写 0 占位，除到被除数末尾仍有余数时，可在后面添 0 继续除。计算方法的小结只需抓住关键点，不必整齐划一。

⑤完成"试一试"中的题目，巩固除数是整数的小数除法计算方法。

（5）关键问题：

①个位上不够商 1 怎么办？除到被除数最后一位还没有除尽怎么办？

②怎样计算除数是整数的小数除法？

3. 第 47 页例 3

（1）知识点：掌握整数相除，商是小数的除法。

（2）技能点：会正确计算整数相除，商是小数的除法算式。

（3）素养点：数感、运算能力、推理能力和应用意识。

（4）编写意图：

①呈现一家人就餐的情境图，提出"平均每天吃多少千克大米"的问题。

②引导学生估算每天吃大米的重量是"1 千克多一点"。

③尝试计算"$36 \div 30$"。

④讨论：为什么要在商的个位后面点小数点？理解：在 6 的后面添上 0，就是把 6 变成 60 个十分之一，60 个十分之一除以 30 就得 2 个十分之一，所以要在商的个位后面点上小数点。

⑤将准确计算的结果与估算结果对比，感悟竖式计算的合理性。

⑥把例题的计算方法推广到"试一试"的两道题目中，巩固整数相除

商是小数的计算方法。

（5）关键问题：

①要"求平均每天吃多少千克大米"，怎么计算？

②商的小数点在哪里？

除数是小数的除法

1. 第50页例1

（1）知识点：掌握小数除以小数的一般计算方法。

（2）技能点：会计算小数除以小数。

（3）素养点：运算能力、应用意识和模型思想。

（4）编写意图：

①呈现买西瓜的情境图，提出除数是小数的除法问题。

②理解为什么用除法计算。第一种理解："求这个西瓜多重"就是"求12.8元里面有多少个1.6元"，用除法计算。体会小数除法的意义与整数除法的意义相同。第二种理解：根据数量关系"数量＝总价÷单价"，用除法计算，明确整数除法的数量关系对小数除法同样适用。

③探索"12.8÷1.6"的计算方法。以"要是除数是整数就好办了"，激发学生思考：能否把除数转化成整数来计算呢？鼓励学生用不同的办法进行转化。一是把"元"化成"角"来计算，二是利用"商不变的性质"把除数转化成整数来计算。在这里不涉及竖式计算，着重理解用"商不变的性质"进行转化的思路。

④把在例题中领悟的方法运用到"试一试"中，重点是运用商不变的性质，把除数转化为整数。

（5）关键问题：

①要"求这个西瓜有多重"，怎样列式计算？

②对于计算"12.8÷1.6"，你是怎样想的？

2. 第51页例2

（1）知识点：竖式计算除数是小数的除法。

（2）技能点：会用竖式计算除数是小数的除法。

（3）素养点：数感、运算能力和模型思想。

（4）编写意图：

①讨论：怎样把"0.988÷0.38"转化成除数是整数的除法呢？理解：除数要扩大到它的100倍才能变成整数，要使商不变，被除数也要扩大到它的100倍。

②学习用小斜线把除数原来的小数点去掉转化为整数，把被除数原来的小数点划掉并把新的小数点移到8和8的中间。

③按除数是整数的除法进行计算。

④把在例 2 中学到的技能运用到"试一试"的题目中。关注小数点的移动和竖式书写格式。

（5）关键问题：

①怎样把"0.988÷0.38"转化成除数是整数的除法呢？

②商的小数点位置在哪里？

3. 第 51 页例 3

（1）知识点：较复杂的除数是小数的除法（被除数与除数同时扩大相同倍数后，被除数的末尾需要添 0）。

（2）技能点：会用竖式正确计算较复杂的除数是小数的除法（被除数与除数同时扩大相同倍数后，被除数的末尾需要添 0）。

（3）素养点：数感、应用意识、运算能力和模型思想。

（4）编写意图：

①呈现喂鱼的情境图，提出小数除法问题。

②理解"求可以喂多少天"就是"求 114kg 里面有多少个 9.5kg"，用除法计算。

③尝试把"114÷9.5"转化成除数是整数的除法。理解：除数乘 10 变成整数（需要将小数点向右移动一位），要使商不变，被除数也要乘 10（也需要将小数点向右移动一位），114 的小数向右移动一位，是 1140。

④用"议一议"的方式，归纳总结"怎样计算除数是小数的除法"。

（5）关键问题：

①计算时，为什么要在 114 的末尾添一个 0？

②怎样计算除数是小数的除法？

4. 第 52 页例 4

（1）知识点：连除问题。

（2）技能点：会正确计算小数连除。

（3）素养点：运算能力、推理能力。

（4）编写意图：

①呈现汽车运货的情境图，提出小数连除问题。

②根据整数除法的数量关系"平均每辆车每天运的吨数＝总吨数÷辆数÷天数"，列出小数连除算式"94.5÷3÷3.5"。

③理解"94.5÷3"求的是每辆车 3.5 天运的吨数，所以要用"94.5÷3"的商除以 3.5，求出每辆车每天运的吨数。

④根据整数连除算式的运算顺序，推想小数连除算式的运算顺序。

（5）关键问题：

①要"求平均每辆汽车每天运货多少吨"，怎样列式计算？

②"94.5÷3÷3.5"的运算顺序是怎样的？

商的近似值

1. 第 55 页例 1

（1）知识点：掌握求商的近似值的方法。

（2）技能点：会用"四舍五入"法求商的近似值。

（3）素养点：数感、运算能力和应用意识。

（4）编写意图：

①呈现情境图，引导学生理解求"平均每步长大约是多少米"实际就是将 2.97 米平均分成 8 份，求每份多少米，用除法计算。学生列出算式，并尝试用竖式计算出商。

②感受求商的近似值是生活的需要。原因：首先，"2.97÷8"的商有 5 位小数，计算时非常麻烦；其次，商的小数部分第一位表示分米，第二位表示厘米，厘米以下的长度单位非常短，在表示步长中没有多大的意义；最后，生活中每步的长度不一定是平均的，有时迈得长些，有时迈得短些，所以只需要取近似值就行了。

③用"四舍五入"法把求出的商保留两位小数，并强调用"≈"连接。

④引导学生反思在刚才的计算过程中哪些步骤可以省略，明白在竖式计算中只需要除到比要保留的位数多一位就可以了。

（5）关键问题：

①要"求平均每步长大约是多少米"，怎样列式计算？

②商为什么保留两位小数？应除到第几位？

2. 第 55 页例 2

（1）知识点：掌握求商的近似值的方法。

（2）技能点：会求商的近似值（除到比保留的小数位数多一位，再四舍五入）。

（3）素养点：数感、应用意识和运算能力。

（4）编写意图：

①出示情境图，理解题意，列出除法算式。

②理解"得数保留一位小数"的意思，即商保留一位小数。

③尝试计算，交流：得数保留一位小数，只需要除到小数部分的哪一位？

④小结求商的近似值的方法：除到比要保留的小数位数多一位，再用"四舍五入"法保留。

（5）关键问题：

①要"求平均每箱饮料大约重多少千克"，怎么计算？

②保留一位小数，要除到哪一位？

3. 第 56 页例 3

（1）知识点：根据实际情况决定商的保留位数。

（2）技能点：会根据实际情况决定商的保留位数。

（3）素养点：数感、运算能力和应用意识。

（4）编写意图：

①出示情境图，引导学生理解：要比较谁节油多，就要对 3 个师傅每天的节油量进行比较。

②尝试计算，交流计算方法：把得数和 3.16 进行比较，"34÷11"只需要除到一位小数就可以，"22.3÷7"只需要除到两位小数就可以。

③小结：比较商的大小时，看商的哪一位能比较出大小就除到哪一位。

④根据实际情况，明确每天用油量少的就节油，得出"节油标兵"是张师傅的结果。

（5）关键问题：

①怎样才可以当上"节油标兵"？

②得数保留几位小数就能比较呢？

循环小数

1. 第 59 页例 1

（1）知识点：认识循环小数。

（2）技能点：能举例说出循环小数以及循环节。

（3）素养点：数感、运算能力、推理能力和模型思想。

（4）编写意图：

①竖式计算"2÷6"，要求：边计算边观察，看看能有什么发现。

②引导学生发现"余数不断重复出现 2，商不断重复出现 3，总是除不尽"，理解商"0.333…"中省略号表示的意思。

③竖式计算"7.3÷2.2"。当余数重复出现"4""18"时，引导学生推测接着除下去商和余数会怎样出现，通过计算验证推测。

④完成"试一试"中的题目，进一步感受除法计算中的循环现象，并会用省略号表示商中重复出现的数字。其中第 1 小题是"3"这个数字在循环，第 2 小题是从小数部分第 2 位开始"1""8"两个数字在循环。

⑤用描述性的语言揭示什么是循环小数。重点引导学生讨论循环小数有什么特点，加深对循环小数的理解。

⑥学习循环小数的简便写法、读法。简便写法：循环节只需写出一个，并在循环节的上面打圆点，如果循环节是 3 个或者更多数字，只需在首末数字上打圆点。读法：如 3.3̇18̇ 循环，读作"三点三一八（停顿），一八循环"。

⑦结合对循环小数的理解，揭示无限小数和有限小数的概念。

（5）关键问题：

①计算"2÷6"，你有什么发现？

②猜想一下："7.3÷2.2"继续除下去商会怎样？

2．第 60 页例 2

（1）知识点：了解循环小数在生活中的应用。

（2）技能点：会运用循环小数知识解决生活中的问题。

（3）素养点：运算能力、应用意识、数感和符号意识。

（4）编写意图：

①呈现少先队员种树的情境图，提出数学问题。

②根据题意列式计算，引导学生用循环小数的简便写法来表示准确的商，并用等号连接。

③尝试把循环小数保留两位小数，用"四舍五入"法进行保留，并用约等号连接。

（5）关键问题：

①要"求平均每个少先队员大约采多少千克"，怎么列式计算？

②商是循环小数时该如何表示？

问题解决

1．第 63 页例 1

（1）知识点：用"进一"法求商的近似值。

（2）技能点：会用"进一"法求商的近似值。

（3）素养点：数据分析观念、推理能力和应用意识。

（4）编写意图：

①呈现汽车运货物的情境图，提出问题，列出算式。

②由于被除数和除数的数据比较大，可用计算器算出结果，降低计算难度。

③根据汽车辆数应是整数的现实情况，理解得数应保留整数。

④根据剩余的货物必须运走的现实需要，理解应用"进一"法取商的近似值。

⑤把"四舍五入"法和"进一"法进行对比，找出两种方法的相同点和不同点。相同点：都是求近似值。不同点："四舍五入"法，看保留位数后面一位上的数，满 5 就进一，不满 5 就舍去，是求近似值的一般方法；"进一"法，看要保留位数后一位上的数，不管是几都要进一到前一位，这是实际生活中现实问题的需要。

（5）关键问题：

①"求要装多少辆车"，结果是多少？

②这里为什么不用"四舍五入"法取近似值？

2. 第 63 页例 2

（1）知识点：理解平均问题。

（2）技能点：会解决平均问题。

（3）素养点：应用意识、模型思想。

（4）编写意图：

①呈现工人铺设管道的情境图，提出平均问题。

②引导学生根据条件和问题，找出"铺设管道的总米数÷铺设的总天数＝平均每天铺设的米数"的数量关系。

③根据数量关系列式解答。

（5）关键问题：

①平均每天铺设多少米天然气管道？它的数量关系是什么？

②怎样列式计算？

3. 第 64 页例 3

（1）知识点：同一商品两种售价的比较问题。

（2）技能点：会解决同一商品不同售价的比较问题。

（3）素养点：数感、运算能力、模型思想和应用意识。

（4）编写意图：

①出示情境图，引导学生理解题目中"两种卖法""如果两人的蘑菇质量是一样的""合算"的含义。

②学生尝试解答，交流算法。第一种，用"每千克蘑菇的价格进行比较"，着重引导学生理解"52÷12"的商为什么只保留一位小数。第二种，用 6 千克蘑菇的总价或 12 千克的总价进行比较。

③引导学生对不同方法进行比较。虽然具体思路不同，但都是在数量相同的情况下比较价格的，从而形成解决此类问题的基本策略。

（5）关键问题：

①怎么理解"更合算"？你打算怎么解决这个问题？

②你还有不同的想法吗？

分数除法

（六年级上册）

一、课标解读

（一）学段目标

1. 掌握必要的运算技能；理解估算的意义。

2. 在观察、实验、猜想、验证等活动中，发展合情推理能力，能进行有条理的思考，能比较清楚地表达自己的思考过程与结果。

3. 能探索分析和解决简单问题的有效方法，了解解决问题方法的多样性。

4. 在运用数学知识和方法解决问题的过程中，理解数学的价值。

（二）课程目标

1. 能分别进行简单的分数（不含带分数）的除法运算。

2. 经历与他人交流各自算法的过程，并能表达自己的想法。

3. 在解决问题的过程中，能选择合适的方法进行估算。

二、教材结构

（一）教学内容

项目＼题数＼小节	分数除法	问题解决	探索规律	整理与复习	合计
例题	5	4	1	（3）	10（3）
课堂活动	5	4	1		10
练习题	28	22	4	14	68
思考题	1	1			2

（二）知识联系

本单元是在学生学习了分数乘法、分数的基本性质、分数与除法的关系等内容的基础上进行教学的。

三、分节理解

分数除法

1. 第 31 页例 1

（1）知识点：认识倒数，掌握求倒数的方法。

（2）技能点：会求一个数的倒数。

（3）素养点：数感、数据分析观念、模型思想。

（4）编写意图：

①呈现 4 组互为倒数的数。

②观察 4 组数，发现共同点：每组数中的两个数的分子分母交换了位置；每组数中的两个数相乘都等于 1。

③根据这些特点，试着举出几组这样的数，丰富感性认识。

④总结：乘积是1的两个数互为倒数。

⑤结合倒数的特点，完成"填一填"。发现1的倒数是1，并小结出怎样求一个数的倒数。

⑥讨论：0有倒数吗？为什么？

（5）关键问题：

①互为倒数的两个数有什么特点？你还能列举出有这样关系的数吗？

②怎样求一个数的倒数？1的倒数是几？0呢？

2. 第31页例2

（1）知识点：分数除以整数的意义和计算方法。

（2）技能点：会计算分数除以整数。

（3）素养点：几何直观能力、分析能力、运算能力。

（4）编写意图：

①呈现卫生大扫除信息，引出分数除以整数的数学问题。

②根据整数除法的意义，推出"求把一个分数平均分成几份，求每份是多少"用除法计算。

③根据分数的意义，理解"$\frac{4}{5}\div2$"就是把4个$\frac{1}{5}$平均分成两份，所以"$\frac{4}{5}\div2=\frac{4\div2}{5}=\frac{2}{5}$"。

④通过计算"$\frac{4}{5}\div3=\frac{4\div3}{5}$"，发现当分子不是除数的倍数时，用分子除以整数无法计算。

⑤画图理解"$\frac{4}{5}\div3$"就是把$\frac{4}{5}$平均分成3份取其中的1份，也就是求$\frac{4}{5}$的$\frac{1}{3}$是多少，所以"$\frac{4}{5}\div3=\frac{4}{5}\times\frac{1}{3}=\frac{4}{15}$"。

⑥把例题中得出的计算方法推广到"试一试"的三道题目中。

⑦通过"议一议"总结：分数除以整数（0除外），等于分数乘这个整数的倒数。

（5）关键问题：

①怎样理解"把操场的$\frac{4}{5}$平均分给六年级的2个班"？能用画图的方法吗？

②把$\frac{4}{5}$平均分成3份，就是要求什么？

③怎样计算分数除以整数？

3. 第 35 页例 3

（1）知识点：掌握整数除以分数的计算方法。

（2）技能点：能正确计算整数除以分数。

（3）素养点：观察能力、分析能力、几何直观、运算能力。

（4）编写意图：

①根据数量关系"路程÷时间＝速度"，列出算式"$900 \div \frac{3}{4}$"。

②结合已有的知识经验自主探究"$900 \div \frac{3}{4}$"的计算方法，体验转化思想和数形结合的思想。

③交流算法。教材呈现了三种算法：一是把除数转化为小数；二是利用商不变的性质，转化为整数除法计算；三是结合线段图理解"$900 \div \frac{3}{4}$ ＝ $900 \div 3 \times 4 = 900 \times \frac{1}{3} \times 4 = 900 \times \frac{4}{3} = 1200$"。

④对比不同的算法，找出最优算法。第一种算法的局限性是可能出现除不尽的情况；第二种算法的局限性是计算过程太长、太复杂；第三种算法，如果省去前面的步骤，直接用 900 乘 $\frac{3}{4}$ 的倒数，既直观又简便。

⑤根据总结出的计算方法，完成"试一试"中的三道题目，巩固计算方法。

（5）关键问题：

①怎样计算"$900 \div \frac{3}{4}$"？你是怎么想的？

②整数除以分数，应该怎样计算？

4. 第 36 页例 4

（1）知识点：掌握分数除以分数的计算方法。

（2）技能点：能正确计算分数除以分数。

（3）素养点：观察能力、分析能力、归纳概括的能力和运算能力。

（4）编写意图：

①根据整数除以分数的计算方法，尝试完成本题的填空。

②根据本题的经验，完成"试一试"中的三道题。

③总结出一个数除以分数的计算方法。

（5）关键问题：分数除以分数是怎样计算的？

5. 第 36 页例 5

（1）知识点：分数连乘、乘除混合运算的计算方法。

（2）技能点：能正确计算分数连乘、乘除混合计算。

（3）素养点：数感、观察能力、分析运算能力、归纳概括能力、转化的思想。

（4）编写意图：

①根据整数连乘和乘除混合运算的运算顺序，推想分数连乘和乘除混合运算的运算顺序。

②第1小题由学生尝试完成，通过对比不同做法，体会连除时先把除法全部转化成乘法，约分后再计算，最简便。

③第2小题由学生根据第一题的经验，独立完成。

④完成"试一试"中的三道题，归纳计算方法。

（5）关键问题：

①计算顺序一般是怎样的？除法怎么处理？

②能约分的怎么处理？怎样计算简便一些呢？

问题解决

1. 第39页例1

（1）知识点：已知一个数的几分之几是多少，求这个数。

（2）技能点：能正确解决"已知一个数的几分之几是多少，求这个数"的问题。

（3）素养点：培养应用意识、模型思想，体验解决问题方法的多样性，发展创新意识。

（4）编写意图：

①呈现建筑工地运黄沙的情境，引出"运来的黄沙有多少吨"这个问题。

②画线段图，利用数形结合，理解：把黄沙吨数平均分成 5 份，其中 2 份是 24 吨；要求黄沙重量，须先求一份黄沙重量，再求 5 份黄沙的重量，列式为"$24 \div 2 \times 5 = 60$（吨）"。

③可以利用题中的等量关系"黄沙吨数 $\times \dfrac{2}{5} =$ 水泥吨数"，列出方程来解决；或根据"一个因数＝积÷另一个因数"，用除法计算，列式为"$24 \div \dfrac{2}{5} = 60$（吨）"。

④通过对比，小结："已知一个数的几分之几是多少，求这个数"，最简便的方法是用方程或除法。

（5）关键问题：

①你能用线段图表示"水泥吨数是黄沙的 $\dfrac{2}{5}$"吗？

②你能用哪些方法解答上述问题？你是怎样想的？

2. 第 40 页例 2

（1）知识点：理解单位"1"已知和单位"1"未知问题解决的区别与联系。

（2）技能点：能正确掌握、区分并解答"求一个数的几分之几是多少"和"已知一个数的几分之几是多少，求这个数"的问题。

（3）素养点：应用意识、模型思想、归纳概括的能力。

（4）编写意图：

①呈现长江流域矿产资源情境图，引出分数乘法、除法问题。

②理解"120 种矿产资源"在第一个问题中是单位"1"，单位"1"已知，求"长江流域可供开发的矿产资源有多少种"，根据"求一个数的几分之几是多少，用乘法"列式计算。"120 种矿产资源"在第二个问题中表示单位"1"的 $\frac{30}{37}$，单位"1"是全国矿产资源（未知），求"全国矿产资源"，根据"已知一个数的几分之几是多少，求这个数，用除法或方程"列式计算。

③归纳总结解题方法。

（5）关键问题：

①你能用等量关系式表示题中的数量关系吗？

②这两个问题的条件和问题有什么不同？解题方法是什么呢？

3. 第 42 页例 3

（1）知识点：理解稍复杂的分数问题。

（2）技能点：会用方程解决稍复杂的"已知一个数的几分之几是多少，求这个数"的实际问题。

（3）素养点：培养应用意识、模型思想，通过情境的观察和思考，获得解决问题的经验。

（4）编写意图：

①根据小红存钱的 $\frac{6}{5}$ 等于小明存钱的 $\frac{3}{4}$，找出等量关系：小红存钱 $\times \frac{6}{5} =$ 小明存钱 $\times \frac{3}{4}$，列方程解决。

②鼓励学生选用不同的方法解决问题，如" $88 \times \frac{3}{4} \div \frac{6}{5}$ "。

（5）关键问题：

①你能写出题中的数量关系吗？

②根据这个数量关系怎么解答？

4. 第 42 页例 4

（1）知识点：理解稍复杂的分数问题。

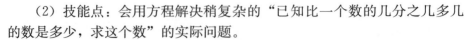

（2）技能点：会用方程解决稍复杂的"已知比一个数的几分之几多几的数是多少，求这个数"的实际问题。

（3）素养点：培养应用意识、数形结合的思想、模型思想，通过情境的观察和思考，获得解决问题的经验。

（4）编写意图：

①呈现情境图，引导学生找出单位"1"。以西陵峡长度为单位"1"画出线段图。

②结合线段图观察西陵峡的长与巫峡有怎样的关系。找出数量关系：西陵峡的长 $\times \frac{1}{2} + 2 =$ 巫峡长度。

③根据等量关系列方程。可能列出的方程有" $\frac{1}{2}x + 2 = 40$ "" $40 - \frac{1}{2}x = 2$ "" $\frac{1}{2}x = 40 - 2$ "。

④思考：还可以怎样解决？如：根据"西陵峡的 $\frac{1}{2}$ 等于（40－2）"列式为"（40－2）$\div \frac{1}{2}$ "。

（5）关键问题：

①你能画出线段图分析吗？

②你能写出等量关系式吗？你能用哪些方法解答？

第四节　运算律和混合运算

运算律和混合运算是在第一学段自然数的四则运算后编排的：三、四年级完成整数四则混合运算，五年级完成小数混合运算，六年级完成分数混合运算。运算律集中安排在四年级，包括运算律的探索、了解和应用。其编排结构图如下：

运算律和混合运算
- 加减法的关系和加法运算律（四年级上册）
- 乘除法的关系和乘法运算定律（四年级下册）
- 四则混合运算（三年级上册）
- 四则混合运算（四年级下册）
- 小数混合运算（五年级上册）
- 分数混合运算（六年级上册）

加减法的关系和加法运算律

（四年级上册）

一、课标解读

（一）学段目标

1. 在观察、实验、猜想、验证等活动中，培养合情推理能力，能进行有条理的思考，能比较清楚地表达自己的思考过程与结果；会独立思考，体会一些数学的基本思想。

2. 经历与他人合作交流解决问题的过程，尝试解释自己的思考过程。

3. 在运用数学知识和方法解决问题的过程中，认识数学的价值。

（二）课程目标

1. 探索并了解运算律（加法的交换律和结合律），会应用运算律进行一些简便运算。

2. 在具体运算和解决简单实际问题的过程中，体会加与减的互逆关系。

3. 经历与他人交流各自算法的过程，并能表达自己的想法。

二、教材结构

（一）教学内容

小节 项目 题数	加减法的关系	加法运算律	整理与复习	合计
例题	1	5	(2)	6 (2)
课堂活动	2	5		7
练习题	7	16	9	32
思考题	0	1	1	2

（二）知识联系

本单元知识是在学生掌握整数加减法的计算、理解加减法的意义、认识加减法的各部分名称、会解答有关加减法的实际问题等的基础上进行学习的。既是前面所学加减法计算的进一步深化，又是对小学阶段整数加减法运算知识的归纳和总结。通过这些内容的学习，学生对加减法的关系会有更深刻的认识。运用加法运算律和减法的性质，对一些计算进行简算，掌握必要的运算技能，将为解决现实生活中的简单实际问题提供工具支持，为后续学习求等式中的未知数和解方程奠定基础。

三、分节理解

加减法的关系

第 28 页例题

（1）知识点：理解加减法的关系和加减法各部分之间的关系。

（2）技能点：会利用加减法算式各部分之间的关系和加减法的逆运算关系来解决问题。

（3）素养点：观察能力、概括能力、思维能力和模型思想。

（4）编写意图：

①呈现大熊猫情境图，引出加减法算式之间的关系。

②以"议一议"的形式发现减法是加法的逆运算，并归纳出加减法中各部分之间的关系。

③知道可以利用加减法的关系进行加减法的验算。

（5）关键问题：

①怎样根据数学信息列出 3 个不同的算式？得出什么结论？

②这 3 个算式之间是怎样的关系？你是怎样想的？

加法运算律

1. 第 30 页例 1

（1）知识点：理解加法交换律。

（2）技能点：能概括出加法交换律，并用字母表示加法交换律。

（3）素养点：推理能力、模型思想和符号意识。

（4）编写意图：

①呈现小动物计算比赛的情境图，引出"小松鼠为什么算得这么快"的问题。

②通过"议一议"，发现在加法算式中两个加数交换位置和不变这一规律，也就是加法交换律。

③用字母表示加法交换律。

（5）关键问题：

①小松鼠为什么算得这么快？

②通过观察这 8 个算式，你发现了什么？

2. 第 30 页例 2

（1）知识点：理解加法结合律。

（2）技能点：能概括出加法结合律，并用字母表示加法结合律。

（3）素养点：推理能力、模型思想和符号意识。

（4）编写意图：

①呈现数字信息情境图，引出"3个年级共有学生多少人"的问题。

②学生独立列出算式"（89＋86）＋114或89＋（86＋114）"。

③说出这样列式的理由并计算出结果。

④从计算中发现3个数相加，先把前两个数相加再加第3个数，或先把后两个数相加再加第1个数，和不变的规律，明白这就是加法结合律。

⑤用字母表示加法结合律。

（5）关键问题：

①要"求3个年级共有学生多少人"，应该怎样列式计算？

②对比这两个算式，你发现了什么？

3. 第31页例3

（1）知识点：掌握加法运算律的应用。

（2）技能点：能根据实际问题，合理运用加法运算律。

（3）素养点：数感、运算能力。

（4）编写意图：

①呈现数字信息情境图，引出"3个班共为残疾儿童捐款多少元"的问题。

②学生独立列式计算。

③对比学生计算过程，发现计算"113＋96＋87"时，先算113＋87，再加上96，这样算比较简便。

④小结：根据实际情况合理运用加法运算律可以使计算更加简便。

（5）关键问题：

①要"求3个班共为残疾儿童捐款多少元"，应该怎样列式计算？

②你是怎么计算的？说说你是怎样想的。

4. 第33页例4

（1）知识点：理解减法的性质。

（2）技能点：能举例说出减法的性质并会运用。

（3）素养点：数感、运算能力和模型思想。

（4）编写意图：

①呈现服装店情境图，引出"还剩多少套服装"的问题。

②通过列式计算，得到两种算法：250－58－42＝150（套）；250－（58＋42）＝150（套）。

③通过"议一议"引导学生归纳得出减法的性质。

④通过"算一算"，引导学生学会运用减法的性质进行简算。

（5）关键问题：

①要"求还剩多少套服装"，怎样列式计算？

②比较两种算法，你更喜欢哪一种？

5. 第 34 页例 5

（1）知识点：掌握简便运算。

（2）技能点：能对一些数进行增减凑成整十、整百的数，使计算更加简便。

（3）素养点：解决问题能力、归纳概括能力、思维能力。

（4）编写意图：

①呈现缴电费的现实生活情景图，引出"他共收电费多少元"的问题。

②列出算式"867＋98"。

③观察数据特点：98 接近 100，计算时可把 98 看成 100，与 867 相加，再减去多加的 2，如"867＋98＝867＋100－2＝967－2＝965"。

④通过"想一想"，巩固对一些数进行增减凑成整十、整百的数，使计算更加简便的方法。

（5）关键问题：

①计算"867＋98"时，怎样算简便？

②把 98 看成 100 与 867 相加，再减去 2，这里为什么要减去 2？

乘除法的关系和乘法运算律

（四年级下册）

一、课标解读

（一）学段目标

1. 在具体运算和解决简单实际问题的过程中体会乘与除的互逆关系、乘法各部分的关系、除法各部分之间的关系。

2. 经历乘法运算律的探索发现过程，了解乘法运算律，会运用乘法运算律进行一些简单运算。

3. 能运用相关知识解决一些实际问题，掌握解决问题的相关策略，积累解决实际问题的相关经验，培养数学应用意识和解决问题能力。

4. 在乘除法的关系和乘法运算律的学习过程中，获得探索发现的成功体验。

（二）课程目标

1. 体会乘法与除法的互逆关系、乘法各部分的关系、除法各部分之间的关系。

2. 会运用乘法运算律进行一些简单的运算。

3. 形成解决问题的相关策略，积累解决实际问题的相关经验。

二、教材结构

（一）教学内容

项目　　题数　　小节	乘除法的关系	乘法运算律及简便运算	问题解决	整理与复习	合计
例题	1	5	3	(5)	9 (5)
课堂活动	1	4	3		8
练习题	8	20	9	14	51
思考题	1	2	1		4

（二）知识联系

本单元是学生在四年级上册学习了加减法的关系和加法运算律的基础上进行教学的，也是后面进一步学习数与代数的重要基础。

三、分节理解

乘除法的关系

1. 第 9 页例 1

（1）知识点：乘法与除法之间的关系。

（2）技能点：能举例说出乘法与除法之间的关系。

（3）素养点：推理能力、归纳概括能力。

（4）编写意图：

①呈现树上挂灯笼情境图，引出乘除法的 3 个算式。

②说出 3 个算式分别解决了什么问题。

③比较 3 个算式，发现乘、除法各部分之间的关系：一个因数等于积除以另一个因数；除数等于被除数除以商；被除数等于商乘以除数。

④观察 3 个算式，发现除法是乘法的逆运算。

⑤通过"议一议"，探讨在有余数的除法算式里被除数与除数、商、余数的关系：被除数＝商×除数＋余数。

（5）关键问题：

①比较下面的算式，你发现除法与乘法有什么关系？

②在有余数的除法算式里，被除数与商、除数、余数之间有什么关系？

乘法运算律及简便运算

1. 第 12 页例 1

（1）知识点：乘法交换律。

（2）技能点：能说出乘法交换律并能用字母表示。

（3）素养点：观察能力、运算能力、归纳能力。

（4）编写意图：

①呈现鸡蛋个数的情境图，引出"有多少个鸡蛋"的数学问题。

②列出算式，进一步得出"$9 \times 4 = 4 \times 9$"。

③观察算式，你有什么发现？

④用自己喜欢的方式表示乘法交换律。

⑤用字母表示乘法交换律：$a \times b = b \times a$。

（5）关键问题：

①观察这些算式，你发现了什么？

②你能用自己喜欢的方式表示乘法交换律吗？

2. 第 12 页例 2

（1）知识点：乘法结合律。

（2）技能点：能说出乘法结合律并能用字母表示。

（3）素养点：迁移能力、观察能力，运算能力、归纳能力。

（4）编写意图：

①呈现小区住户数量情境图，引出"这个小区共有多少户"的数学问题。

②列式计算，写出等式。

③发现等式两边的数据特点及书写形式。

④通过"算一算"中的 3 组算式，分析每组中两个算式的特点。

⑤总结乘法结合律。

⑥用字母表示乘法结合律：$(a \times b) \times c = a \times (b \times c)$。

（5）关键问题：

①这个小区共有多少户？可以怎样列式？

②每组上、下两个算式有什么相同点和不同点？

3. 第 13 页例 3

（1）知识点：应用乘法交换律和结合律进行简便运算。

（2）技能点：会运用乘法交换律、结合律进行简便运算。

（3）素养点：思维迁移能力、运算能力。

（4）编写意图：

①先观察算式和数据特征，判断能否进行简便计算。

②思考根据什么运算定律可使计算简便。

③选择正确的运算定律进行计算。

④通过"试一试"，巩固乘法交换律、结合律。

（5）关键问题：

①"25×4"等于几？"125×8"等于几？

②怎样用简便方法计算"61×25×4""8×9×125"？

4．第 16 页例 4

（1）知识点：乘法分配律。

（2）技能点：能说出乘法分配律并能用字母表示。

（3）素养点：观察能力、运算能力、归纳能力。

（4）编写意图：

①呈现买门票的情境图，引出"一共需要多少元"的数学问题。

②引导学生算出"（40＋20）×14＝40×14＋20×14"。

③观察等式两边的数据特点及书写形式。

④通过"算一算"中的 3 组算式，分析每组中两个算式的特点。

⑤总结出乘法分配律，并用字母表示。

（5）关键问题：

①"求一共需要多少元"，可以怎样列式？

②每组上、下两个算式有什么相同点和不同点？

5．第 16 页例 5

（1）知识点：运用乘法分配律进行简便运算。

（2）技能点：会运用乘法分配律进行简便运算。

（3）素养点：观察能力、思维迁移能力、运算能力。

（4）编写意图：

①先观察算式和数据特征，判断能否进行简便计算。

②思考根据乘法分配律怎样使计算简便。

③选择逆用乘法分配律使计算简便。

（5）关键问题：

①"（100＋2）×45"怎样计算简便？

②"32×27＋32×73"怎样计算简便？

问题解决

1．第 19 页例 1

（1）知识点：相遇问题（求总路程）。

（2）技能点：能解决求总路程的相遇问题。

（3）素养点：观察分析能力、推理能力、应用能力。

（4）编写意图：

①呈现余刚和苗苗家的情境图，引出"他们两家相距多少米"的数学问题。

②根据数学信息，画出线段图。

③观察线段图，分析得出两人所走的路程和就是两家相距的距离。

④正确列出两种不同算式，比较两种方法。

⑤通过"试一试"，巩固相遇问题（求总路程）的方法。

（5）关键问题：

①要"求他们两家相距多少米"，怎样计算？

②你能画线段图分析吗？

③观察线段图，怎样列出算式？

2. 第20页例2

（1）知识点：相遇问题（求时间）。

（2）技能点：能解决求时间的相遇问题。

（3）素养点：观察分析能力、推理能力、应用能力。

（4）编写意图：

①呈现修公路的情境图，引出"8天能否修复这段公路"的数学问题。

②根据数学信息，厘清思路：方法一，先算出两队合修这条公路需要多少天，再判断；方法二，先算出8天修复的公路长度，再判断。

③独立解答，总结算法。

④通过"算一算"，继续拓宽知识面。

（5）关键问题：

①"求8天能否修完这段公路"，怎样解决？

②两队合修需要几天完成？

③修复这段公路时，甲队比乙队多修了多少米？

3. 第20页例3

（1）知识点：综合性数学问题。

（2）技能点：能解决较复杂的实际问题。

（3）素养点：数据分析概念、应用意识。

（4）编写意图：

①呈现卖电影票的情境图，引出"本场观众最少有多少人"的数学问题。

②根据数学信息，先算出乙票卖了多少张，再算出一共卖了多少张票，最后找出最少的观众人数。

③验算答案是否正确。

（5）关键问题：

①本场观众最少有多少人？应该怎么卖票？

②怎样验算？

四则混合运算

（三年级上册）

一、课标解读

（一）学段目标

1. 体会四则运算的意义，掌握必要的运算技能，能准确地进行运算。

2. 在观察、操作等活动中，能提出一些简单的猜想；会独立思考问题，表达自己的想法。

3. 体验与他人合作交流解决问题的过程；尝试回顾解决问题的过程。

4. 对身边与数学有关的事物有好奇心，能参与数学活动；感受数学活动中的成功，感受数学与生活有密切联系；能倾听别人的意见，尝试对别人的想法提出建议。

（二）课程目标

1. 结合具体情境，体会整数四则运算的意义。

2. 认识小括号，能进行简单的整数四则混合运算（两步）。

3. 能运用数及数的运算解决生活中的简单问题，经历与他人交流各自算法的过程，并能对结果的实际意义做出解释。

二、教材结构

（一）教学内容

项目　　题数　　小节	四则混合运算	合计
例题	3	3
课堂活动	3	3
练习题	8	8

（二）知识联系

本单元的教学内容是两步计算的四则混合运算（包括含小括号的两步计算的四则混合运算），它是在学生掌握加、减、乘、除四种运算规则的基础上安排的，是学生第一次正式学习混合运算，也是以后进一步学习整数、分数、小数四则混合运算的基础。

三、分节理解

四则混合运算

1. 第 59 页例 1

（1）知识点：乘法与加法、减法的混合运算。

（2）技能点：能正确计算乘法与加法、减法的混合运算。

（3）素养点：推理能力、归纳概括能力。

（4）编写意图：

①呈现买文具和书包的情境图，引出"一共用去多少元"的数学问题。

②根据问题列出算式：一是"$7 \times 6 = 42$（元），$42 + 55 = 97$（元）"；二是"$7 \times 6 + 5 = 97$（元）"。

③结合具体情境理解乘加算式"$7 \times 6 + 5$"的计算过程和书写格式。

④把例题的计算顺序推广到"试一试"的两道题中去。

⑤通过练习得出没有括号的乘加（减）的运算顺序是：先算乘法，再算加（减）法。

（5）关键问题：

①还可以怎样列式计算？

②"$7 \times 6 + 5$"应先算什么，再算什么？并计算出来。

2. 第 60 页例 2

（1）知识点：除法和加法、减法的混合运算。

（2）技能点：能正确地计算含有除法和加法、减法的混合运算。

（3）素养点：推理能力、归纳概括能力、运算能力和数学应用意识。

（4）编写意图

①呈现买体育用品的情境图，引出"每个足球比每个篮球多多少元"的数学问题。

②理解题意，直接列出综合算式，根据算式中每一步的含义，理解运算顺序。

③得出没有括号的除加（减）的运算顺序是：先算除法，再算加（减）法。

④说一说：结合例 1、例 2 的算式，总结运算顺序："像这样的算式，要先算乘、除法，再算加、减法。"

⑤把例题的算法推广到"试一试"中去，巩固四则混合运算的方法。

⑥通过"议一议"，回忆只有加减法或只有乘除法的运算顺序："从左往右按顺序计算。"

⑦通过"试一试"，巩固只有加减法或只有乘除法的运算方法。

（5）关键问题：

①要"求每个足球比每个篮球多多少元"，怎样计算？

②计算"45－70÷2"时，先算什么，再算什么？

③一个算式中既有除法又有加（减）法时，该怎样计算？

④一个算式中只有加减法或只有乘除法时，该怎样计算？

3．第61页例3

（1）知识点：有小括号的混合运算。

（2）技能点：能正确计算含有小括号的混合运算。

（3）素养点：符号意识、创新意识、运算能力。

（4）编写意图

①呈现商场买衣服的情境图，引出"1件儿童衣服多少元"的数学问题。

②在列式和计算的过程中发现"207－120÷3"按例1、例2归纳的运算顺序先算除法再算减法，与题目中要先算3件儿童衣服的钱，再算1件儿童衣服的钱，即先算减法再算除法，产生了矛盾，从而引发思考，进而揭示小括号的必要性。

③理解有小括号和没有小括号在运算过程中计算顺序的变化。

④通过"说一说"，总结出算式中有小括号的运算顺序。

⑤通过"试一试"，巩固算式中含有小括号的四则混合运算顺序和方法。

（5）关键问题：

①要"求1件儿童衣服多少元"，应先算什么，再算什么？

②算式中有小括号应该怎样计算？

四则混合运算

（四年级下册）

一、课标解读

（一）学段目标

1．认识中括号，理解中括号在四则混合运算中的作用。

2．掌握四则混合运算的运算技能，能进行简单的整数四则混合运算。

3．感受四则混合运算在"问题解决"中的运用，体会四则混合运算的重要价值。

（二）课程目标

1．理解中括号在四则混合运算中的作用。

2. 掌握四则混合运算的运算技能。

3. 感受四则混合运算在问题解决中的运用。

二、教材结构

（一）教学内容

项目 　 题数 　 小节	四则混合运算	合计
例题	4	4
课堂活动	4	4
练习题	13	13
思考题	1	1

（二）知识联系

本单元是在学生第一学段已经掌握整数的加、减、乘、除四则运算的方法，且在四年级上册初步掌握不含括号的同级四则运算的基础上教学的，这是进一步学习小数四则混合运算、分数四则混合运算的基础。

三、分节理解

四则混合运算

1. 第 1 页例 1

（1）知识点：混合运算（三步）。

（2）技能点：能正确计算混合算式（三步）。

（3）素养点：转化思想、运算能力、应用意识。

（4）编写意图：

①呈现制作灯笼的情境图，引出混合运算问题。

②根据具体生活情境，提出问题，列出算式。

③自主探索，明确"一共要做的个数－4 天做的个数＝剩下没做的个数"。

④总结计算顺序，体会混合运算的意义。

⑤通过"试一试"，巩固计算顺序和算法。

（5）关键问题：

①要"求还剩多少个灯笼没做"，应当先求什么呢？

②"200－80÷4×7"这个算式的运算顺序是怎样的？

2．第1页例2

（1）知识点：混合运算（三步带小括号）。

（2）技能点：正确计算混合算式（三步带小括号）。

（3）素养点：运算能力、归纳推理能力。

（4）编写意图：

①呈现带小括号的三步计算混合运算的算式。

②通过讨论发现先算小括号里面的算式。

③如果括号里面既有加减法又有乘除法，要先算乘除法再算加减法。

（5）关键问题：

①括号里面有几步运算？

②应先算什么？

3．第4页例3

（1）知识点：混合运算（两个小括号）。

（2）技能点：正确计算混合算式（两个小括号）。

（3）素养点：分析能力，运算能力、应用意识。

（4）编写意图：

①呈现师徒合作制造零件的情境图，引出数学问题。

②根据具体生活情境，提出问题，列出混合算式。

③讨论分析，明确计算顺序。

④正确计算。

（5）关键问题：

①"求师徒合作还要多少小时才能完成任务"，应当先求什么再求什么？

②为什么要用两个小括号？

③计算时，运算顺序是怎样的？

4．第4页例4

（1）知识点：混合运算（带中括号）。

（2）技能点：正确计算混合算式（带中括号）。

（3）素养点：思维迁移能力、运算能力、推理能力。

（4）编写意图：

①呈现带中括号的三步混合运算的算式。

②明确中括号的作用。

③讨论总结：计算时，先算小括号里面的，再算中括号里面的。

④通过"议一议"，总结四则混合运算的运算顺序。

（5）关键问题：

①计算时，运算顺序是怎样的？
②四则混合运算的运算顺序是怎样的？

小数混合运算

（五年级上册）

一、课标解读

（一）学段目标

1. 掌握必要的运算技能。
2. 能探索分析和解决简单问题的有效方法，了解解决问题方法的多样性。
3. 在运用数学知识和方法解决问题的过程中，认识数学的价值。

（二）课程目标

1. 能进行简单的小数混合运算。
2. 能解决小数的实际问题。
3. 经历与他人交流各自算法的过程，并能表达自己的想法。

二、教材结构

（一）教学内容

项目　　题数　　小节	小数混合运算	合计
例题	4	4
课堂活动	3	3
练习题	17	17
思考题	1	1

（二）知识联系

本单元是在学生已经学习并掌握整数四则混合运算的运算顺序、整数四则混合运算的运算定律以及小数加、减、乘、除法的计算方法的基础上进行的深化教学。整数混合运算的运算顺序、运算律对小数混合运算同样适用。启发、引导学生逐步体会运算的顺序与运算律的对立统一关系。通过学习，帮助学生对小数、整数混合运算形成系统完整的认知。

三、分节理解

小数混合运算

1. 第 70 页例 1

（1）知识点：小数混合运算题。

（2）技能点：能正确计算小数混合运算题。

（3）素养点：运算能力、合情推理能力、应用意识。

（4）编写意图：

①呈现购物情境，提出问题：先算什么，再算什么？学生依据生活中的购物经验列出算式"20－3.5×3－6.3"或"20－（3.5×3＋6.3）"。

②根据生活经验和整数四则混合运算的顺序，体会到小数混合运算顺序和整数四则混合运算顺序是相同的。

③通过"试一试"中的题目，巩固小数混合运算知识。

（5）关键问题：

①你会列式解答吗？你有不同的计算方法吗？

②小数混合运算的运算顺序是怎样的？

2. 第 71 页例 2

（1）知识点：运算律的应用。

（2）技能点：会选择合适的运算定律进行小数混合运算。

（3）素养点：推理能力、数感和运算能力。

（4）编写意图：

①呈现工厂加工制服情境图，引出"加工 15 套制服需要用布多少米"的问题。

②引导学生独自解决，得出可用两种不同的方法的结论：一是先算 15 件上衣用布多少米和 15 条裤子用布多少米，再算 15 套制服用布多少米。列式为"1.83×15＋1.17×15"；二是先算一套制服用布多少米，再算 15 套制服用布多少米，列式为"1.83＋1.17）×5"。

③观察、比较得出我们学过的运算律在小数中同样适用的结论。

④通过"试一试"，巩固运算律在小数混合运算中的运用。

（5）关键问题：

①你还有不同的方法吗？

②比较两种算法，你发现了什么？

3. 第 74 页例 3

（1）知识点：选择话费标准。

（2）技能点：会利用数学知识解决选择话费标准的问题。

（3）素养点：运算能力、应用意识和模型思想。

（4）编写意图：

①呈现手机收费的情境图，引出"选择哪类收费标准合算些"的问题。

②分别算出每类收费标准各需缴多少元：第一类为"$20+0.18×120=41.6$（元）"，第二类为"$0.3×120=36$（元）"。

③通过对两类话费标准的计算结果进行比较，进而选择最合理的消费方式。

④完成"议一议"，引导学生明白生活中同一问题的选择方式是可能随条件变化而变化的。

（5）关键问题：

①你怎样理解"合算"？

②选择哪类收费标准合算些？你怎么计算？

4. 第 74 页例 4

（1）知识点：解决问题。

（2）技能点：会选择有效信息解决问题。

（3）素养点：运算能力、应用意识。

（4）编写意图：

①创设新居装修消费情境图，呈现小数混合运算问题。

②引导学生通过关注问题，选择有效信息解答。

③鼓励学生提出多种解题方法。方法一：把卧室和书房合在一起看作一个长方形计算；方法二：把卧室和书房分开计算。

（5）关键问题：

①还可以怎么算？

②你还能提出并解决哪些数学问题？

分数混合运算

（六年级上册）

一、课标解读

（一）学段目标

1. 掌握必要的运算技能。

2. 能探索分析解决简单问题的有效方法，了解解决问题方法的多样性。

3. 在运用数学知识和方法解决问题的过程中，认识数学的价值。

（二）课程目标

1. 能进行分数四则混合运算。

2. 能解决分数的简单实际问题。

3. 经历与他人交流各自算法的过程，表达自己的想法。

二、教材结构

（一）教学内容

小节 题数 项目	分数混合运算	问题解决	合计
例题	2	3	5
课堂活动	1	3	4
练习题	9	14	23
思考题	1	1	2

（二）知识联系

本单元是在学生学习了整数、小数的四则混合运算基础上进行教学的，是小学阶段数与代数部分四则混合运算的最后一个阶段。通过本单元的学习，学生将在熟练掌握运算顺序的基础上提高自己的逻辑推理能力和计算能力，为初中阶段代数的学习打下基础。

分数混合运算

1. 第 79 页例 1

（1）知识点：分数混合运算。

（2）技能点：能正确进行分数混合运算。

（3）素养点：培养迁移能力、运算能力、归纳概括能力，发展合情推理和演绎推理能力。

（4）编写意图：

①呈现没有括号和有括号的分数混合运算算式。

②将整数混合运算的运算顺序知识迁移到分数混合运算的运算顺序上。

③总结分数混合运算的方法。

④通过"试一试"，巩固分数混合运算知识。

（5）关键问题：

①在分数混合运算中，没有括号的应该按怎样的顺序计算？

②算式中既有小括号又有中括号的，应该怎样计算？

2. 第 79 页例 2

（1）知识点：分数混合运算中的简便算法。

（2）技能点：能正确运用运算律进行分数混合运算的简便计算。

（3）素养点：观察分析能力、迁移能力、符号意识、运算能力和归纳概括能力。

（4）编写意图：

①呈现算式 "$\dfrac{1}{2} \times \dfrac{5}{8} - \dfrac{3}{8} \times \dfrac{1}{2}$"，引导学生独立计算。

②对比使用运算定律的计算和没有使用运算定律的计算，感受在分数混合运算中有时可以应用运算律，使计算更简便。

③小结：计算分数混合运算时，一是要明确运算顺序，二是要在计算前和计算中考虑能否应用定律进行简便计算。

④通过"试一试"，巩固分数混合运算中的简便计算。

（5）关键问题：

①观察这个算式有什么特点。

②怎样算更简便？

问题解决

1. 第 82 页例 1

（1）知识点：求比一个数多（少）几分之几的数的问题。

（2）技能点：能正确解决求比一个数多（少）几分之几的数的问题。

（3）素养点：培养应用意识、数形结合的思想、模型思想，通过情境的观察和思考，获得解决问题的经验。

（4）编写意图：

①呈现水库水位条形统计图，引导学生理解数量关系。

②启发学生从不同角度分析问题：一是，先求第 1 期的水位比第 2 期低多少米，再求第 1 期蓄水位，列式为 "$156 - 156 \times \dfrac{7}{52}$"；二是，先将"第一期水位比第二期水位低 $\dfrac{7}{52}$"转化为"第 1 期蓄水位是第 2 期的（$1 - \dfrac{7}{52}$）"，再求第 1 期的蓄水位，列式为 "$156 \times （1 - \dfrac{7}{52}）$"。

③把以上方法推广到"试一试"中，再次巩固求比一个数多（少）几分之几的数的解答方法。

（5）关键问题：

①怎样理解"第一期的水位比第二期的低 $\dfrac{7}{52}$"这句话？能画图或写数量关系吗？

②你能用两种方法解答吗？你是怎么想的？

2. 第 82 页例 2

（1）知识点：稍复杂的求单位"1"的问题。

（2）技能点：能正确利用方程解决相关实际问题。

（3）素养点：培养应用意识、数形结合的思想、模型思想，体验解决问题方法的多样性，发展创新意识。

（4）编写意图：

①呈现运货情境图，引出稍复杂的求单位"1"的问题。

②引导学生画线段图，理解题意，鼓励用多种方法解决。一是，理解"运走了 $\frac{5}{9}$"是把一批货物看作单位"1"，平均分成 9 份，已运走了 5 份，剩下 240 吨恰好对应 4 份。所以列式为"240÷（9－5）×9"；二是，找出等量关系"这批货总吨数－运走吨数＝剩下的吨数"，并以此列方程解决。三是，理解运走 $\frac{5}{9}$，那么剩下的吨数就占总数的（1－$\frac{5}{9}$），根据"已知单位'1'的几分之几是多少，求单位'1'，用除法"，列式为"240÷（1－$\frac{5}{9}$）"。

（5）关键问题：

①你能画出线段图分析吗？

②你能写出等量关系式并根据这个数量关系解答吗？

3. 第 83 页例 3

（1）知识点：利用分数混合运算，解决生活中的实际问题。

（2）技能点：能正确利用分数混合运算，解决生活中的实际问题。

（3）素养点：培养应用意识、数形结合的思想、模型思想，通过情境的观察和思考，获得解决问题的经验。

（4）编写意图：

①创建购物情境图，呈现生活中的分数乘法问题。

②引导学生理解"按原价的 $\frac{9}{10}$ 出售"表示实际付的钱是原价的 $\frac{9}{10}$；"满 50 元优惠 $\frac{1}{5}$"表示总价在 50 元以内没有优惠，满 50 元后就按总价的（1－$\frac{1}{5}$）付钱。

③"议一议"中的购买本数如果少于 25 本，去百货商店合算吗，无需计算，只需明白 25 元不满 50 元不能享受优惠即可。

（5）关键问题：

①若去文海商场购买，可以送几本？你是怎样思考的？

②若去百货商店购买，能达到优惠的金额吗？"优惠 $\frac{1}{5}$"是什么意思？

③购买本数如果少于 25 本，去百货商店合算吗？

第四章

数与代数（三）

内容结构导图

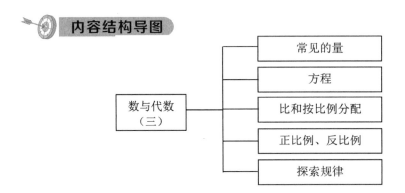

数与代数（三）
- 常见的量
- 方程
- 比和按比例分配
- 正比例、反比例
- 探索规律

第一节　常见的量

　　常见的量是小学数学课程的重要内容，属于数与代数知识模块，是整个数学学习以及其他学科的基础。这部分的内容在小学阶段主要包括认识人民币，认识钟表，时、分、秒，克、千克、吨，年、月、日等。学习内容的主线是：先建立"货币""时间""质量"等量的基本概念，再探索单位之间的进率，最后综合运用知识解决问题。常见的量与生活实际紧密相连，对学生量感的初步形成具有重要意义。

认识人民币

（一年级下册）

一、课标解读

（一）学段目标

理解常见的量，感受数学与生活有密切的联系。

（二）课程目标

在现实情境中认识元、角、分，并了解它们之间的关系。

二、教材结构

（一）教学内容

项目 / 题数 / 小节	认识人民币	合计
例题	4	4
课堂活动	1	1
练习题	11	11

（二）知识联系

教材在 100 以内的加法和减法（一）的后面安排了本单元知识，是因为掌握 100 以内数的加减法有助于学生认识和换算人民币，通过认识和换算人民币还能加深学生对 100 以内数的理解。

三、分节理解

认识人民币

1. 第 52 页例 1

（1）知识点：人民币的面值和单位。

（2）技能点：会辨认人民币。

（3）素养点：培养观察能力，渗透分类思想。

（4）编写意图：

①呈现不同面值的纸币和硬币，引导学生观察人民币的特征。

②说明人民币的单位有"元、角、分"。

（5）关键问题：

①按一定的标准，你认为人民币可以怎样分类？

②人民币的单位有哪些？

2. 第 53 页例 2

（1）知识点：人民币单位间的进率：1 角＝10 分，1 元＝10 角。

（2）技能点：会元、角、分之间的基本换算。

（3）素养点：渗透转化思想和模型思想。

（4）编写意图：

①呈现一角换成 10 枚一分和一元换成 10 张一角的实物情境，抽象得

出：1角＝10分，1元＝10角。

②通过"议一议""填一填"，练习人民币的简单兑换。

（5）关键问题：

1元可以换成几张1角呢？你是怎么想的？那1角又能换几枚1分的硬币呢？

3. 第53页例3

（1）知识点：人民币之间较复杂的兑换。

（2）技能点：能正确熟练地进行人民币之间的兑换。

（3）素养点：培养学生的转化思想，使其积累使用人民币的经验。

（4）编写意图：

①呈现人民币互换的情境图，引导学生在100以内数的认识的基础上，进行人民币之间的兑换。

②体会两种不同的兑换法：一是把一张大面值的人民币换成一种小面值的人民币；二是把一张大面值的人民币换成两种不同小面值的人民币，体会换法的多样化。

（5）关键问题：

这些换钱活动，有什么相同和不同的地方？

4. 第54页例4

（1）知识点：运用人民币之间的进率进行换算。

（2）技能点：会根据人民币之间的进率进行换算。

（3）素养点：培养学生的转化思想。

（4）编写意图：

①以"4角＝40分"为例，体会人民币换算时要看单位，想进率。

②"5元＝（　）角"是把高级单位的名数化成低级单位的名数。

③"60角＝（　）元"是把低级单位的名数化成高级单位的名数。

④以"13角＝1元3角"为例，理解单名数换复名数的方法。

（5）关键问题：

①4角等于几分？为什么？

②13角等于几元几角？你是怎样想的？

认识钟表

（一年级下册）

一、课标解读

（一）学段目标

理解常见的量，感受数学与生活的密切联系。

（二）课程目标

能认识钟面，会读写整时、几时半和大约几时。

二、教材结构

（一）教学内容

项目　　题数　　小节	认识钟表	合计
例题	3	3
课堂活动	1	1
练习题	6	6
思考题	1	1

（二）知识联系

认识钟表是学生第一次接触钟表知识，这一内容将为以后时、分、秒的认识及年、月、日的学习奠定基础。

三、分节理解

认识钟表

（一）知识陈述

（1）知识点：认识钟面。

（2）技能点：会辨认时针和分针，知道它们的运动方向。

（3）素养点：培养学生的观察能力、几何直观能力。

（4）编写意图：

①呈现小朋友起床的情境图，唤起学生的时间意识。

②呈现不同类型的钟表，认识钟面。

（5）关键问题：

①在钟面上你发现了什么？

②时针和分针有什么不同？

（二）例题理解

1. 第 59 页例 1

（1）知识点：认识整时。

（2）技能点：会认整时并能用两种方法表示。

（3）素养点：培养学生的观察能力和归纳概括能力，促使学生积累认识时间的活动经验，发展几何直观能力。

（4）编写意图：

①呈现小朋友早晨上学和吃午餐的情境图，引出8时和12时。

②呈现整时的两种表示方法，比如：8时可以记作8：00。

③呈现整时的特征：分针指着12，时针指着几，就是几时。

（5）关键问题：

①观察整时的钟面有什么共同的特点。

②想一想：12时在钟面上该怎样拨？

2．第60页例2

（1）知识点：认识几时半。

（2）技能点：会认几时半并能用两种方法表示。

（3）素养点：培养学生的观察能力和归纳概括能力，促使学生积累认识时间的活动经验，发展几何直观能力。

（4）编写意图：

①呈现小朋友上午读书、下午跑步和晚上睡觉的情境图，引出9时30分、3时30分和8时30分的表示方法。

②呈现几时半的三种表示方法，比如：8：30可以写成8时30分或8时半。

（5）关键问题：

①观察几时半的钟面有什么共同的特点。

②想一想：12时半在钟面上该怎样拨？

3．第60页例3

（1）知识点：认识大约几时。

（2）技能点：会认大约几时的两种情况：快到几时和刚过几时。

（3）素养点：培养学生的观察能力和归纳概括的能力，使其养成珍惜时间的习惯。

（4）编写意图：

①呈现小朋友早上去博物馆参观和上午画画的情境图，引出刚过8时和快10时了的表示方法。

②呈现大约几时的两种情况，找出刚过几时和快到几时的钟面特征。

（5）关键问题：刚过几时和快到几时有什么不同？

时、分、秒

（二年级下册）

一、课标解读

（一）学段目标

理解常见的量，能在具体情境中选择适当的单位，了解分析问题和解决问题的一些基本方法，感受数学与生活的密切联系。

（二）课程目标

1. 能认识钟表，结合自己的生活经验，体验时间的长短。
2. 能结合生活实际，解决与常见的量有关的简单问题。

二、教材结构

（一）教学内容

项目\小节	时、分、秒	问题解决	整理与复习	合计
例题	5	4	（2）	9（2）
课堂活动	2	2		4
练习题	7	6	6	19
思考题		1		1

（二）知识联系

时、分、秒是在学生已经初步认识钟表的基础上进行教学的，也是后面学习 24 时记时法的基础。

三、分节理解

时、分、秒

1. 第 76 页例 1
（1）知识点：认识时和分，理解"1 时＝60 分"。
（2）技能点：会时和分之间的基本换算。

（3）素养点：培养学生的量感、观察能力、推理能力。

（4）编写意图：

①呈现一个钟面，引导学生认识秒针、大格、小格等。

②在认识大格和小格的基础上，认识1分、1时。

③通过"议一议""拨一拨"，发现时针走一大格，分针正好走一圈，是60小格，也就是60分，即"1时＝60分"。

④呈现时与分的英文缩写，了解国际通用单位符号。

（5）关键问题：

①观察钟面，你了解了一些什么？

②1时是多少分呢？为什么？

2. 第77页例2

（1）知识点：了解1分有多长。

（2）技能点：感受1分的实际长短，建立1分的时间概念。

（3）素养点：培养学生的量感，使其养成珍惜时间的好习惯。

（4）编写意图

①呈现小朋友1分钟数数、数脉搏、数呼吸次数的活动，进一步感受1分的长短，同时了解自己身体器官的运动频率。

②通过"试一试"，在击掌、跳绳、写字、数数等活动中巩固1分的时间概念。

（5）关键问题：说一说在生活中1分可以做什么。

3. 第77页例3

（1）知识点：1时有多长。

（2）技能点：感受1时的实际长短，建立1时的时间概念。

（3）素养点：培养学生的量感，使其养成珍惜时间的好习惯。

（4）编写意图

①呈现学校上课的情境图，根据生活经验，将1节课及其前后休息的时间相加得到1时，建立1时的时间概念。

②通过"议一议"，引导学生在生活中寻找大约1时的事例，巩固1时的时间概念。

（5）关键问题：

①1时有多长？

②说一说在生活中1时可以做什么。

4. 第78页例4

（1）知识点：1秒有多长，知道"1分＝60秒"。

（2）技能点：感受1秒的实际长短，建立1秒的时间概念，掌握分和秒之间的进率。

（3）素养点：培养学生的量感、观察能力和推理能力。

（4）编写意图：

①呈现拍 60 下皮球用的时间，推算出拍 1 下皮球用的时间，引入更小的时间单位"秒"。

②呈现"滴答"1 次是 1 秒，感受 1 秒的实际长短。

③通过"议一议"，呈现"秒针走了一圈，分针正好走一小格"，理解分与秒的关系。

④呈现秒的英文缩写，了解国际通用单位符号。

⑤呈现 9 时 29 分 30 秒，使学生会认读电子钟上的时刻。

（5）关键问题：

①1 秒有多长？

②1 分是多少秒？为什么？

5. 第 79 页例 5

（1）知识点：认识几时几分。

（2）技能点：会用两种方法记录时间。

（3）素养点：培养学生的观察能力，发展其几何直观能力。

（4）编写意图：

①呈现钟面，认识几时几分。

②呈现小朋友的对话，培养学生的估计意识。

③呈现时针超过 2，不到 3，分针指向 11，是 2 时 55 分。2 时 55 分记作 2：55。

④通过"试一试"，巩固辨认时间的方法，会用两种方法记录时间。

（5）关键问题：观察钟面，现在是几时几分？你是怎样知道的？

问题解决

1. 第 83 页例 1

（1）知识点：用时间单位换算的知识解决问题。

（2）技能点：会比较不同单位时间的长短。

（3）素养点：培养学生解决实际问题的能力。

（4）编写意图：

①呈现 3 只小动物赛跑的情境图，引出"谁跑得最快"的问题。

②呈现 3 只小动物赛跑所用的时间，因单位不同不便直接比较，所以要先换算成同一单位再进行比较。

③比较的结果可以用大于号或小于号连接起来，写成两个不等式，如 2 分＜3 分，3 分＜60 分；也可以写成一个连续不等式，如：2 分＜3 分＜60 分。

（5）关键问题：

①到底谁跑得最快呢？你是怎么知道的？

②为什么要把单位统一成"分"呢？

2. 第84页例2

（1）知识点：计算两个整时之间的经过时间。

（2）技能点：会计算整时之间的经过时间。

（3）素养点：培养学生解决问题的能力，渗透模型思想。

（4）编写意图：

①呈现同学们玩的情境图，引出"玩了多长时间"的问题。

②呈现两种方法解决问题：一是1时1时地数，二是用减法。

（6）关键问题：

同学们玩了多长时间呢？说一说你是怎么想的。

3. 第84页例3

（1）知识点：计算时相同、分不同的两个时刻之间的经过时间。

（2）技能点：会计算简单的经过时间。

（3）素养点：培养学生解决问题的能力，渗透模型思想。

（4）编写意图：

①呈现小红上学的情境图，引出问题："小红从家到学校用了多长时间？"

②呈现两个钟面，观察发现：小红出发和到达的时间都是8时多，分针从1走到5，是4大格，走了20（分）。

③8时5分到8时25分，时不变分在变，列式为"$25-5=20$（分）"。

④通过"填一填"，巩固计算简单的经过时间的方法。

（5）关键问题：小红从家到学校用了多长时间？你是怎样计算的？

4. 第85页例4

（1）知识点：计算时与分都不同的两个时刻之间的经过时间。

（2）技能点：会计算较复杂的经过时间。

（3）素养点：培养学生多样化的解题策略，知道具体情况具体分析。

（4）编写意图：

①呈现拔河比赛的情境图，引出要解决的问题："春季运动会拔河比赛用了多长时间？"

②呈现不同的计算方法。方法一：先凑到整时，再接着算分：8∶30到9∶00是30分，9∶00到9∶40是40分，合起来是70分，即1小时10分。方法二：先1时1时地数，再接着算分：8∶30到9∶30是1时，9∶30到9∶40是10分，合起来是1时10分。方法三：9时40分－8时30分＝1时10分。

③通过"试一试"，巩固求较复杂的经过时间的方法。

（5）关键问题：

①拔河比赛用了多长时间？

②你更喜欢哪一种方法？为什么？

克、千克、吨的认识

（三年级上册）

一、课标解读

（一）学段目标

理解常见的量，能运用数和适当的度量单位描述现实生活中与质量有关的简单现象。

（二）课程目标

1. 在现实情境中，感受并认识克、千克、吨，能进行简单的单位换算。
2. 能结合生活实际，解决与常见的量有关的简单问题。

二、教材结构

（一）教学内容

项目＼小节题数	克、千克、吨	合计
例题	4	4
课堂活动	1	1
练习题	8	8

（二）知识联系

这是学生在小学阶段第一次也是唯一一次认识质量单位，将为今后解决与质量单位相关的知识问题打下基础。

三、分节理解

克、千克、吨

（一）知识陈述

呈现各种各样的秤的图片，帮助学生认识计量质量的工具和质量单位克、千克、吨。

（二）例题理解

1. 第1页例1

（1）知识点：认识天平和质量单位克。

（2）技能点：能找出生活中哪些物品的质量可以用克作单位。

（3）素养点：培养量感。

（4）编写意图：

①呈现天平称1克糖的情境图，感受1克有多重。

②通过掂硬币的操作活动，知道1枚1角硬币约重1克，知道1克重的物品很轻。

③通过"议一议"，知道计量较轻的物品有多重，通常用克作单位，克用字母 g 表示。

④呈现称物品的情境图，会认读秤上物品的质量。

（5）关键问题：

①找一找生活中哪些物品的质量大约是1克。

②说一说生活中哪些物品的轻重可以用克作单位。

2. 第2页例2

（1）知识点：认识质量单位千克，理解1千克=1000克。

（2）技能点：会千克与克之间的简单互换。

（3）素养点：培养量感和转化思想。

（4）编写意图：

①呈现称两袋食盐的情境图，知道1千克=1000克，知道计量较重的物品有多重，通常用千克（也叫公斤）作单位，千克用字母 kg 表示。

②通过"掂一掂"的操作活动，感知1千克有多重，知道1千克比1克重得多。

③通过"掂一掂""称一称"的活动，培养学生的量感。

④通过"填一填"，巩固千克与克之间的换算知识。

（5）关键问题：

①观察称盐的情境图，你有什么发现？

②生活中哪些物品的轻重可以用千克作单位？

3. 第3页例3

（1）知识点：认识质量单位吨，理解1吨=1000千克。

（2）技能点：会吨与千克之间的简单互换。

（3）素养点：培养量感和转化思想。

（4）编写意图

①呈现货车和集装箱的载重图片，知道计量很重的物品有多重，通常用吨作单位。

②呈现 10 包 100 千克的玉米有多重的生活情境，得出"1 吨＝1000 千克"，初步感知 1 吨有多重。

③根据 1 个三年级小学生的体重大约是 25 千克，推出 40 个三年级的小学生大约重 1 吨，进一步感知 1 吨有多重。

④通过"说一说"，巩固计量很重的物品用吨作单位的知识。

⑤通过"填一填"，巩固吨与千克单位之间的换算。

（5）关键问题：

①1 个三年级的小学生的体重大约是 25 千克，那 4 个呢？40 个呢？

②计量哪些物品有多重用吨作单位？

4．第 3 页例 4

（1）知识点：用千克、吨的知识解决实际问题。

（2）技能点：根据吨与千克之间的关系，解决实际问题。

（3）素养点：培养转化思想和应用意识。

（4）编写意图：

①呈现卡车运小麦的情境图，引出要解决的问题："原来有 5 吨小麦，运走 2000 千克小麦，还剩多少吨小麦？"

②解决问题时遇到单位不同，先统一单位，再计算，如：2000 千克＝2 吨，5－2＝3 吨。

（5）关键问题：要"求还剩多少吨小麦"，怎样计算？

年、月、日

（三年级上册）

一、课标解读

（一）学段目标

理解常见的量，在具体情境中能选择适当的单位，感受数学与生活有密切联系。

（二）课程目标

1．认识年、月、日，了解它们之间的关系。

2．了解 24 时记时法。

3．能结合生活实际，解决与常见的量有关的简单问题。

二、教材结构

（一）教学内容

项目 \ 小节 \ 题数	年 月 日	24 时记时法	合计
例题	2	3	5
课堂活动	1	1	2
练习题	4	6	10
思考题	1	1	2

（二）知识联系

本单元的知识是在学生学习了时、分、秒，并积累了年、月、日的感性经验基础上进行的，将为今后运用年、月、日的知识解决实际问题打下基础。

三、分节理解

年、月、日

1. 第 65 页例 1

（1）知识点：1 年＝12 个月，其中 7 个大月，每月 31 天；4 个小月，每月 30 天；2 月是特殊月。

（2）技能点：会观察年历，能判断大小月和特殊月。

（3）素养点：培养观察能力、分类整理能力、归纳概括能力。

（4）编写意图：

①呈现 2014 年的年历，为学生提供观察素材。

②观察 2014 年年历发现：一年有 12 个月，有 31 天的月份是 1、3、5、7、8、10、12，有 30 天的月份是 4、6、9、11 月，2 月有 28 天。

③以对话的形式呈现有 31 天的月份叫大月，有 30 天的月份叫小月，2 月是特殊月。

④呈现拳头记忆法和顺口溜记忆法，帮助学生记住大月、小月和特殊月。

（5）关键问题：

①仔细观察年历，你发现了什么？

②怎样记住大月和小月？

2. 第 66 页例 2

（1）知识点：认识平年、闰年。

（2）技能点：会判断平年与闰年。

（3）素养点：培养观察能力、归纳概括能力。

（4）编写意图：

①呈现 2000～2013 年年历中 2 月天数的表格，观察得出：2 月有 28 天的年是平年，有 29 天的年是闰年。

②对话呈现：上表中每 4 年中有 3 个平年，1 个闰年，根据这一规律可判断平年和闰年。

（5）关键问题：观察表中 2 月的天数，你发现了什么？

24 时记时法

（一）知识陈述

（1）知识点：认识 24 时记时法。

（2）技能点：会 24 时记时法与 12 时记时法的互换。

（3）素养点：渗透转化思想，培养几何直观能力。

（4）编写意图：

①呈现航班信息和节目播出时间的情境图，引出 24 时记时法。

②呈现钟面模型，观察发现：在 1 日（天）的时间里，时针正好走两圈，共 24 时。第 1 圈从凌晨 0 时到中午 12 时，是 12 时；第 2 圈从中午 12 时到晚上 12 时，也是 12 时。

③以对话形式呈现用 24 时记时法记时，时针走到第 2 圈，所指钟面上的数分别加上 12。

④通过"填一填"，得出 12 时记时法转换成 24 时记时法的方法是：去掉时间词，第 1 圈不变，第 2 圈加 12。

（5）关键问题：

①想一想：钟面上时针的第 1 圈是从什么时间到什么时间？第 2 圈呢？

②怎样把 12 时记时法转换成 24 时记时法？

（二）例题理解

1. 第 69 页例 1

（1）知识点：用 24 时记时法表示时间。

（2）技能点：会用 24 时记时法表示时间。

（3）素养点：培养量感和几何直观能力。

（4）编写意图：

①呈现问题情境，用 24 时记时法表示上课、放学、睡觉的时间。

②呈现钟面模型，把24时记时法表示的时间在钟面上拨出来。

（5）关键问题：

①请用24时记时法表示什么时间上下午第一节课，什么时间放学，什么时间睡觉。

②15时在钟面上怎样拨？21时呢？

2. 第70页例2

（1）知识点：求经过时间（同一天中）。

（2）技能点：能用画图、计算等方法求经过时间。

（3）素养点：培养解决问题的能力和几何直观能力。

（4）编写意图

①呈现邮局营业时间情境图，引出要解决的问题："这个邮局全天营业多长时间？"

②呈现解决问题的两种方法：一是画图直观分析；二是用减法计算，如：$18-8=10$（时）。

（5）关键问题：邮局全天营业多长时间？你是怎样想的？

3. 第70页例3

（1）知识点：求经过时间（跨日）。

（2）技能点：能计算跨日的经过时间。

（3）素养点：培养解决问题的能力。

（4）编写意图：

①呈现小明睡觉和起床的情境图，引出要解决的问题："小明晚上睡了多长时间？"

②理解小明的睡觉时间＝第一天睡的时间＋第二天睡的时间。

③呈现对话"还可以怎样算"引出两种算法：第一种是"$24-21+7=10$（时）"；第二种是"$12-9+7=10$（时）"。

（5）关键问题：小明晚上睡了多长时间？你是怎样想的？

第二节　方　程

（五年级下册）

一、课标解读

（一）学段目标

能用方程表示简单的数量关系，能解简单的方程。

（二）课程目标

1. 在具体情境中能用字母表示数。

2. 结合简单的实际情境，了解等量关系，并能用字母表示。

3. 能用方程表示简单情境中的等量关系（如 $3x+2=5$，$2x-x=3$），了解方程的作用。

4. 了解等式的性质，能用等式的性质解简单的方程。

二、教材结构

（一）教学内容

题数　　　　小节 项目	用字母 表示数	等式	认识 方程	解方程	问题 解决	整理 与复习	合计
例题	3	2	2	3	4	（5）	14（5）
课堂活动	1	1	1	1	2		6
练习题	6	6	3	6	9	7	37
思考题					1	1	2

（二）知识联系

从学习过程来看，此时学生已经把小学阶段整数、小数、分数的认识、四则运算（分数乘除法除外）全部学完，数与代数的知识和经验已经积累到一定的程度，需要对更高一级的数学知识和数学思想进行学习。但是，作为数学上具有重要意义的方程，对小学生来讲是相对陌生的。因为方程的数学思想和解决问题的思维方式与算术解法是不同的，它把学生习惯的由条件到问题建立数量关系解决问题的思路淡化，取而代之的是按事物发生发展的自然顺序构建数量关系，其核心思想是等量关系的建构。

三、分节理解

用字母表示数

1. 第73页例1

（1）知识点：用字母表示数和乘法数量关系的代数式。

（2）技能点：能用字母表示数，会用含有字母的代数式表示数量关系。

（3）素养点：渗透符号意识、模型思想、应用意识。

（4）编写意图：

①回忆运算律的字母表示式，体会用字母表示数更简洁方便。

②以儿歌为素材，感受用具体的数表示青蛙只数和腿的条数怎么也念不完，而用含有字母的式子表示就可以全部概括。

③通过找青蛙只数与青蛙腿的条数的数量关系，学习用字母表示青蛙只数，用含有字母的式子表示青蛙腿的条数，体会用字母表示数的概括性。

④呈现字母和数、字母和字母相乘时，乘号如何简写。

⑤通过"试一试"，巩固用字母表示乘法数量关系的代数式知识，并会简写代数式。

（5）关键问题：

①这首儿歌有什么规律？你能用一句话把它说完吗？

② x 可以表示哪些数？

2. 第 74 页例 2

（1）知识点：用含有字母的式子表示两数和（或差）的数量关系。

（2）技能点：能正确用含有字母的式子表示两数和（或差）。

（3）素养点：渗透符号意识、模型思想、应用意识。

（4）编写意图：

①呈现小强和小丽的年龄相差关系情境，用含有字母的式子表示小强和小丽的年龄之间的数量关系。

②会将字母的值代入含有字母的式子中，求出小丽的年龄。

③呈现"如果用 b 表示小丽的年龄，小强的年龄与小丽的年龄之间的关系可以表示为……"巩固用字母表示相差关系的代数式。

（5）关键问题：

①如果用 a 表示小强的年龄，那么小丽的年龄怎么表示？

②你还能用字母表示生活中的哪些数量关系？

3. 第 74 页例 3

（1）知识点：用字母表示图形的周长、面积和体积计算公式。

（2）技能点：能用字母表示已学图形的周长、面积和体积计算公式。

（3）素养点：渗透符号意识、模型思想、数形结合思想和应用意识。

（4）编写意图：

①正方体体积计算为素材，选择字母表示面积和体积的计算公式，引导学生认识平方和立方的表示方法。

②会用字母表示周长、面积和体积的计算公式。

③通过"试一试"，练习用字母表示已学过的计算公式。

（5）关键问题：

①你会用字母表示正方体的底面积和体积计算公式吗？

②你对用含有字母的式子表示这些公式有什么体会？

等 式

1. 第 77 页例 1

（1）知识点：等式的意义。

（2）技能点：会辨认和写出等式。

（3）素养点：培养归纳概括能力，渗透模型思想。

（4）编写意图：

①呈现乘车情境图，揭示"中巴车上的人数""大巴车上的人数"以及"总人数"这三个数量之间的关系，根据这三个数量之间的关系建构等式。

②揭示等式的意义。

③通过"试一试"练习写不同的等式。

（5）关键问题：

①中巴车上的人到齐了吗，你是怎么知道的？

②你还能写出哪些等式？

2. 第 77 页例 2

（1）知识点：等式的性质。

（2）技能点：会归纳总结等式的性质，能说出等式的性质。

（3）素养点：渗透模型思想、归纳概括能力，积累操作性经验。

（4）编写意图：

①依托天平的平衡，用"$2a$"和"b"构建等式"$2a = b$"，为下一步探索等式的性质做铺垫。

②利用直观的实验引导学生理解天平平衡的两条原理：两边同时加上或减去相同的数，左右两边仍然相等；两边同时乘或除以相同的数（0 不作除数），左右两边仍然相等。

③用数学语言归纳出等式的性质。

（5）关键问题：

①怎么放，天平两边才会保持平衡？

②等式的两边怎样变化，结果仍然是等式？

认识方程

1. 第 81 页例 1

（1）知识点：方程的意义。

（2）技能点：会运用未知数和已知数一起构建等式。

（3）素养点：渗透模型思想和应用意识。

（4）编写意图：

①呈现两边一样重的情境图，体会左右两边质量相等的情形。

②学习用含有字母的式子表示等式，为例 2 学习方程的概念做铺垫。

（5）关键问题：如何表示两边一样重？

2. 第 81 页例 2

（1）知识点：方程的概念。

（2）技能点：能辨认方程，会列出简单的方程。

（3）素养点：渗透模型思想、培养归纳概括能力和应用意识。

（4）编写意图：

①呈现相关情境，根据题中的数量关系，写出"$1.2y=6$"。

②在积累相关经验的基础上，理解方程的意义。

③通过"试一试"练习写不同的方程。

（5）关键问题：

①你能用字母表示出题中的相等关系吗？

②你认为什么是方程？

解方程

1. 第 83 页例 1

（1）知识点：方程的解和解方程。

（2）技能点：能利用等式的性质正确规范地解形如"$x \pm a = b$"的方程。

（3）素养点：渗透模型思想，培养运算能力和应用意识。

（4）编写意图：

①通过图示找出等量关系，列出方程。

②让学生感知从列方程到解方程的全过程，认识方程的解和解方程，掌握用等式的性质解方程的方法。

③通过"试一试"，练习解形如"$x-a=b$"的方程。

（5）关键问题：

①你能根据等式的性质求出方程中的未知数吗？

②求方程中的未知数还有其他的方法吗？

2. 第 83 页例 2

（1）知识点：解方程和检验方程的解。

（2）技能点：会用等式的性质正确规范地解形如"$ax=b$"的方程，并检验 x 的值是不是方程的解。

（3）素养点：渗透模型思想，培养运算能力和应用意识。

（4）编写意图：

①结合图示进一步理解用等式的性质解方程，逐渐熟练地解形如"ax

＝b"的方程。

②将方程的解代入原方程中，从而检验方程的解是否正确。

③培养学生规范的书写习惯和自觉检验的良好习惯。

④通过"试一试"，练习解形如"$x \div a = b$"的方程。

（5）关键问题：

①你能根据等式的性质求出方程中的未知数吗？

②"$x = 50$"是不是正确结果呢？怎样检验？

③求方程中的未知数还有其他的方法吗？

3. 第 84 页例 3

（1）知识点：解形如"$ax \pm b = c$"的方程。

（2）技能点：会正确解形如"$ax \pm b = c$"的方程，并检验。

（3）素养点：渗透模型思想，培养运算能力和应用意识。

（4）编写意图：

①要解"$5y - 8 = 12$"，根据等式的性质应先变形为"$5y = 20$"，再变形为"$y = 4$"。

②引导学生理解每一次变形的原理，并能用等式的性质解释解题过程。

③培养学生规范书写和自觉检验的好习惯。

④通过"试一试"，练习解较复杂的方程。

（5）关键问题：

①要"求方程中的未知数 y"，应当先求出哪部分？

②每一步变化的根据是什么？

③此方程还可以怎样解？

问题解决

1. 第 86 页例 1

（1）知识点：用方程解一步计算的问题。

（2）技能点：能在具体情境中找出数量关系，并用方程解决一步计算的简单问题。

（3）素养点：渗透模型思想，培养应用意识。

（4）编写意图：

①呈现加油的情境图，找出等量关系，将未知量蕴含其中，列出不同方程。

②明确用方程解决问题的关键是先找出等量关系，再列方程。

（5）关键问题：

①你能根据图中的数学信息找出等量关系吗？

②你能根据等量关系列出方程吗？

2. 第 86 页例 2

（1）知识点：用方程解决两步计算的问题。

（2）技能点：能在实际情景中正确找出数量关系，会列方程解决两步计算的实际问题。

（3）素养点：渗透模型思想，培养应用意识和多种角度分析并解决问题的能力。

（4）编写意图：

①呈现西部花展情境图，厘清草本花卉和木本花卉的数量关系。

②知道草本花卉的盆数可以用 140 万盆表示，也可用"木本花卉的盆数×20−40"来表示，从而列方程 $20x-40=140$。

③找出其他等量关系并列出不同的方程，体现解决问题策略的多样化。

（5）关键问题：

①草本花卉和木本花卉有怎样的关系？

②你能根据等量关系列出方程吗？

③你还能列出不同的方程吗？

3. 第 87 页例 3

（1）知识点：用方程解决相遇问题。

（2）技能点：能用方程解决相遇问题。

（3）素养点：渗透模型思想，培养应用意识和多种角度分析与解决问题的能力。

（4）编写意图：

①以青藏铁路通车这一事件为背景，运用"相遇问题"的基本数量关系列出方程。

②通过"试一试"，体会解决问题策略的多样化。

（5）关键问题：

①你能根据题意找出等量关系，并列出方程吗？

②为什么列出的方程不一样？

4. 第 88 页例 4

（1）知识点：用方程解决两个未知量的问题。

（2）技能点：能根据等量关系构建方程，解决涉及两个未知量的实际问题。

（3）素养点：渗透模型思想，培养应用意识。

（4）编写意图：

①呈现购买邮票的信息和问题情境，让学生找出蕴含的等量关系。

②会用含字母的式子表示出 8 张邮票的总价和 5 张邮票的总价。

③列出方程，并解答。

（5）关键问题：

①列方程怎样解答？你是怎么想的？

②试一试，你还有其他方法吗？

第三节　比和按比例分配

（六年级上册）

一、课标解读

（一）学段目标

1. 在观察、实验、猜想、验证等活动中，发展合情推理能力，能进行有条理的思考，能比较清楚地表达自己的思考过程与结果。

2. 在运用数学知识和方法解决问题的过程中，理解数学的价值。

（二）课程目标

在实际情境中理解比及按比例分配的含义，并能解决简单的问题。

二、教材结构

（一）教学内容

小节 题数 项目	比的意义和性质	问题解决	整理与复习	合计
例题	3	3	(2)	6 (2)
课堂活动	2	1		3
练习题	9	11	7	27
思考题	1	1	1	3

（二）知识联系

学习本单元的知识基础包括：除法的意义与商不变性质，分数的意义与分数的基本性质，分数与除法的关系，分数乘、除法的计算以及解答有关分数乘、除法的实际问题等。比是今后学习比例相关知识的基础。

三、分节理解

比的意义和性质

1. 第 50 页例 1

（1）知识点：比的意义及其各部分名称。

（2）技能点：能用比表示两个量之间相除的关系。

（3）素养点：发展合情推理能力，渗透转化思想，培养归纳概括能力。

（4）编写意图：

①呈现两个同学从家到学校的路程和时间关系表格，提出相除关系的数学问题。

②通过问题"张丽用的时间是李兰的几倍"得出"可以把两个数量之间的关系用比来表示"的结论，再通过比的写法和读法直接得出比的意义，最后介绍比各部分的名称。

③通过"试一试"进一步理解比的意义。

④通过"议一议"，一是弄清"比的后项不能为 0"，二是沟通比、分数、除法三者之间的关系。

（5）关键问题：

①你认为什么是比？

②比、分数、除法之间有什么关系？

2. 第 51 页例 2

（1）知识点：比的基本性质。

（2）技能点：能归纳总结比的基本性质，能表述比的基本性质。

（3）素养点：渗透变与不变的思想，发展合情推理能力，培养归纳概括能力。

（4）编写意图：

①呈现一组相等的分数。

②写出与分数对应的比，并观察这些比从左往右和从右往左看的变化情况，找出规律。

③结合分数的基本性质，总结比的基本性质，并沟通它们之间的联系。

（5）关键问题：

①看看这些相等的分数，对比分子、分母的变化，你想到了什么？

②对比商不变性质、分数的基本性质、比的基本性质，你有什么发现？

3. 第 51 页例 3

（1）知识点：比的基本性质的应用——化简比。

（2）技能点：能应用比的基本性质化简比。

（3）素养点：渗透变与不变的思想，培养应用意识。

（4）编写意图：

①出示两个比，第一个为整数比，第二个为比的前项和后项都是分数的比。

②直接给出第一个比的化简方法，前后项同时除以 3，引导学生思考为什么。

③通过迁移完成第二个比的化简。

④突出化简比的最后结果是最简整数比。

⑤通过试一试巩固和完善化简比的方法。

（5）关键问题：

①"15∶12"的前后项为什么要同时除以 3？

②对比整数比、分数比和小数比的化简过程，看看它们有什么相同和不同。

问题解决

1. 第 54 页例 1

（1）知识点：按比例分配的意义和方法。

（2）技能点：能运用按比例分配的方法正确解决实际问题。

（3）素养点：培养应用意识，渗透转化思想和模型思想，体会问题解决方法的多样性。

（4）编写意图：

①以两个同学用不同的钱购买同样的笔记本的情境引入。

②通过男女同学的对话体会按比例分配的合理性和必要性。

③呈现用方程解答过程，实际上就是把比的前项、后项看作分得的份数，先求出每一份，即把此问题转化为"归一问题"来解决。

④按比例分配的方法解答：求出前项、后项分别占总数的几分之几，即把问题转化为求一个数的几分之几是多少，用分数乘法解答。

⑤归纳出按比例分配的意义和方法。

（5）关键问题：

①你认为怎么分这些笔记本合理？为什么？

②你能根据总本数以及两个人钱数的比列式解答吗？

2. 第 55 页例 2

（1）知识点：运用按比例分配的方法解决生活中的实际问题。

（2）技能点：能运用按比例分配的方法解决三个量的连比问题。

（3）素养点：培养应用意识，渗透转化思想和模型思想，体会问题解决方法的多样性。

（4）编写意图：

①以图文结合的方式呈现需要解决的配制混凝土的问题。

②在图中呈现 3 个数量的比：2：3：6。

③利用按比例分配的方法解答。

④以"还可以怎样解决"体现解决问题方法的多样化。

⑤小结解决按比例分配问题的方法。

（5）关键问题：

①例 2 与例 1 有什么相同点和不同点？

②怎样解决按比例分配问题？

3. 第 55 页例 3

（1）知识点：综合运用按比例分配的方法解决生活中的实际问题。

（2）技能点：能正确选择合理的分配方案，运用按比例分配的方法解决生活中的实际问题。

（3）素养点：渗透数形结合的思想、转化思想，培养应用意识，体会解决问题策略的多样化。

（4）编写意图：

①以纯文字形式呈现 3 人合租 1 辆车运货，分摊运费的问题。

②根据题意画出线段图。

③第一种解法：按他们所行路程的比分摊。

④第二种解法：把总路程按 3 段路程分摊，每段运费再按车主的人数分摊。

（5）关键问题：

①他们如何分摊运费合理？请说出自己的想法。

②你能用算式表示出你的想法吗？

第四节　正比例和反比例

（六年级下册）

一、课标解读

（一）学段目标

1. 尝试从日常生活中发现并提出简单的数学问题，并运用一些知识加以解决。

2. 能探索分析和解决简单问题的有效方法，了解解决问题方法的多样性。

3. 能回顾解决问题的过程，初步判断结果的合理性。

4. 在运用数学知识和方法解决问题的过程中，认识数学的价值。

（二）课程目标

1. 通过具体情境，认识成正比例的量和成反比例的量。

2. 会根据给出的有正比例关系的数据在方格纸上画图，并会根据其中一个量的值估计另一个量的值。

3. 能找出生活中成正比例和成反比例关系量的实例，并进行交流。

二、教材结构

（一）教学内容

项目＼小节 题数	比例	正比例	反比例	整理与复习	合计
例题	3	3	2		8
课堂活动	1	1	1		3
练习题	6	10	9	14	39

（二）知识联系

本单元是六年级下册的重点单元，是学生在六年级上册学习了有关比的知识并掌握了一些常见数量关系基础上学习比例的有关知识以及应用。比例的知识是除法、分数、比、方程等知识的综合与提升，将为学生进一步学习数学打下坚实的基础。

三、分节理解

比　例

1. 第 40 页例 1

（1）知识点：认识比例，理解比例的意义。

（2）技能点：能运用比例的意义判断两个比能否组成比例，会组比例。

（3）素养点：渗透模型思想、变与不变的思想、对应思想，培养学生的归纳概括能力。

（4）编写意图：

①截取主题图的片段作为例1的情境图。

②利用测量所得的数据填表。

③观察表格，探究发现比值相等，揭示比例的概念。

④介绍比例的组成和各部分的名称。

⑤介绍比例的分数形式。

（5）关键问题：

①观察上表，你有什么发现？

②什么是比例？

③比例各部分的名称分别是什么？

2. 第41页例2

（1）知识点：比例的基本性质。

（2）技能点：能根据比例的基本性质，正确判断两个数能否组成比例。

（3）素养点：渗透变中有不变的思想，转化思想，培养学生的归纳概括能力。

（4）编写意图：

①呈现4个不同的比例。

②通过计算发现这两个比例中两个外项的积等于两个内项的积，归纳概括出比例的基本性质。

③介绍分数形式的比例，知道等号两边的分子和分母分别交叉相乘，积相等，进一步明确比例的基本性质。

（5）关键问题：

①计算比例的两个内项积和两个外项积，你有什么发现？

②判断两个比能否组成比例，你有哪些方法？

3. 第41页例3

（1）知识点：比例的基本性质的应用——解比例。

（2）技能点：能运用比例的基本性质正确解比例。

（3）素养点：在解比例的过程中渗透转化思想，培养运算能力。

（4）编写意图：

①直接呈现解比例的依据及过程，掌握解比例的方法和书写格式。

②通过"试一试"，解分数形式的比例，巩固和完善解比例的方法。

（5）关键问题：

①怎样解比例？

②解比例与解方程的联系与区别是什么？

正比例

1. 第43页例1

（1）知识点：正比例的意义。

（2）技能点：能根据正比例的意义，判断两个相关联的量是不是成正比例。

（3）素养点：积累观察、比较、分析、归纳等活动经验，渗透函数思想、对应思想、模型思想。

（4）编写意图：

①呈现小区收水费的情况统计表。

②观察表格中用水量和水费的变化情况，通过计算得出规律：比值相等。

③通过"试一试"，再次探究，观察表格，发现路程和时间的比值相等。

④通过"议一议"，讨论得出正比例的特点的方法。

（5）关键问题：

①从上表中你发现了什么规律？你能把表填写完整吗？

②从上面的两个实例中你发现了什么？

2．第 44 页例 2

（1）知识点：初步认识正比例图像。

（2）技能点：能画出正比例关系图，能根据图中一个量的值估计另一个量的值，能感知判断数据的变化趋势。

（3）素养点：渗透数形结合的思想和函数思想，培养观察能力和解决实际问题的能力。

（4）编写意图：

①呈现面粉厂磨面粉的情境图。

②利用表格中的信息画出小麦质量和面粉质量变化图。

③观察正比例图的特点，根据图解决问题。

（5）关键问题：

①观察正比例图，你发现了什么？

②你能根据正比例图解决第二、三个问题吗？

3．第 44 页例 3

（1）知识点：正比例知识的应用。

（2）技能点：能运用正比例知识解决生活中的实际问题。

（3）素养点：培养应用意识，渗透对应思想和变中有不变的思想，建构模型思想。

（4）编写意图：

①呈现订《中国少年报》的问题情境图。

②通过"议一议"找出定量和变量，判断钱数和份数成正比例关系。

③呈现利用正比例关系解决问题的完整过程，建立解决正比例问题的

模型。

（5）关键问题：

①哪两种量是相关联的量？它们成什么比例关系？

②怎样用正比例的知识来解答？

反比例

1. 第48页例1

（1）知识点：反比例的意义。

（2）技能点：能根据反比例的意义判断两个相关联的量是不是成反比例。

（3）素养点：积累观察、比较、分析、归纳等活动经验，渗透函数思想、对应思想、模型思想。

（4）编写意图：

①呈现60名游客在井冈山游览的活动分组建议表。

②观察表格中每组人数和组数的变化情况，发现"乘积一定"的规律。

③通过"试一试"，再次探究两个相关联的量"乘积一定"。

④通过"议一议"，讨论得出反比例的意义。

⑤通过"说一说"，找生活中成反比例的量，从而巩固反比例的意义。

（5）关键问题：

①从上表中你发现了什么规律？根据规律把表填写完整。

②从上面的两个例子中你发现了什么？

2. 第49页例2

（1）知识点：反比例知识的应用。

（2）技能点：能运用反比例知识解决生活中的实际问题。

（3）素养点：渗透函数思想、变与不变的思想，构建模型思想，培养解决实际问题的能力。

（4）编写意图：

①呈现青年突击队参加泥石流抢险的问题情境。

②通过"议一议"，找出定量和变量，判断速度和时间成反比例关系。

③呈现利用反比例关系解决问题的完整过程，建立解反比例的模型。

（5）关键问题：

①哪两种量是相关联的量？它们成什么比例关系？

②你能用反比例的知识来解答问题吗？

第五章

图形与几何

 内容结构导图

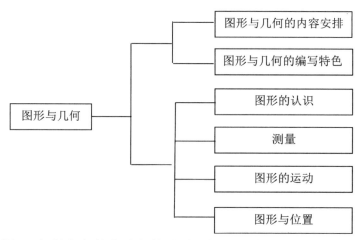

图形与几何是义务教育阶段数学课程标准内容中的四大板块之一，主要内容有：图形的认识，包括立体和平面基本图形的认识，图形的性质分类、平面图形周长认识等；测量，包括对计量单位的认识、面积的认识及计算，对简单立体图形体积的认识及计算等；图形的运动，包括图形的平移、旋转、轴对称等；图形与位置，包括认识方位、确定位置等。

第一节 图形与几何内容安排

小学生学习图形与几何，重点是学习认识和测量图形，具体内容贯穿小学数学学习的各个阶段，分册次内容安排如下表：

册次	单元	小节
一上	三、分一分 认识图形	分一分；认识图形

册次	单元	小节
一下	二、位置	
	三、认识图形	
二上	二、角的初步认识	
	四、观察物体	
	五、测量长度	用厘米作单位量长度；用米作单位量长度
二下	二、千米的认识	
	四、认识图形	
三上	三、辨认方向	东、南、西、北；东南、西南、东北、西北
	七、周长	认识周长；长方形、正方形的周长
三下	二、长方形和正方形的面积	面积和面积单位；长方形和正方形面积的计算；面积单位的换算；问题解决；整理与复习
	四、旋转、平移和轴对称	旋转与平移现象；初步认识轴对称图形
四上	三、角	线段、直线和射线；角的度量
	五、相交与平行	
四下	三、确定位置	
	四、三角形	认识三角形；三角形的分类；整理与复习
	六、平行四边形和梯形	平行四边形；梯形；探索规律
五上	二、图形的平移、旋转与轴对称	图形的平移；图形的旋转；轴对称图形；设计图案；探索规律
	五、多边形面积的计算	平行四边形的面积；三角形的面积；梯形的面积；不规则图形的面积；认识平方千米与公顷；问题解决；整理与复习
五下	三、长方体　正方体	长方体、正方体的认识；长方体、正方体的表面积；体积与体积单位；长方体和正方体的体积计算；问题解决；整理与复习
六上	二、圆	圆的认识；圆的周长；圆的面积；整理与复习
	五、图形变化和确定位置	图形放大或缩小；比例尺；确定物体的位置
六下	二、圆柱和圆锥	圆柱；圆锥；整理与复习

第二节 图形与几何的编写特色

西师版小学数学教材中图形与几何的编排，立足于区域发展的需要，形成了以下特色：

一、体系严谨，整体的知识体系框架建构科学，符合学生的认知规律，知识点落实到位，内容选取恰当。

二、在编写安排上注意螺旋式上升，层层推进。例如：在二年级安排学生初步认识长方形和正方形，在三年级安排学生学习长方形和正方形的周长以及面积和面积单位等。

三、在内容选取、编写顺序和呈现上都力图贴合小学生的认知，从他们已有的知识和经验出发，大量的素材都来自学生身边喜闻乐见的题材。

四、关注学生的认知过程，着力于帮助学生获得广泛的数学活动经验；根据学生的认知发展水平和已有的知识经验，从不同的角度展示符合学生认知水平的活动，特别注重学生动手操作和亲身体验。

五、遵循《数学课程标准》提出的"内容的呈现应采用不同的表达方式，以满足多样化的学习需求"这一教育理念，在教材编写中采用了不同的表达方式，尊重学生个性，鼓励学生从不同的角度思考同一问题；同时，尽可能给学生留出足够的探索和交流空间，以丰富学生的学习方式，促进学生主动学习。

六、按照《数学课程标准》的要求，强调重视数学知识的综合应用，经过学生自主探索和合作交流，解决与生活经验密切联系的，具有一定挑战性和综合性的问题，促使他们体会各部分知识的联系，发展他们解决问题的能力。

七、教材内容不仅循序渐进，而且每单元的编写都按照"例题—课堂活动—练习"的基本模式来编排，这样的编排给学生提供了很好的学习路径。特别是在关于新知识、新概念的建构中，图形与几何部分利用课堂活动，通过动手操作，帮助学生建立概念表象。如在面积与面积单位的概念建构中，让学生通过"看、量、比、画、想"等不同方式从不同物体的表面感知和建构基本面积单位的大小。课后给学生提供配套的练习，巩固其形成的概念。

八、在内容选取上符合学生的生活实际，选择离学生生活最近的素材。例如在一年级的认识图形中，选取魔方、纸巾盒、足球等，能帮助学生从具体的生活实物中抽象出正方体、长方体、球；二年级的认识长方形正方形则借助常见的黑板和方手巾等来展现。

九、尽量选取学生喜欢的学习素材，如在二年级安排了数学文化"七巧板"，把学生认识的正方形、三角形等有机结合到七巧板的游戏中，促使学生在快乐的氛围中学习。

第三节　图形的认识

小学阶段图形的认识内容主要包括：长方体、正方体、圆柱、圆锥等几何体；长方形、正方形、三角形、平行四边形、梯形和圆形等平面图形；直线、射线、线段和角。

认识图形

（一年级上册）

一、课标解读

（一）学段目标

1. 经历从实际物体中抽象出简单几何体的过程，了解一些简单的几何体。
2. 掌握初步的识图技能。
3. 在从物体中抽象出几何图形的过程中，发展空间观念。

（二）课程目标

1. 能通过实物和模型辨认长方体、正方体、圆柱和球等几何体。
2. 能对简单的几何体和图形进行分类。

二、教材结构

（一）教学内容

项目　　　题数　　　小节	认识图形	合计
例题	3	3
课堂活动	3	3
练习题	3	3
思考题	1	1

（二）知识联系

本单元是学生学习几何图形的开始，由于受学生认知能力和已有知识较少的限制，本单元主要是让学生获得数学活动经验，经历不同物体按一种标准进行分类的过程，结合分类来认识立体图形，为平面图形和立体图形的再认识打下基础。

三、分节理解

认识图形

1. 第53页例1

（1）知识点：认识正方体、长方体。

（2）技能点：能辨认长方体和正方体。

（3）素养点：分类思想，符号意识，抽象思想。通过分一分、摸一摸、说一说，积累数学活动经验，会独立思考问题，表达自己的想法。

（4）编写意图：

①呈现生活中常见的长方体和正方体实物。

②将长方体和正方体实物按形状进行分类。

③学习正方体、长方体的几何图形及其名称。

④说一说生活中正方体、长方体形状的物体。

（5）关键问题：

①生活中的这些物体怎样分类？

②把这些物体画下来是什么样的？

2. 第53页例2

（1）知识点：认识圆柱、球。

（2）技能点：能辨认圆柱和球。

（3）素养点：分类思想，符号意识，抽象思想。通过分一分、说一说，认识圆柱和球，培养抽象思维能力，积累操作活动经验。

（4）编写意图：

①呈现生活中的圆柱、球等实物。

②将圆柱和球的实物按形状进行分类。

③学习圆柱和球的几何图形及其名称。

④说一说生活中的圆柱形和球形的物体。

（5）关键问题：

①圆柱形、球形物体与正方体、长方体有什么不同？

②这些物体怎样分类？它们在数学中分别叫什么？

3. 第54页例3

（1）知识点：初步感知长方体、正方体、圆柱、球的特性。

（2）技能点：能用自己的语言描述圆柱和球能滚动，长方体和正方体只能滑动的不同特性。

（3）素养点：在实际操作中感受不同形状物体的特性，培养动手操作能力和归纳概括能力。

（4）编写意图：

①在实际操作中感受不同形状物体的特性。

②交流长方体、正方体、圆柱、球的特性，明确滑动与滚动的区别。

（5）关键问题：

①老师给你一些长方体、正方体、圆柱和球，你准备怎么玩？

②通过操作，你发现了什么？

③能滑动的是哪些物体？能滚动的是哪些物体？

认识图形
（一年级下册）

一、课标解读

（一）学段目标

1. 经历从实际物体中抽象出平面图形的过程，了解一些常见的平面图形。

2. 掌握初步的识图和画图技能。

3. 在从物体中抽象出几何图形的过程中，发展空间观念。

（二）课程目标

1. 能辨认长方形、正方形、三角形、圆等简单图形。

2. 通过观察、操作，初步认识长方形、正方形的特征。

3. 会用长方形、正方形、三角形、平行四边形或圆拼图。

4. 能对简单的几何体和图形进行分类。

二、教材结构

（一）教学内容

项目 \ 小节 \ 题数	认识图形	合计
例题	3	3

续表

项目 \ 题数 \ 小节	认识图形	合计
课堂活动	3	3
练习题	9	9
思考题	1	1

（二）知识联系

长方形、正方形、三角形、圆等图形的认识是在学生直观认识长方体、正方体、圆柱、球等几何体的基础上编排的，初步认识这些平面图形，能为进一步学习几何图形奠定基础。

三、分节理解

认识图形

1．第 27 页例 1

（1）知识点：初步认识长方形和正方形。

（2）技能点：能辨认长方形和正方形，感受长方体与长方形、正方体与正方形的相关性。

（3）素养点：分类思想，集合思想。在分一分、议一议、说一说中积累基本活动经验，培养空间观念。

（4）编写意图：

①呈现学生熟悉的长方形和正方形实物。

②将长方形和正方形实物进行分类。

③抽象长方形和正方形的几何图形。

④通过"说一说"，分清"体"与"面"，并建立联系。

⑤通过"议一议"，根据自己的认识，发现教室里哪些物体的面是长方形或正方形。

（5）关键问题：

①在认识长方体、正方体的基础上引入新课学习，建立平面图形长方形、正方形是在立体图形的表面上的表象。

②引导学生准确表达"××物体的×个面是长方形"。

2．第 28 页例 2

（1）知识点：初步认识三角形和圆。

（2）技能点：能辨认三角形和圆，感受圆柱与圆的关系。

（3）素养点：分类思想，空间观念，抽象思想。在抽象三角形和圆的形状的过程中，初步培养空间观念。

（4）编写意图：

①呈现生活中的圆形和三角形物体。

②将这些物体按一定标准进行分类。

③抽象出三角形和圆形的几何图形。

④通过"说一说"，建立圆柱与圆的联系。

⑤通过"议一议"，找出生活中的三角形和圆形物体。

（5）关键问题：

①建立三角形、圆与生活中物体的联系。

②能辨认不同位置、形状、大小的三角形和圆。

③感受圆形的边与三角形、长方形、正方形边的区别。

3. 第 28 页例 3

（1）知识点：探索给定图形的排列规律。

（2）技能点：能探索不同形状、颜色图形排列的规律，会用语言表达规律。

（3）素养点：初步培养观察能力、合情推理能力、探索发现的能力和创新意识，在发现图形排列规律的活动中感受数学美。

（4）编写意图：

①通过"按规律涂一涂"，探索发现图形颜色的排列规律。

②通过"画一画"，探索不同图形的排列规律。

（5）关键问题：

①结合生活经验和已有知识基础，理解什么是规律，如：2，4，6，8
（　　），（　　）……

②在教学过程中结合具体实例，充分理解"一组""依次""重复"等数学概念。

角的初步认识

（二年级上册）

一、课标解读

（一）学段目标

1. 经历从实际物体中抽象出平面图形的过程，了解一些常见的平面图形。

2. 掌握初步的识图和画图技能。

3. 在从物体中抽象出几何图形的过程中，发展空间观念。

（二）课程目标

1. 结合生活情境认识角，了解直角、锐角和钝角。
2. 能对简单几何体和图形进行分类。

二、教材结构

（一）教学内容

项目 　　题数 　　小节	角的初步认识	合计
例题	4	4
课堂活动	4	4
练习题	5	5
思考题	1	1

（二）知识联系

　　本单元内容是对角及直角、锐角和钝角的初步认识。这些内容是在学生已经初步认识了长方形、正方形和三角形的基础上进行学习的。本单元从学生已有的知识经验出发，根据学生年龄特征和认识规律，提供比较熟悉的实物图形进行观察，使他们对角有一个感性的认识，之后再逐步抽象出角的几何图形，这将为学生进一步认识角和其他图形与掌握几何知识打下基础。

三、分节理解

角的初步认识

1. 第27页例1

（1）知识点：认识日常生活中经常看到的角。

（2）技能点：能从生活中的物体中找到角。

（3）素养点：利用已有的生活经验，观察情境图和实物，认识生活中的角，培养观察能力，感受数学知识的现实意义。

（4）编写意图：

①呈现情境图，找出日常生活中经常看到的角。

②呈现钟面、折扇、剪刀、水管等实物图形，找出这些物体上的角。

③说一说日常生活中经常看到的角。

（5）关键问题：

①引导学生学会指角的方法：从角的顶点出发，分别指出角的两条边，在两条边之间画一条弧线。

②正确区分数学上的角与生活中的角。

2．第27页例2

（1）知识点：认识角以及各部分的名称；认识直角。

（2）技能点：能折出一个角，做出一个活动的角，认识角及各部分名称；认识直角，会辨认角和直角。

（3）素养点：抽象思想。通过操作、交流等数学活动，认识角以及直角，培养学生的抽象思维能力和动手操作能力。

（4）编写意图：

①用一张正方形的纸折一个角。

②用两根硬纸条做1个活动的角。

③抽象出角的几何图形，认识角有1个顶点，两条边。

④通过一副三角板认识直角，知道三角板上有1个角是直角，长方形和正方形的4个角都是直角，会用直角符号标出直角。

⑤通过"数一数"，找出课桌面、课本封面、黑板面上的角，并用三角板比一比这些角都是什么角。

（5）关键问题：

①通过折一个角、做活动的角，你觉得角是一个什么样的图形？

②怎样比较两个角的大小？角的大小与什么有关系，与什么没有关系？

3．第28页例3

（1）知识点：判断直角，认识锐角和钝角。

（2）技能点：能借助三角板的直角判断某一个角是不是直角，认识锐角和钝角，并能用自己的话说说什么是锐角和钝角。

（3）素养点：通过用三角板比一比，能分辨出直角、锐角和钝角，培养学生的观察、操作和思维能力。

（4）编写意图：

①通过用三角板比一比，判断一个角是不是直角，并且发现锐角和钝角，感受获得知识的过程。

②抽象出锐角、钝角的几何图形，并用小弧线标出锐角和钝角。

（5）关键问题：

①用什么方法判断一个角是不是直角？

②用自己的话说说什么是锐角，什么是直角。

4．第29页例4

（1）知识点：认识放置于方格纸中不同位置的各类角。

（2）技能点：能借助方格纸判断直角、锐角和钝角，并且能够在方格纸上画不同类型的角。

（3）素养点：分类思想、比较思想。能在实际操作和观察中，区分直角、锐角和钝角。

（4）编写意图：

①在方格纸上呈现不同位置、不同大小的锐角、钝角和直角。

②对方格纸中的角进行分类。

③借助方格纸，画出不同类型的角。

（5）关键问题：

①观察方格纸上大大小小的角，你发现了什么？

②在方格纸上画一个直角，应该怎样画？锐角、钝角呢？

认识图形

（二年级下册）

一、课标解读

（一）学段目标

1. 经历从实际物体中抽象出简单几何体和平面图形的过程，了解一些常见的平面图形。

2. 掌握初步的测量、识图和画图的技能。

3. 在从物体中抽象出几何图形的过程中，发展空间观念。

4. 在观察、操作等活动中，能提出一些简单的猜想。

（二）课程目标

1. 能辨认长方形、正方形、平行四边形等简单图形。

2. 能对简单的几何体和图形进行分类。

二、教材结构

（一）教学内容

项目\题数\小节	认识图形	合计
例题	4	4
课堂活动	6	6

续表

题数 小节 项目	认识图形	合计
练习题	11	11
思考题	1	1

（二）知识联系

本单元是学生在一年级下学期对长方形、正方形及直角有了初步认识，并能够辨认的基础上，对长方形、正方形的进一步认识，以及对平行四边形的认识。它是学生后续学习长方形与正方形的周长、面积计算，进一步认识平行四边形，以及认识长方体、正方体特征的基础，因此这部分内容具有承上启下的作用。

三、分节理解

认识图形

1. 第 64 页例 1

（1）知识点：认识长方形和正方形。

（2）技能点：能结合生活情境，通过观察、猜想、操作等活动，初步认识长方形、正方形的特征。

（3）素养点：归纳思想，推理能力、操作能力。通过"比一比，量一量，折一折"等不同方法，经历长方形、正方形特征的探究过程，积累猜想、发现、验证等数学活动经验，培养操作能力，发展空间观念。

（4）编写意图：

①呈现生活中的实例，如"黑板的面是长方形，方巾的面是正方形"，认识长方形的长和宽，正方形的边长。

②采用"数一数，量一量，比一比，折一折"等多种方法探索长方形和正方形的特征。

③出示长方形、正方形边和角的特征。

（5）关键问题：

①仔细观察长方形（正方形），猜一猜它的边和角各有什么特征。

②你会用什么办法验证你的猜想呢？分小组操作探究。

③长方形（正方形）有什么特征？长方形在什么情况下会变成正方形？它们之间有什么关系？

2. 第 65 页例 2

（1）知识点：初步认识平行四边形。

（2）技能点：能结合生活情境直观认识平行四边形，初步感受正方形、长方形与平行四边形的联系和区别。

（3）素养点：抽象思想、变中有不变的思想、应用意识。利用实物图片，通过观察、交流等方式认识平行四边形，解释生活中的相关现象。

（4）编写意图：

①呈现木栅栏、楼梯扶手等带有平行四边形的实物图片。

②抽象出平行四边形的几何图形。

（5）关键问题：

①拉动长方形框架，你发现什么变了，什么没变？

②生活中，你在哪里见到过平行四边形？

③你能用探究长方形特征的方法自己探究平行四边形的特征吗？

3. 第 66 页例 3

（1）知识点：根据已有的实物图，建构表象，再用图形拼出来。

（2）技能点：能根据实物图的形状，联想学过的图形，并能用学过的图形拼出来。

（3）素养点：通过看、想、拼等活动，培养动手能力、语言表达能力及创新意识，促进学生空间观念的发展。

（4）编写意图：

①呈现生活中的实物图，感知形状。

②呈现小组交流图，交流用几何图形拼成实物图形的方法。

（5）关键问题：观察情境图，说说他们用什么图形拼出了什么图案。

4. 第 66 页例 4

（1）知识点：根据想象拼图。

（2）技能点：能够根据生活中的实物原型，想象图案，选择适当的图形并拼出来。

（3）素养点：创新意识。让学生通过想象、讨论、交流，再试着拼图，培养动手能力、语言表达能力及创新意识，促进空间观念的发展。

（4）编写意图：

①呈现用几何图形拼组成的金鱼吐泡泡图和小狗图。

②呈现小组交流图，分别介绍每一个物体是用哪些几何图形拼成的。

（5）关键问题：

①想象你喜欢的一种动物或者植物，说说它是什么形状的。

②把你想象的图形用我们学过的平面图形拼出来，在小组内交流。你用什么图形拼了图案的哪个部分？

周　长

（三年级上册）

一、课标解读

（一）学段目标

1. 经历从实际物体中抽象出简单几何体和平面图形的过程，了解一些简单几何体和常见的平面图形。

2. 掌握初步的测量、识图和画图技能。

3. 在观察、操作等活动中，能提出一些简单的猜想。

4. 会独立思考问题，表达自己的想法。

（二）课程目标

结合实例认识周长，并能测量简单图形的周长，探索并掌握长方形、正方形的周长公式。

二、教材结构

（一）教学内容

项目　　小节 题数	认识周长	长方形、正方形的周长	合计
例题	2	4	6
课堂活动	1	3	4
练习题	3	7	10
思考题		1	1

（二）知识联系

本单元是在学生初步认识长方形、正方形的基础上展开教学的，也为后面学习圆的周长和长方形、正方形面积奠定了基础。

三、分节理解

认识周长

1. 第 77 页例 1

（1）知识点：认识物体表面的周长。

（2）技能点：能感知物体表面 1 周的长度是它的周长，初步理解周长的意义。

（3）素养点：应用意识、操作能力。通过"围一围"等操作活动，培养操作能力，积累操作活动经验和知识经验，获得成功的体验，激发学习兴趣。

（4）编写意图：

①呈现给桌布镶上花边的情境图。

②呈现测量树叶面 1 周的长度的情境图。

③指出桌布的周长和树叶面的周长的意义。

④通过"议一议"，指出其他物品或者图形的周长，理解周长的意义。

（5）关键问题：

①以黑板面为例，指出黑板面的 1 周，重点是起点、路线和终点。

②指出身边物体表面的 1 周，深入感知"1 周"的含义。

2. 第 77 页例 2

（1）知识点：测量物体 1 周的长度，认识周长。

（2）技能点：能用不同的方法测量物体 1 周的长度，认识周长。

（3）素养点：归纳思想、化曲为直思想、创新意识。通过"围一围"、量一量等操作活动，培养操作能力，积累操作活动经验，激发学习兴趣。

（4）编写意图：

①呈现测量长方形周长的情境图。其中一名学生指出长方形周长的意义，一名学生用软尺测量长方形 1 周的长度，一名学生先用线围，然后用尺子量线的长度。

②通过"试一试"，体会图形 1 周的长度的不同。

③归纳总结图形周长的意义。

（5）关键问题：

①直边物体或图形怎样测量周长？曲边物体或图形怎样测量周长？怎样尽量缩小误差？

②理解图形的 1 周有的长有的短，而这个长度就是这个图形的周长。

长方形、正方形的周长

1. P79 例 1

（1）知识点：长方形周长的计算。

（2）技能点：能够用多种方法计算长方形的周长。

（3）素养点：归纳思想、模型思想、创新意识。通过操作、观察、计算、归纳等方法经历长方形周长计算公式的形成过程，建构数学模型、归纳概括等数学思想，培养创新意识。

（4）编写意图：

①采用文字与几何图形相结合的方式呈现问题情境。

②用多种方法计算长方形的周长，一是4条边的长度相加；二是先算两条长的和，再算两条宽的和，最后算周长；三是先算长与宽的和，再乘2。要分别呈现分步计算和综合算式计算两种方法。

③小结长方形周长的计算方法。

（5）关键问题：

①用准备好的小棒摆一个长方形，指出长方形的周长，引导学生提出问题。

②自主探索，小组交流，全班展示，呈现长方形周长计算的各种方法。

③进行长方形周长计算方法的优化，找出一般方法。

2. 第79页例2

（1）知识点：正方形周长的计算方法。

（2）技能点：会计算正方形的周长。

（3）素养点：模型思想、类比思想、归纳思想。利用旧知，培养迁移学习的能力，感悟知识间的联系，小结正方形的周长公式，培养归纳概括能力。

（4）编写意图：

①用图文结合的方式呈现问题情境：求正方形的周长。

②以对话框的方式提示：正方形4条边相等，计算正方形周长可以……给学生以思考的空间。

③呈现问题解决的过程。

④引导学生结合问题解决的过程，小结得出正方形的周长＝边长×4。

（5）关键问题：

①借助长方形周长的计算方法，计算正方形的周长。

②怎样理解"正方形的周长＝边长×4"呢？

3. 第80页例3

（1）知识点：运用正方形、长方形周长的计算方法解决问题。

（2）技能点：能运用长方形、正方形周长的计算方法解决问题。

（3）素养点：培养应用意识、变与不变的意识，初步形成独立分析问题、解决问题的能力。

（4）编写意图：

①用文字的方式呈现问题情境。

②用图形的方式再现问题情境。

③以对话框的方式提示解决问题的思路。

④呈现解决问题的过程。

（5）关键问题：

①原来的长方形与新围成的正方形比较，什么变了，什么没变？

②怎样计算正方形的边长？

③回顾解决问题的过程。

4. 第 80 页例 4

（1）知识点：利用长方形周长的计算公式解决现实生活中的问题。

（2）技能点：进一步加深对周长意义的理解，能灵活地运用长方形周长的计算方法解决生活中的实际问题。

（3）素养点：应用意识、创新意识。结合具体情境，培养分析问题、解决问题的能力，感知周长与实际生活的密切联系。

（4）编写意图：

①采用文字的方式呈现问题情境：至少需要多少米篱笆？

②用实物图的方式呈现生活情境，展示房屋和空地的形状，并通过周叔叔的问话"怎样围呢"提示学生思考。

③通过实际操作的方式，体会两面靠墙所需篱笆最少，并呈现示意图。

④呈现问题解决的过程、算式和答语。

⑤通过"议一议"，体现解决问题方法的多样性。

（5）关键问题：

①独立尝试解决问题。

②比较优化，找出最佳方案，理解"至少需要多少米篱笆"的含义。

角

（四年级上册）

一、课标解读

（一）学段目标

1. 探索一些图形的形状、大小和位置关系，了解一些几何体和平面图形的基本特征。

2. 掌握测量、识图和画图的基本方法。

3. 在观察、实验、猜想、验证等活动中，发展合情推理能力，能进行有条理的思考，能比较清楚地表达自己的思考过程与结果。

4. 初步理解数学的价值。

（二）课程目标

1. 结合实例了解线段、射线和直线。

2. 体会两点之间的连线中线段最短，知道两点间的距离。

3. 知道平角与周角，了解周角、平角、钝角、直角、锐角间的大小关系。

4. 能用量角器量角，能画出指定度数的角，会用三角尺画 30°，45°，60°，90°的角。

二、教材结构

（一）教学内容

小节 题数 项目	线段、直线和射线	角的度量	合计
例题	2	3	5
课堂活动	2	8	10
练习题	3	15	18
思考题	1		1

（二）知识联系

本单元的知识是学生进一步学习垂线、平行线、三角形、平行四边形和梯形等几何图形的重要基础，切实掌握这些内容对今后进一步学习图形与几何具有重要意义。

三、分节理解

线段、直线和射线

1. 第 41 页：知识陈述和例 1

（1）知识点：认识线段、射线、直线，体会两点之间的连线中线段最短，知道线段的长度就是两点间的距离。

（2）技能点：能正确画出线段、直线和射线，能熟练地判断线段、直线和射线。

（3）素养点：有限和无限思想。以线段为基础，把线段向两端无限延长和向一端无限延长，分别揭示直线和射线的意义，沟通线段、直线和射线的知识联系，培养想象能力。

（4）编写意图：

①把主题图中的两根电线杆之间紧拉的一段电线抽取出来，作为线段的生活原型，引导学生从中抽象出线段。

②引导学生将黑板的一边看作一条线段，知道线段有两个端点。

③通过"说一说"，寻找生活中的线段。

④通过实际操作，在两点之间连线，发现线段最短，并揭示两点间距离的意义。

⑤通过"试一试"，以线段为基础，揭示直线的意义。

⑥通过"想一想"，一是以线段为基础，揭示射线的意义；二是通过手电筒和探照灯射出的光线，加深对射线的理解。

（5）关键问题：

①在两点之间任意画线，在这些线中，哪条线最短？

②怎样画出一条线段、直线和射线？

2. 第41页例2

（1）知识点：画射线。

（2）技能点：能根据指定的端点画射线和独立画射线，知道线段、直线和射线的区别，并能熟练进行判断。

（3）素养点：有限和无限思想、画射线的方法。通过动手操作，积累经验，加深理解，借助语言表达，培养思维能力。

（4）编写意图：

①以一点为端点画一条射线。

②以一点为端点画两条射线。

③通过"说一说"，在画的基础上总结射线的画法。

④通过"议一议"，以小组合作的方式，总结、提炼线段、直线和射线的意义，理解、分辨三者的异同。

（5）关键问题：

①以一点为端点画一条射线怎么画？应注意什么？

②以一点为端点可以画多少条射线？

③线段、直线和射线有什么区别和联系？

角的度量

1. 第43页：知识陈述和例1

（1）知识点：认识量角器，掌握用量角器量角的方法。

（2）技能点：会用量角器量角的大小。

（3）素养点：对应思想、符号意识、符号化思想。

（4）编写意图：

①呈现已经学过的角，概括出角的含义，介绍角的各部分的名称、角的表示方法和读法。

②用直观的方法介绍量角器的构成和1°的角，并在此基础上认识量角器上的刻度。

③用图示法直观呈现量角的过程和方法。

④通过"议一议"，在量角后采用小组合作的方式总结用量角器量角的方法。

（5）关键问题：

①探索简易量角器的制作过程。

②体会一般度数的角的度量方法。

2. 第 45 页例 2

（1）知识点：认识平角和周角。

（2）技能点：了解周角、平角、钝角、直角和锐角的大小关系。

（3）素养点：数学操作活动经验、符号意识。以直角为基础，学习平角、锐角和钝角的定义，充分利用活动角演示，沟通各种角之间的联系，建立角的知识结构。

（4）编写意图：

①呈现三角板上的直角，用量角器量直角的度数，再认识平角及其度数。

②以直角为基础，用量和观察相结合的方式，认识锐角和钝角。

③对于周角，先描述它的意义，再出示周角的图形，最后说明其度数。

④通过"填一填"，沟通周角、平角、直角三者的联系。

（5）关键问题：

①平角和周角有什么特征？

②平角、周角与以前学习的钝角、直角、锐角之间的大小关系是怎样的？

3. 第 46 页例 3

（1）知识点：用量角器画出指定度数角。

（2）技能点：能运用画角的方法，画特殊度数的角和指定度数的角。

（3）素养点：空间观念、操作活动经验、动手操作能力。

（4）编写意图：

①用图示的方法，分步骤对指定度数的角的画法做出示范。

②通过"试一试"，尝试用量角器画 45°和 60°的角。

③通过"议一议"，在画角后总结画角的方法。

（5）关键问题：

①用量角器画指定度数的角的方法：一是画出一条射线，二是用量角器确定度数，三是根据确定的度数画出另一条边。

②具体画法：一是将量角器的中心点与射线的端点重合；二是将量角器的 0°刻度线与已经画好的射线重合；三是以 0°刻度线为起点，在量角器上找自己需要的度数，用铅笔点上一点；四是连接端点与记号点，画出一

条射线。

相交与平行

(四年级上册)

一、课标解读

(一) 学段目标

1. 探索一些图形的形状、大小和位置关系，了解一些几何体和平面图形的基本特征。

2. 掌握测量、识图和画图的基本方法。

3. 在观察、实验、猜想、验证等活动中，发展合情推理能力，能进行有条理的思考，能比较清楚地表达自己的思考过程与结果。

4. 认识数学的价值。

(二) 课程目标

结合生活情境，了解平面上两条直线的平行和相交（包括垂直）关系。

二、教材结构

(一) 教学内容

项目 小节 题数	相交与平行	合计
例题	3	3
课堂活动	3	3
练习题	8	8
思考题	1	1

(二) 知识联系

学习本单元的知识基础包括：直线、射线和线段知识，角的相关知识，垂线和平行线知识。一方面，它们本身就是图形与几何知识的重要内容，另一方面，它们是以后进一步学习平行四边形、三角形、梯形等图形不可缺少的基础知识。

三、分节理解

相交与平行

1. 第 63 页：知识陈述和例 1

（1）知识点：认识相交及垂直，过直线上一点画已知直线的垂线。

（2）技能点：会过直线上一点画已知直线的垂线。

（3）素养点：抽象思想、操作能力。引导学生通过实际操作和课件演示，从食物图中抽象出相交（包括垂直）现象，培养观察能力和想象能力。

（4）编写意图：

①安排学生进行摆木条的操作活动，并将摆的结果抽象成两条直线相交的情形，从中发现两条直线相交构成 4 个角的现象。

②利用图 2 的操作及其图形，发现两条直线相交构成 4 个直角，在此基础上概括垂线的意义。展示两条直线互相垂直的现象，介绍垂足。

③利用"说一说"，让学生充分说出生活中见到的垂直现象。

④通过直观图示介绍垂线的画法。

⑤利用"议一议"，让学生明确画垂线的步骤，掌握其画法。

（5）关键问题：

①在同一平面上任意摆出两根小棒，它们的位置关系是怎样的？

②相交和垂直之间有怎样的关系？

③怎样过直线上的一点画这条直线的垂线？

2. 第 64 页例 2

（1）知识点：过直线外一点画已知直线的垂线。

（2）技能点：能运用垂线的知识和画垂线的方法，过直线外一点画已知直线的垂线。

（3）素养点：借助已有的知识基础和活动经验，自主探究过直线外一点画已知直线的垂线，培养动手能力和语言表达能力。

（4）编写意图：通过文字和图示呈现探索要求——过直线外一点画这条直线的垂线。

（5）关键问题：

①自主尝试过直线外一点画已知直线的垂线。

②小结方法：一是用三角板的一条直角边和已知直线重合；二是平移三角板，平移到另一条直角边和那个点重合；三是检查是否重合，重合好后通过点沿着直角边画出已知直线的垂线；四是标出垂直符号。

3. 第 64 页：知识陈述和例 3

（1）知识点：认识平行线。

（2）技能点：会运用三角板检验平行线。

（3）素养点：无限思想。培养观察概括能力和动手操作能力。

（4）编写意图：

①呈现笔直的铁轨、跑道和双杠等平行线的原型，为学生建立平行线表象提供现实素材。

②根据实物图抽象出 3 组平行线图形。

③利用"议一议"，引导学生观察概括出平行线的特点，揭示其定义。

④利用两块三角板检验两条直线是否平行。

⑤通过"试一试"，进一步巩固检验方法，并为学习平行四边形两组对边分别平行做铺垫。

（5）关键问题：

①铁轨、跑道、双杠，这三组直线有什么相同的地方？

②说说你对平行线是怎样理解的。

③怎样检验两条直线是否平行？

三角形

（四年级下册）

一、课标解读

（一）学段目标

1. 探索一些图形的形状、大小和位置关系，了解一些几何体和平面图形的基本特征。

2. 掌握测量、识图和画图的基本方法。

（二）课程目标

1. 认识三角形，通过观察、操作，了解三角形两边之和大于第三边、三角形内角和是 $180°$。

2. 认识等腰三角形、等边三角形、直角三角形、锐角三角形、钝角三角形。

二、教材结构

（一）教学内容

项目 \ 小节 \ 题数	认识三角形	三角形的分类	整理与复习	合计
例题	4	3	（3）	7（3）
课堂活动	3	3		6
练习题	11	6	6	23
思考题	1	1	1	3

（二）知识联系

本单元是在学生对几何图形有一定了解的基础上安排的。由于学生已经有了学习几何的经验和方法，本单元主要帮助学生获得数学活动经验，经历探索、验证、得出结论的过程，能认识三角形及其特征，为以后的学习打下基础。

三、分节理解

认识三角形

1. 第35页例1

（1）知识点：三角形的共同特征、三角形的概念。

（2）技能点：能从大小、形状不同的三角形中找出三角形的共同特征，感受并发现由3条线段围成的图形是三角形。

（3）素养点：利用自己事先收集的实物，通过操作、交流等方式认识三角形，经历由特殊到一般的抽象思维过程，会独立思考问题，能联系生活实际，表达自己的想法。

（4）编写意图：

①呈现生活中带有三角形的一些物体。

②通过对话框的提示，找出三角形的共同特征。

③呈现三角形的几何图形，标出各部分名称。

④揭示三角形的意义。

（5）关键问题：

①说一说生活中哪儿有三角形。

②想象三角形的样子，并画出来。

2. 第 35 页例 2

（1）知识点：认识三角形的高。

（2）技能点：能在图中认出三角形的高。

（3）素养点：对应思想、操作能力。引导学生通过观察、操作等活动，经历探索三角形高的过程，培养动手操作能力，积累认识图形的经验和方法。

（4）编写意图：

①通过左边的对话框，提出操作要求：过三角形的一个顶点画对边的垂线。并用图示直观展示。

②通过例题右上角的对话框，找出三角形的高和底，并用图示展现出来。

③继续用对话框的形式介绍三角形的高和底的关系。

（5）关键问题：

①怎样画出三角形的高？

②一个三角形有几条高？

3. 第 37 页例 3

（1）知识点：三角形任意两边之和大于第三边。

（2）技能点：能根据三角形边的关系解释生活中的一些现象。

（3）素养点：归纳思想、应用意识。通过操作和观察，培养观察思考能力、抽象概括能力和动手操作能力，并将知识应用到解释生活中的一些现象中。

（4）编写意图：

①通过文字呈现操作要求：把一根吸管任意剪成 3 段，能围成 1 个三角形吗？

②呈现小组合作的情境图，初步感知上述操作有的能围成三角形，有的不能围成三角形。

③通过测量 3 段吸管的长度，发现围成的三角形中的两边之和与第 3 条边之间的关系。

④总结归纳三角形 3 条边之间的关系。

（5）关键问题：

①围一个三角形需要 3 根小棒，是不是只要有 3 根小棒就能围成一个三角形？

②剪断的 3 段吸管，为什么有的能围成一个三角形，有的不能围成三角形呢？

③围成三角形的 3 条边之间有什么关系？

4. 第 37 页例 4

（1）知识点：三角形的内角和是 $180°$。

（2）技能点：探索发现三角形的内角和是 $180°$，能根据这一特征计算内角度数，解决简单的实际问题。

（3）素养点：归纳思想、应用意识。经历探究操作活动的全过程：猜想—验证—得出结论，培养操作能力及语言表达能力。

（4）编写意图：

①通过文字呈现探究要求：一个三角形 3 个内角的和是多少度？

②呈现测量计算三角形内角和的方法。

③小组合作，汇报交流三角形内角度数的和是多少度，展示把 3 个内角拼在一起的方法。

④总结得出三角形的内角和等于 $180°$。

（5）关键问题：

①猜一猜：三角形的内角和是多少度？

②小组合作探究三角形的内角和是多少度。

③为什么三角形中只有一个直角（钝角）？

三角形的分类

1. 第 40 页例 1

（1）知识点：三角形的分类。

（2）技能点：能根据三角形的特征对三角形进行分类，并能正确进行判断。

（3）素养点：分类思想、归纳思想。引导学生通过观察、操作等活动，经历探索三角形按角进行分类的过程，培养合作交流能力。

（4）编写意图：

①呈现 6 个三角形，包括锐角三角形、直角三角形和钝角三角形，要求学生数出每一个三角形的锐角、直角和钝角数量。

②以表格的方式整理数角的结果，以对话框的方式提示学生观察表格，说出这些三角形可以分为几类，怎样分。

③以图文结合的方式对三角形按角进行分类。

④说出三类三角形之间的关系。

（5）关键问题：

①数出每个三角形中锐角、直角、钝角的个数，填入统计表中。

②小组合作，探究三角形按角的大小怎样进行分类，说出分类标准。

③全班进行整理，明确三角形按角的大小可分为 3 类，揭示它们之间的关系。

2. 第 41 页例 2

（1）知识点：认识等腰三角形。

（2）技能点：能根据等腰三角形的特征进行判断。

（3）素养点：分类思想、空间观念。引导学生通过观察、操作、讨论、交流等活动，探索等腰三角形的特征，将操作与思考、想象相结合，发展思维能力。

（4）编写意图：

①直观呈现对折红领巾和小彩旗图。

②以对话框的方式表达操作后的发现。

③呈现等腰三角形的定义，并介绍各部分的名称。

（5）关键问题：

①三角形除了按角分类以外，还有其他的分类吗？

②等腰三角形有什么特征？

3. 第 41 页例 3

（1）知识点：认识等边三角形。

（2）技能点：能够说出等边三角形的特征。

（3）素养点：分类思想、空间观念。在观察、操作、讨论、交流等活动中探索等边三角形的特征，重视操作与思考，发展思维能力。

（4）编写意图：

①直观呈现制作等边三角形的过程：对折→画 30°角→剪开→展开。

②小组交流操作后的发现。

③总结等边三角形的定义。

（5）关键问题：

①什么是等边三角形？等边三角形有什么特征？

②三角形按边的长短怎样分类？三角形、等腰三角形和等边三角形之间有怎样的关系？

平行四边形和梯形

（四年级下册）

一、课标解读

（一）学段目标

1. 经历从实际物体中抽象出平面图形的过程，了解一些常见的平面图形。

2. 掌握测量、识图和画图的基本方法。

3. 在从物体中抽象出几何图形、想象图形的位置和变化的过程中，发展空间观念。

（二）课程目标

1. 通过观察、操作，认识平行四边形和梯形。

2. 探索给定情境中隐含的规律或变化趋势。

二、教材结构

（一）教学内容

项目＼題数＼小节	平行四边形	梯形	探索规律	合计
例题	3	2	2	7
课堂活动	3	3	2	8
练习题	6	5	6	17
思考题		1		1

（二）知识联系

本单元是在学生探索认识了长方形和正方形特征的基础上安排的。认识这两种平面图形，既能扩展学生对平面图形的认知领域，又会为今后进一步学习测量和面积计算，建立空间概念奠定基础。

三、分解理解

平行四边形

1. 第 70 页例 1

（1）知识点：认识平行四边形。

（2）技能点：能正确辨认平行四边形。

（3）素养点：抽象思想、数学活动经验。通过操作、交流等方式认识平行四边形，经历由特殊到一般的抽象思维过程，会独立思考问题，能联系生活实际，表达自己的想法。

（4）编写意图：

①呈现生活中带有平行四边形的实物图。

②从实物图中抽象出平行四边形的几何图形。

③以对话框的方式提示学生：观察平行四边形的两组对边，你能发现什么？

④总结平行四边形的定义。

（5）关键问题：

①我们在生活中的哪些地方看到过平行四边形？

②这些大小、形状不同的平行四边形，有什么相同的地方？

2．第70页例2

（1）知识点：认识平行四边形的特征。

（2）技能点：能归纳和表述平行四边形的特征。

（3）素养点：变中有不变思想、数学活动经验。引导学生经历猜想、验证、得出结论的过程，培养抽象思维能力和动手操作能力。

（4）编写意图：

①出示平行四边形，通过"量一量、想一想"，发现平行四边形边的特征。

②通过情境图提示：将长方形木框拉一拉，观察角的变化。

（5）关键问题：

①用眼睛观察，猜一猜平行四边形有什么特征。

②用已经掌握的图形特征的学习方法，在小组内验证自己的猜想。

③长方形、正方形和平行四边形之间有什么联系？

④拉动长方形框架的两个对角，你发现什么变了，什么没变？

3．第71页例3

（1）知识点：认识平行四边形的高。

（2）技能点：能画出平行四边形的高，知道平行四边形底和高的对应关系。

（3）素养点：对应思想、空间观念、活动经验。在观察和实际操作中，培养抽象概括能力和初步的空间观念，在操作过程中感受高与底的对应关系。

（4）编写意图：

①以图文结合的方式呈现平行四边形高的画法，并介绍平行四边形的底和高。

②以对话框的方式呈现平行四边形底和高的关系。

③通过议一议，明白平行四边形的一条底上有无数条高，高和底是对应的关系。

（5）关键问题：

①拉动平行四边形框架，它会变大或者变小，这是为什么？

②怎样画出平行四边形的高？

③平行四边形的同一底边上可以画多少条高？

梯　形

1．第73页例1

（1）知识点：认识梯形，了解梯形的基本特征。

（2）技能点：能自主归纳梯形的基本特征，会画梯形的高。

（3）素养点：空间观念、抽象思想、类比思想。充分利用梯形在生活中的实物原型，通过观察、操作、交流等方式认识梯形，经历由特殊到一般的抽象思维过程，会独立思考问题，能联系生活实际，表达自己的想法。

（4）编写意图：

①呈现楼梯、跳箱、足球门边网架以及拦水坝截面图等梯形在生活中的原型。

②抽象出梯形的几何图形。

③通过与平行四边形特征的对比，发现共同点为二者都是四边形，不同点是梯形只有一组对边平行，揭示梯形的概念。

④介绍梯形各部分的名称，包括梯形的高。

（5）关键问题：

①什么样的图形是梯形？

②梯形有什么特征？它与平行四边形相比，有什么相同和不同的地方？

2. 第73页例2

（1）知识点：认识等腰梯形。

（2）技能点：能辨认等腰梯形，体会等腰梯形在生活中的应用。

（3）素养点：类比思想。通过"认一认，量一量"等操作活动，了解等腰梯形的基本特征，经历探索发现的过程，培养抽象概括能力和动手实践能力。

（4）编写意图：

①出示水渠的横断面和拦水坝的横断面，抽象出几何图形，比较发现两个梯形有什么不同。

②以对话框的形式要求学生量一量两种梯形的腰长，了解水渠的横断面的两腰是相等的。

③总结等腰梯形的定义。

（5）关键问题：

①水渠横断面和拦水坝横断面有什么不同？

②等腰梯形有什么特征？

探索规律

1. 第75页例1

（1）知识点：图形的排列规律。

（2）技能点：能结合现实情境，自主探索图形的排列规律，掌握探索规律的方法。

（3）素养点：符号意识、数形结合思想。通过观察、操作、交流等活动，发现规律，体验数学问题的探索性和挑战性，培养数学推理能力。

（4）编写意图：

①以图文结合的方式呈现一组排列有规律的图形。

②以对话框的方式呈现不同的方法：一是按照规律一个一个地数下去，二是将 4 个图形分为一组，一组一组地数下去。

（5）关键问题：

①小兴摆的图形有什么规律？你会继续往下摆吗？

②要找第 16 个图形是什么图形，你准备用什么方法？如果是第 100 个或者更多的图形，你准备用什么方法？

2. 第 75 页例 2

（1）知识点：探索图形排列规律。

（2）技能点：能结合图形特征，掌握图形个数与周长的变化规律。

（3）素养点：数形结合思想、变中有不变思想、空间观念。通过观察、推测、交流等活动，培养数学推理能力和数学语言表达能力，以及运用规律解决问题的能力。

（4）编写意图：

①以情境图的方式呈现并提示探究内容：相同的平行四边形可以一个接一个地拼在一起，拼出的平行四边形的周长与平行四边形个数有关系。

②以表格的方式进行整理。

③以对话框的方式进行探索交流，发现规律。

（5）关键问题：

①两个相同的平行四边形拼成一个较大的平行四边形，发生了哪些变化？

②同桌合作，一个接一个地往下拼，依次记录周长。说一说你发现了什么规律。

③如果换一种拼接方式，规律又是什么呢？

第四节　测　量

小学阶段"测量"的内容主要包括测量长度、千米的认识、长方形和正方形的面积、多边形面积的计算、长方体和正方体、圆、圆柱和圆锥。

测量长度

（二年级上册）

一、课标解读

（一）学段目标

1. 经历从实际物体中抽象出简单几何体和平面图形的过程。
2. 了解一些简单的几何体和常见的平面图形。
3. 掌握初步的测量、识图和画图的技能。

（二）课程目标

1. 结合生活实际，经历用不同方式测量物体长度的过程，体会建立统一度量单位的重要性。
2. 在实践活动中，体会并认识长度单位千米、米、厘米，知道分米、毫米，能进行简单的单位换算，能恰当地选择长度单位。
3. 能估测一些物体的长度，并进行测量。

二、教材结构

（一）教学内容

项目 \ 小节（题数）	用厘米作单位量长度	用米作单位量长度	合计
例题	4	3	7
课堂活动	5	2	7
练习题	11	10	21
思考题	1		1

（二）知识联系

本单元知识包括"用厘米作单位量长度"和"用米作单位量长度"两个内容，是学生学习测量长度的开始，也是学生初次认识长度单位，将为以后进一步认识长度单位"千米"和"毫米"打下基础。

三、分节理解

用厘米作单位量长度

1. 第 52 页例 1

（1）知识点：认识 1 厘米。

（2）技能点：能用手指比画 1 厘米，能在直尺上指出 2 厘米、5 厘米、8 厘米的长度。

（3）素养点：建立 1 厘米的长度概念，培养量感，认识过程从直观到抽象，培养空间观念。

（4）编写意图：

①以 4 个小朋友的对话引出直尺上有长度单位，测量物体长度用直尺来量，测量较短的物体用厘米作单位等内容。

②通过多种方法在直尺上找到在不同位置而长度相同的 1 厘米，建立 1 厘米的长度概念。

③通过看一看，比一比，找一找，以多种方式感知 1 厘米。

④能说出生活中长度大约是 1 厘米的物体。

（5）关键问题：

①通常我们用什么来测量长度？

②直尺上有什么？

③测量较短的物体用哪个长度单位？

④1 厘米有多长？用手比画一下。

⑤生活中哪些物体的长度大约是 1 厘米？

2. 第 52 页例 2

（1）知识点：学会用厘米作单位测量物体长度。

（2）技能点：能用厘米作单位量较短物体的长度。

（3）素养点：培养量感、估计意识和动手操作能力，积累基本活动经验。

（4）编写意图：

①创设测量铅笔长度的情境，让学生自主探索测量方法。

②以对话框的方式出示测量的一般方法，让学生掌握测量方法，学会测量。

③以提问的方式引导学生把测量铅笔的方法迁移到测量其他物体上，进一步熟练测量，形成技能。

（5）关键问题：

①估一估铅笔有多长。怎样测量铅笔的长度？

②测量长度要注意什么？测量时一定要对齐 0 刻度吗？还可以怎样

测量？

3. 第54页例3

（1）知识点：认识1分米。

（2）技能点：能在直尺上指出1分米、2分米的长度，能用手指比画1分米，建立1分米的概念，能用分米作单位估计生活中一些物体的长度。

（3）素养点：培养量感和空间观念，建立1分米＝10厘米的模型。

（4）编写意图：

①展示米尺的一部分，介绍分米是比厘米大的长度单位。

②指出1厘米的长度，并说明厘米用字母表示的读法和写法。

③通过看一看、数一数，发现1分米等于10厘米，建立模型。

④以提问的方式引导学生在生活中找长度大约1分米的物体，加深对1分米的认识，巩固1分米的长度概念，培养数感和空间观念。

（5）关键问题：

①你知道比厘米大的长度单位吗？

②1分米有多长？用手比画一下。3分米、5分米、6分米有多长？用手比画一下。

③生活中哪些物体长度大约1分米？生活中哪些物体的长度用分米作单位，它们大约有多少分米？

4. 第54页例4

（1）知识点：掌握分米和厘米之间的单位换算规律。

（2）技能点：会用分米作单位量较短物体的长度，能进行单位换算。

（3）素养点：培养量感、估计意识和动手操作能力，积累基本活动经验，培养应用意识。

（4）编写意图：

①创设学生测量课桌的生活情境，让学生自主探索测量方法，体会测量在生活中的作用，并掌握测量方法，学会测量。

②引导学生用不同的语言来描述课桌的长度，体会60厘米就是6分米，感悟单位换算的方法，培养推理能力。

③通过议一议"用三角板量课桌的长和宽，你是怎样量的"，引导学生用不同的方法测量其他物体的长度，体会测量方法的多样性，进一步练习测量，形成技能。

（5）关键问题：

①估一估课桌面有多长。

②怎样测量课桌面的长度呢？

③小明量出课桌面长6分米，小英量出课桌面长60厘米，你发现了什么？

④用三角板量课桌的长和宽，你是怎样量的？

用米作单位量长度

1. 第 58 页例 1

（1）知识点：认识 1 米。

（2）技能点：能用米尺进行测量，能指出 1 米有多长，能估计生活中物体的长度。

（3）素养点：培养量感、估计意识，积累基本活动经验，培养空间观念。

（4）编写意图：

①直接介绍长度单位"米"的用途，介绍"米"用字母表示的写法和读法。

②通过教师示范，感受 1 米有多长。

③通过张开双臂，用米尺测量，实际感受 1 米的长度，帮助学生建立 1 米的长度概念。

④通过填空了解米和分米、米和厘米的关系。

⑤通过议一议"生活中哪些物体的长度大约是 1 米，量哪些物体的长度要用米作单位"，加深对 1 米的认识，培养空间观念和应用意识。

（5）关键问题：

①量较长物体的长度用什么作单位？1 米有多长？

②数一数米尺上的刻度，你发现了什么？

③生活中哪些物体的长度大约是 1 米？测量哪些物体长度要用米作单位？

2. 第 58 页例 2

（1）知识点：经历用米尺量物体的长度的过程。

（2）技能点：会用米作单位初步量较长物体的长度，会用"大约"来描述非整米的长度。

（3）素养点：培养数感、估计意识和动手操作能力，积累基本活动经验，培养应用意识和语言表达能力。

（4）编写意图：

①通过用米尺量黑板长度的操作实践，掌握将米尺紧贴黑板边进行测量的方法。

②通过实际操作，体会物体长度不是整米数时，可以用"比多少米长一点"或"比多少米短一点"，也可以用"大约多少米"来表达更简捷准确。

（5）关键问题：

①怎样测量黑板面的长度呢？

②小英量出黑板面的长比 4 米短一点，小明量出黑板面的宽比 1 米长一点，还可以怎样描述黑板面的长和宽？

3. 第 59 页例 3

（1）知识点：学习估测物体的长度（或距离）的方法；学会用卷尺量物体长度（或距离）。

（2）技能点：能估测较长物体的长度（或距离），能用卷尺量长度，能用"大约"来描述较长物体的长度（或距离）。

（3）素养点：培养数感、估计意识和动手操作能力，积累基本活动经验，提高估测能力，培养合作意识和语言表达能力。

（4）编写意图：

①通过先估一估再量一量教室的长和宽的活动，进一步巩固长度的概念。

②通过实际测量活动，体会到量比较长的距离用卷尺比较方便。

③通过填空继续学习用"大约几米"描述测量结果。

④通过"说一说"总结用卷尺量长度时要注意：卷尺要拉直，要沿教室墙底线测量。

（5）关键问题：

①估一估教室的长和宽各是多少米。

②量教室的长和宽用直尺方便吗？用什么量呢？

③教室的长和宽大约多少米？

④用卷尺量长度时要注意什么？

千米的认识

（二年级下册）

一、课标解读

（一）学段目标

1. 理解常见的量。

2. 能在具体情境中选择适当的单位进行简单的估算。

（二）课程目标

1. 在实践活动中，体会并认识长度单位千米、米、厘米，知道分米、毫米，能进行简单的单位换算，能恰当地选择长度单位。

2. 能结合生活实际，解决与常见的量有关的简单问题。

二、教材结构

（一）教学内容

项目 ＼ 小节 题数	千米的认识	合计
例题	4	4
课堂活动	7	7
练习题	8	8
思考题	1	1

（二）知识联系

对于千米、毫米的认识是在学生认识了米、厘米，知道分米的基础上编排的，为解决与常见的量有关的问题打下了基础。学完这部分内容，有利于学生完整地建立长度单位的知识体系。

三、分节理解

1. 第 23 页例 1
（1）知识点：认识 1 千米。
（2）技能点：能结合生活实际，估计一些物体的长度，并进行简单的测量。建立 1 千米的长度概念，知道 1 千米＝1000 米。
（3）素养点：培养数感、推理能力和空间想象能力。
（4）编写意图：
①组织 8 名学生手拉手站成一排，让学生建立 10 米的实际长度概念。
②想象 80 个人和 800 个人手拉手站成一排的长度，建立 1000 米的实际长度概念。
③引导学生理解"计量比较长的距离通常用千米作单位"，"1000 米就是 1 千米，也叫 1 公里"。
（5）关键问题：
①8 个人手拉手站成一排，有多长？80 个人和 800 个人呢？
②想象 10 米、100 米、1000 米有多长。
③1 千米到底有多长？
2. 第 23 页例 2
（1）知识点：认识生活中的 1 千米。

（2）技能点：能回忆自己熟悉且路程大约是 1 千米的路段，能想象 1 千米的长度，建立 1 千米的表象，能描述 1 千米的长度。

（3）素养点：获得 1 千米的感性经验，建立 1 千米＝1000 米的模型，培养符号意识、空间观念和语言表达能力。

（4）编写意图：

①通过创设教学楼的长度、操场跑圈、走步三个生活中的情境，让学生感受 1 千米的长度，建立 1 千米的表象。

②通过走一走 1 千米的路程，建构 1 千米的长度概念。

③介绍"千米"可以用"km"表示，1km＝1000m。

（5）关键问题：

①你走过的哪段路大约有 1 千米？

②千米用字母怎样表示？

③1 千米和 1000 米有什么关系？

3. 第 23 页例 3

（1）知识点：学习千米和米之间的单位换算。

（2）技能点：能进行千米和米之间的单位换算，能运用单位换算解决生活中的问题。

（3）素养点：培养应用意识和创新意识。

（4）编写意图：

①通过比较三峡大坝和隧道的长度，感受统一单位的必要性。

②可以统一成千米比较，也可以统一成米比较，方法多样，以此培养创新意识和思维灵活性。

（5）关键问题：

①三峡大坝和隧道哪个更长？

②可以怎么比？

4. 第 25 页例 4

（1）知识点：认识毫米。

（2）技能点：能进行毫米和厘米之间的单位换算。

（3）素养点：体验 1 毫米的长度，获得 1 毫米的感性经验，建立 1 厘米＝10 毫米的模型，培养符号意识、空间观念。

（4）编写意图：

①通过观察熟悉的直尺，知道最小的 1 格长度就是 1 毫米，用字母 mm 表示。

②通过数 1 厘米中有多少个 1 毫米，感受 1 毫米很短，并知道 1 厘米＝10 毫米。

③通过在生活中找 1 毫米的长度，获得 1 毫米的感性经验，建立 1 毫

米的长度概念。

④通过回忆和整理已经学过的长度单位及相邻的进率，形成长度单位的知识结构。

（5）关键问题：

①在直尺上找一找：1毫米有多长？

②生活中什么物体的长度大约是1毫米？

③数一数1厘米有多少毫米。

④我们学过哪些长度单位？它们之间有什么关系？

长方形和正方形的面积

（三年级下册）

一、课标解读

（一）学段目标

1. 理解常见的量。

2. 掌握分析问题和解决问题的一些基本方法，知道同一个问题可以有不同的解决方法。

（二）课程目标

1. 结合实例认识面积，体会并认识面积单位平方厘米、平方分米、平方米。

2. 能进行简单的面积单位换算。

3. 探索并掌握长方形、正方形的面积公式，会估计给定简单图形的面积。

二、教材结构

（一）教学内容

项目　　题数　　小节	面积和面积单位	长方形和正方形面积的计算	面积单位的换算	问题解决	整理与复习	合计
例题	5	3	3	2	（2）	13（2）
课堂活动	4	2	2	2	0	10
练习题	8	12	6	9	11	46

题数 项目 \ 小节	面积和面积单位	长方形和正方形面积的计算	面积单位的换算	问题解决	整理与复习	合计
思考题	1	1	1	1	1	5

（二）知识联系

本单元是在学生初步认识长方形和正方形的特征以及初步掌握周长计算方法的基础上编排的。这些知识不仅在日常生活中有着广泛的应用，而且将为以后学习平面图形的积奠定基础。

（三）概念解读

物体表面或平面图形的大小叫作它们的面积，常用的面积单位有平方厘米、平方分米、平方米。

面积和面积单位

1. 第25页例1

（1）知识点：学习物体的面，理解"面"的含义。

（2）技能点：能找到物体的面。

（3）素养点：空间观念。

（4）编写意图：

①通过摸一摸，说一说课桌的面、数学书的封面，理解课桌的面、数学书的封面指的是哪一部分，初步形成面的表象，感知物体面的含义。

②通过指出其他物体的面，进一步感知物体面的含义，为理解面积做准备。

（5）关键问题：

①摸一摸，说一说课桌的面、数学书的封面在哪里。

②你还看见了哪些物体的面？

2. 第25页例2

（1）知识点：认识面积。

（2）技能点：能比较黑板面和课桌面的大小，感受物体的面和图形的面有大有小，建立面积的概念。

（3）素养点：培养观察、思考、归纳、概括的能力，树立空间观念，培养几何直观能力。

（4）编写意图：

①通过利用已有的生活经验，比较黑板和课桌面的大小，感受到物体

表面有大小，感知物体表面面积的存在。

②通过比较黑板上的正方形和长方形的大小，感受到平面图形有大小，感知平面图形面积的存在。

③通过比较其他物体面的大小、其他平面的大小，归纳总结面积的意义。

（5）关键问题：

①摸一摸，说一说黑板面和课桌面在哪里，说一说黑板面和课桌面谁大谁小。

②在教室里你还能找到其他物体的面吗？它们谁大谁小？

③黑板上的长方形和正方形谁大谁小？

④什么是面积？

3. 第 26 页例 3

（1）知识点：学习比较物体面的大小。

（2）技能点：会用数格子的方法比较物体表面的大小。

（3）素养点：积累基本活动经验，树立空间观念，培养几何直观能力和创新意识。

（4）编写意图：

①引导学生利用贴的瓷砖块数来比较墙面的大小，让学生经历对面积的量化过程。

②引导学生利用方格纸，用数方格的办法比较两片树叶的大小，让学生感受到必须确定一个统一的标准才能对两个面的大小进行比较。

③通过比较大小，学生在认识面积的基础上体会统一面积单位的必要性，为后面学习面积单位做铺垫。

（5）关键问题：

①两面墙上贴瓷砖的部分谁大谁小？你是怎么知道的？

②怎样比较两片树叶的大小？

③为什么要用相同的格子比较？

4. 第 27 页例 4

（1）知识点：学习比较平面图形的大小。

（2）技能点：能通过观察、数方格等方法比较图形面积。

（3）素养点：树立空间观念，在解决问题的过程中培养应用意识和创新意识。

（4）编写意图：

①通过讨论"直接比较两个图形的方格行不行"，引发认知冲突，激发学生产生"应该确定大小统一的方格作面积单位，再比较"的想法。

②用统一大小的方格对两个图形进行比较，让学生感受到统一面积单

位的必要性，从而引入面积单位的学习。

（5）关键问题：

①比较图 A 和图 B 的面积，看看哪个大。

②为什么图 A 有 9 个方格，图 B 有 24 个方格，它们的面积却一样大呢？

5. 第 27 页例 5

（1）知识点：认识面积单位。

（2）技能点：能在头脑中建立 1 平方厘米、1 平方分米、1 平方米的表象，能比画 1 平方厘米、1 平方分米、1 平方米的大小。

（3）素养点：培养空间观念、推理能力和估测意识，增强数感。

（4）编写意图：

①直接揭示 1 平方厘米、1 平方分米、1 平方米的概念，明确 3 个面积单位分别表示边长为 1 厘米、1 分米、1 米的正方形的面积，感知 3 个单位面积的大小，建立长度单位与面积单位之间的联系。

②找出生活中接近 1 平方厘米、1 平方分米、1 平方米的物体面，加深对 3 个面积单位的大小感知。

③用 3 个面积单位估计生活中一些物体面的大小，学会灵活运用 3 个面积单位，强化对 3 个面积单位的感知。

④比较面积单位 1 平方分米和相应的长度单位 1 分米，进一步加深对面积单位的认识，明确长度单位与面积单位的区别。

（5）关键问题：

①这个小正方形的面积是 1 平方厘米，量一量它的边长是多少。生活中哪些物体表面的面积是 1 平方厘米？你能比画一下 1 平方厘米是多大吗？

②通过认识 1 平方厘米，你觉得什么样的正方形面积是 1 平方分米？1 平方米呢？

③生活中哪些物体表面的面积是 1 平方分米、1 平方米？

④你能比画一下 1 平方分米、1 平方米是多大吗？

⑤1 平方分米和 1 分米有什么区别？1 平方厘米和 1 厘米呢？1 平方米和 1 米呢？

长方形和正方形面积的计算

1. 第 31 页例 1

（1）知识点：掌握长方形与正方形面积的计算公式。

（2）技能点：能通过拼摆的操作活动，探究长方形的面积与长和宽有关，正方形的面积与边长有关。能归纳总结出长方形、正方形的面积计算公式。

（3）素养点：模型思想、推理能力。

（4）编写意图：

①通过生活中的实际需求，引入计算长方形面积的问题，引导学生感受到数学来源于生活。

②引导学生用正方形来摆长方形，并填表、分析数据，推导出长方形面积计算公式，参与长方形面积公式形成的过程。

③引导学生回忆正方形和长方形的关系，引导学生从长方形的面积计算公式推导出正方形的面积计算公式，提高学生的推理能力。

（5）关键问题：

①生活中的哪些地方需要计算长方形的面积？

②你觉得长方形的面积和什么有关？

③用 16 个 1 平方厘米的小正方形摆长方形，记录它的长、宽和面积。你有什么发现？

④长方形的面积怎样计算？

⑤正方形和长方形有什么关系？

⑥正方形的面积又怎样计算呢？

2．第 32 页例 2

（1）知识点：掌握长方形、正方形的面积计算方法。

（2）技能点：会计算长方形、正方形的面积，能运用面积计算解决生活中的问题。

（3）素养点：发展应用意识，培养空间观念。

（4）编写意图：

①利用长方形面积公式计算电视机显示屏的面积，提高解决问题的能力，培养应用意识和空间观念。

②利用正方形面积公式计算遮电视机的方巾的面积，提高解决问题的能力，培养应用意识和空间观念。

（5）关键问题：

①怎样计算电视机显示屏的面积？

②怎样计算遮电视机的方巾的面积？

③通过解决这两个问题，你觉得运用公式解决面积问题要注意什么？

3．第 32 页例 3

（1）知识点：学习估计面积。

（2）技能点：会利用较小图形估计较大图形的面积。

（3）素养点：培养估测能力和数感。

（4）编写意图：

①通过先确定测量标准，再实际测量，算出面积，引导学生估计数学书封面的面积。

②用数学书在课桌面上摆一摆，从而估计出课桌面积，积累测量实物

面积的实践经验，丰富解决实际问题的方法和策略。

（5）关键问题：

①课桌面约有几个数学书封面那么大？

②课桌面的面积大约是多少平方分米？

③还能用正方形纸片来测出课桌面的大小吗？

面积单位的换算

1. 第 36 页例 1

（1）知识点：平方厘米与平方分米面积单位的换算。

（2）技能点：会通过计算边长 1 分米和边长 10 厘米正方形的面积，推导 1 平方分米＝100 平方厘米，并能通过摆一摆证明。

（3）素养点：发展空间思维能力和推理能力，渗透几何直观概念。

（4）编写意图：

①以直观图呈现面积为 1 平方分米的大正方形里面有很多个面积为 1 平方厘米的小正方形，让学生对两个面积单位之间的进率有一个直观认识。

②引导学生计算出边长为 10 厘米的正方形面积是 100 平方厘米，边长为 1 分米的正方形面积是 1 平方分米，两次计算的是同一个图形的面积，所以 1 平方分米＝100 平方厘米。

③通过用 1 平方厘米的小正方形摆一摆，验证 1 平方分米＝100 平方厘米，让学生直观经历操作、观察、推理、总结的过程，真正参与知识的形成过程。

（5）关键问题：

①下面正方形的边长为 10 厘米，它的面积是多少平方厘米？

②这个正方形的边长为 1 分米，它的面积是多少平方分米？

③平方厘米和平方分米之间有什么关系呢？数一数 1 平方分米的正方形中有多少个 1 平方厘米。

2. 第 36 页例 2

（1）知识点：学习平方米与平方分米面积单位的换算。

（2）技能点：会通过计算边长 1 米和边长 10 分米正方形的面积，推导 1 平方米＝100 平方分米，并能进行简单的面积单位换算。

（3）素养点：渗透几何直观概念，发展空间思维能力和推理的能力。

（4）编写意图：

①通过对话引导学生仿照例 1 的方法，分别计算出边长为 1 米和 1 分米的正方形的面积，从而探索出平方米与平方分米之间的进率。

②将平方米、平方分米、平方厘米之间的进率联系起来，帮助学生理解体会这几个相邻的面积单位之间的进率都是 100。

③通过"试一试"，引导学生运用面积单位之间的进率尝试简单的换算，初步掌握面积单位之间换算的基本思考方法。

（5）关键问题：

①下面正方形的边长为 10 分米，它的面积是多少平方分米？

②这个正方形的边长为 1 米，它的面积是多少平方米？

③平方分米和平方米之间有什么关系呢？

④平方米、平方分米、平方厘米之间有什么关系呢？

⑤你能在上列单位之间进行换算吗？

3. 第 37 页例 3

（1）知识点：用面积单位换算的知识解决生活中的问题。

（2）技能点：能进行简单的面积单位换算，能解决生活中与面积有关的问题。

（3）素养点：培养应用意识和空间思维能力。

（4）编写意图：

①呈现面积单位的换算在实际生活中应用的情景，让学生体会不同面积单位的换算在解决实际问题中的应用价值。

②引导学生用不同的方法解决生活中的问题，可以先计算出面积再换算单位，也可以先换算单位再计算面积，从而体会生活与数学的密切联系，以及问题解决方法的多样性。

（5）关键问题：

①试着算一算一扇窗户的面积。

②计算面积时要注意什么？

③还有别的方法解决这个问题吗？

问题解决

1. 第 39 页例 1

（1）知识点：用长方形、正方形面积计算知识解决问题。

（2）技能点：会用有关面积的知识分析解决生活中的问题。

（3）素养点：培养解决问题能力和应用意识，发展空间观念。

（4）编写意图：

①通过情境图的呈现，帮助学生了解问题情境，体会数学与生活的密切联系。

②通过对话的方式引导学生找到解决问题的突破口：要算出这块地可以收多少千克甘蔗，就要先知道这块地的面积。

③列综合算式解答，并完整地说出思维过程，提高分析解决问题的能力、思维能力和语言表达能力。

（5）关键问题：

①从图中你获得了哪些数学信息？

②要计算这块地可以收多少千克甘蔗，需要知道什么？

③怎样列综合算式解答呢？

2. 第39页例2

（1）知识点：用长方形、正方形面积计算知识解决问题。

（2）技能点：会用有关长方形、正方形面积计算的知识综合分析解决生活中的问题。

（3）素养点：培养问题解决的能力，提高应用意识和空间观念。

（4）编写意图：

①以实物图的方式呈现问题情境，帮助学生正确理解题目中包含的数学信息。

②在学生尝试观察、分析后，引导学生交流，说一说长方形的宽和正方形的边长有什么关系，培养学生的思维能力和几何直观能力。

③引导学生仔细观察图形，尝试找一找长方形草坪的长，分享思考过程，培养空间观念和思维能力。

④列出综合算式解答，并说出完整的思维过程，提高分析解决问题的能力和思维能力。

（5）关键问题：

①从图中你获得了哪些数学信息？

②观察长方形的宽和正方形的边长，你发现了什么？

③要算长方形的面积，还要知道什么？你是怎样找到长方形的长的？

④怎样列综合算式解答这一问题？

多边形面积的计算

（五年级上册）

一、课标解读

（一）学段目标

1. 探索一些图形的形状、大小和位置关系，了解一些几何体和平面图形的基本特征。掌握测量、识图和画图的基本方法，初步形成数感和空间观念，感受符号和几何直观的作用。

2. 在观察、实验、猜想、验证等活动中，发展合情推理能力，能进行有条理的思考，能比较清楚地表达自己的思考过程与结果。

3. 会独立思考，体会数学的一些基本思想，能探索分析和解决简单问题的有效方法，了解解决问题方法的多样性。

（二）课程目标

1. 探索并掌握三角形、平行四边形和梯形的面积计算公式，并能解决简单的实际问题。

2. 知道面积单位平方千米和公顷；会用方格纸估计不规则图形的面积。

二、教材结构

（一）教学内容

项目	小节 题数	平行四边形的面积	三角形的面积	梯形的面积	不规则图形的面积	认识平方千米与公顷	问题解决	整理与复习	合计
例题		2	2	2	1	2	3	（3）	12（3）
课堂活动		2	2	2	1	2	1		10
练习题		6	6	7	2	5	7	10	43
思考题		0	1	1	0	0	0	1	3

（二）知识联系

本单元知识是在学生学习了周长和面积的意义，以及长方形、正方形的周长和面积计算的基础上编排的。本单元主要通过把平行四边形转化成长方形、把三角形和梯形转化成平行四边形来探讨这些平面图形的面积计算公式。这种把新知识转化成原有知识来探讨新的面积计算公式的认知方式，决定了原有知识是新知识的认知基础，也决定了知识建构的顺序。本单元知识也是后面学习圆面积以及立体图形表面积的基础，它的基础作用不仅表现在这些图形的面积计算公式是学习新知识的认知基础上，还体现为基本认识策略也是学习新知识的重要认识策略。

三、分节理解

平行四边形的面积

1. 第79页例1

（1）知识点：平行四边形的面积公式。

（2）技能点：会用转化方法推导平行四边形面积的计算公式，能直接运用公式进行计算。

（3）素养点：培养动手操作能力，渗透转化思想和模型思想。

（4）编写意图：

①呈现一个平行四边形面积计算的问题。

②运用转化的数学思想，引导学生思考怎样将平行四边形转化成自己会计算面积的图形。

③通过动手剪拼，将平行四边形转化成长方形。通过对比讨论，弄清转化后的长方形与平行四边形之间的关系，推导出平行四边形的面积公式。

④直接运用平行四边形的面积计算公式计算平行四边形的面积。

（5）关键问题：

①转化后的长方形与平行四边形有什么关系？

②怎样推导出平行四边形的面积公式？

2. 第 80 页例 2

（1）知识点：计算平行四边形的面积。

（2）技能点：能在方格纸上找出平行四边形的底和高，正确利用平行四边形面积公式计算平行四边形的面积。

（3）素养点：渗透对应的数学思想，培养应用意识。

（4）编写意图：

①呈现格子图中的平行四边形，从格子图中找到平行四边形对应的底和高。

②运用平行四边形的面积计算公式，计算出平行四边形的面积。

（5）关键问题：

①方格纸上平行四边形的底和高分别是多少？

②怎样计算平行四边形的面积？

③计算平行四边形的面积要注意什么？

三角形的面积

1. 第 82 页例 1

（1）知识点：三角形的面积公式。

（2）技能点：会用转化的方法推导三角形面积的计算公式，能直接运用公式进行计算。

（3）素养点：培养动手操作能力，渗透转化思想和模型思想。

（4）编写意图：

①回顾平行四边形面积计算公式的推导过程，体会转化的重要作用。

②运用转化的数学思想，引导学生思考怎样将三角形转化成自己会计算面积的图形。

③通过动手操作，用两个完全一样的三角形拼成一个平行四边形。

④通过对比，弄清转化后的平行四边形与原三角形之间的关系，用平行四边形的面积公式推导出三角形的面积公式。

⑤将三角形的中位线剪开，用"割补"的方法将三角形转化成平行四边形，再次经历三角形面积计算公式的推导过程，体会转化方法的多样性。

⑥总结三角形面积的计算公式。

⑦通过"试一试"，直接运用三角形面积公式计算三角形的面积。

（5）关键问题：

①怎样将三角形转化成自己会计算面积的图形？有不同方法吗？

②转化后的图形与原三角形有什么关系？

③怎样推导出三角形的面积计算公式？

2. 第83页例2

（1）知识点：用三角形的面积计算公式解决生活中的实际问题。

（2）技能点：能灵活运用三角形的面积计算公式解决生活中的实际问题，增强应用意识。

（3）素养点：培养应用意识和创新意识。

（4）编写意图：

①呈现做小红旗的情境图，引出需要解决的问题。

②第一个问题为"做200面这样的小红旗，至少需要多大面积的红纸"。基本思路为：先求出1面三角形小红旗的面积，再求200面小红旗要用多少红纸。由于小红旗的形状是直角三角形，还可以用两个完全一样的直角三角形拼成一个长方形，运用转化的数学思想将求200个三角形的面积转化为求100个长方形的面积。

③第二个问题为"用一张长90厘米，宽64厘米的长方形红纸，可以做多少面这样的小红旗"。基本的解题思路为"长方形的面积÷三角形的面积"。还可再寻求新的解题思路：（红纸长÷拼成长方形的长）×（红纸宽÷拼成的长方形的宽）×2。

（5）关键问题：

①在"至少需要多大面积的红纸"中，"至少"应怎么理解？有不同的解题方法吗？

②可以做多少面小红旗？有不同的解答方法吗？

梯形的面积

1. 第85页例1

（1）知识点：梯形的面积公式。

（2）技能点：会用转化的方法推导梯形的面积公式，能直接运用梯形的面积公式进行计算。

（3）素养点：培养动手操作能力，渗透转化思想和模型思想。

（4）编写意图：

①运用转化的数学思想，小组合作探讨将梯形转化成平行四边形的方法。

②小组交流将梯形转化成平行四边形的方法。

③通过对比，弄清转化后的平行四边形与原梯形之间的关系，用平行四边形的面积公式推导出梯形的面积公式。

④学生自主探索，用不同的方法推导出梯形的面积公式。

⑤直接运用梯形面积公式计算梯形的面积。

（5）关键问题：

①怎样将梯形转化成自己会计算面积的图形？

②转化后的平行四边形与原梯形有什么关系？怎样推导出梯形的面积公式？

③还可以用其他转化方法推导出梯形的面积公式吗？

2. 第 86 页例 2

（1）知识点：用梯形面积公式解决生活中的实际问题。

（2）技能点：能找到计算梯形面积需要的条件，会用梯形面积公式解决生活中的实际问题。

（3）素养点：培养应用意识和解决实际问题的能力。

（4）编写意图：

①呈现拦河坝的横截面图，对拦河坝的形状有一个感性认识。

②出示梯形的相关信息，根据梯形的面积公式，计算梯形的面积需要知道梯形的上底、下底和高。通过分析，确定梯形的下底没有直接告知，所以要先求出梯形的下底。

③运用梯形的面积公式计算拦河坝横截面的面积。

（5）关键问题：

①横截面是什么意思？

②求梯形的面积要知道哪些条件？先求什么？

不规则图形的面积

1. 第 88 页例 1

（1）知识点：不规则图形的面积。

（2）技能点：掌握用方格纸估计不规则图形面积的方法，能用这种方法估计不规则图形的面积。

（3）素养点：培养数感和应用意识。

（4）编写意图：

①呈现实验田面积有多大的生活场景图，感受生活中有很多不规则的

图形需要计算面积。

②呈现测量不规则图形的基本方法，用方格纸直接测量。

③经历"只看整方格，比实际面积小了"，"把不完整的都算作整方格比实际面积大了"，得出"把不完整的方格看作半格"比较接近实际面积的数方格估计面积的一般方法。

④通过"试一试"，估计残缺地砖的面积，巩固用数方格的方法估计不规则图形的面积的知识。

（5）关键问题：

①观察实验田的形状，你发现了什么？

②能精确计算不规则图形的面积吗？

③我们可以用什么方法来估计不规则图形的面积呢？

认识平方千米与公顷

1. 第 90 页：知识陈述与例 1

（1）知识点：认识面积单位 $1hm^2$。

（2）技能点：感知面积单位 $1hm^2$ 的实际大小，知道 hm^2 与 m^2 之间的进率。

（3）素养点：培养数感，发展空间观念。

（4）编写意图：

①呈现学校占地面积和我们国家的陆地面积，引出测量和计算大的面积常用公顷和平方千米作单位的知识。

②回顾"边长 1 米的正方形，它的面积是 1 平方米"，感知"边长 100 米的正方形，它的面积是 1 公顷"。

③通过用米作单位计算 1 公顷的正方形面积，找到平方米和公顷之间的进率是 10000。

④通过"试一试"进行平方米和公顷之间的单位换算，巩固公顷和平方米之间的进率知识。

（5）关键问题：

①猜一猜"我们学校"占地面积有多大。你知道我国领土面积有多大吗？

②多大的正方形面积是 1 公顷？生活中哪些地方的面积大约是 1 公顷呢？

③公顷和平方米之间的进率是多少？通过计算验证。

2. 第 90 页例 2

（1）知识点：认识面积单位 $1km^2$。

（2）技能点：感知面积单位 $1km^2$ 的实际大小，知道 km^2、hm^2、m^2 之间的进率。

（3）素养点：培养数感，发展空间观念。

（4）编写意图：

①在了解"边长1米的正方形，它的面积是1平方米"和"边长100米的正方形，它的面积是1公顷"的基础上，感知"边长1千米的正方形，它的面积是1平方千米"。

②通过用米作单位计算1平方千米的正方形的面积，找到平方千米和平方米之间的进率是1000000。

③通过平方千米与平方米、公顷与平方米之间的关系，推导出平方千米与公顷之间的进率是100。

④通过"试一试"进行公顷和平方千米之间的单位换算，巩固平方千米和公顷之间的进率知识。

（5）关键问题：

①多大的正方形面积是1平方千米呢？

②1平方千米等于多少公顷、等于多少平方米？说说理由。

问题解决

1. 第92页例1

（1）知识点：解决生活中的实际问题。

（2）技能点：理解求圆木根数的计算公式，并能运用公式解决实际问题。

（3）素养点：培养推理能力、创新意识和应用意识。

（4）编写意图：

①呈现计算圆木根数的情境图，引导学生观察，发现圆木堆放的规律是从下往上，每一层都比上一层少1根。

②引导学生自主探索，用不同的方法计算圆木的根数。

③理解计算圆木根数的公式。

（5）关键问题：

①怎样计算原木根数？你有不同的方法吗？

②"圆木根数＝（顶层根数＋底层根数）×层数÷2"这个公式是怎样推导出来的？

2. 第92页例2

（1）知识点：解决生活中的实际问题。

（2）技能点：掌握应用多边形面积计算公式解决实际问题的策略，并能运用多边形面积计算公式解决生活中的实际问题。

（3）素养点：培养应用意识。

（4）编写意图：

①呈现计算17块交通标志牌的生活情境图。

②在理解"损耗"的基础上，引导学生分析解题步骤：先算 1 块交通标志牌的面积，再算 17 块交通标志牌的面积，然后加上制作时的损耗，最后按要求取近似值。

（5）关键问题：

①"损耗"是什么意思？

②制作这些标志牌大约需要的铝皮包括哪些部分？

3. 第 93 页例 3

（1）知识点：综合运用多边形面积计算公式解决生活中的实际问题。

（2）技能点：掌握综合运用多边形面积计算公式解决问题的方法，并能运用多边形面积计算公式解决问题。

（3）素养点：培养应用意识。

（4）编写意图：

①呈现"求一个果园里的梨大约能卖多少元"的生活情境图。

②引导学生分析解题步骤：先根据平行四边形的面积公式算出果园的面积，再根据除法的意义求出梨树的棵数，最后算这个果园的梨能卖多少元。

（5）关键问题：

①要"求能卖多少钱"，就要知道什么条件？

②怎样求梨的棵数？

长方体和正方体

（五年级下册）

一、课标解读

（一）学段目标

1. 探索一些图形的形状、大小和位置关系，了解一些几何体和平面图形的基本特征。

2. 初步形成数感和空间观念，感受符号和几何直观的作用。

（二）课程目标

1. 通过观察、操作，认识长方体、正方体以及长方体和正方体的展开图。

2. 通过实例了解体积（包括容积）的意义及度量单位（立方米、立方分米、立方厘米、升、毫升），能进行单位之间的换算，感受 1 立方米、1 立方厘米及 1 升、1 毫升的实际意义。

3. 结合具体情境，探索并掌握长方体、正方体的体积和表面积的计算方法，并能解决简单的实际问题；体验某些实物（如土豆）体积的测量方法。

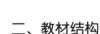

二、教材结构

（一）教学内容

项目＼小节题数	长方体、正方体的认识	长方体、正方体的表面积	体积与体积单位	长方体和正方体的体积计算	问题解决	整理与复习	合计
例题	3	2	5	2	3	（2）	15（2）
课堂活动	3	3	6	1	1		14
练习题	5	6	9	6	4	6	36
思考题	1		1	1	1	1	5

（二）知识联系

本单元是学生在第一学段已经初步认识一些简单的立体图形——长方体、正方体、圆柱和球的基础上，系统安排的长方体、正方体知识。长方体和正方体是最基本的立体图形，通过学习长方体、正方体，学生将对周围的空间和空间中的物体形成初步的空间观念，是学生进一步学习其他立体图形的基础。另外，长方体、正方体体积的计算，也是形成体积概念，掌握体积的计量单位和计算各种几何形体体积的基础。

三、分节理解

长方体、正方体的认识

1. 第 38 页例 1

（1）知识点：认识长方体和正方体。

（2）技能点：能指出长方体和正方体的各部分名称，能理解长方体和正方体之间的联系。

（3）素养点：发展空间观念。

（4）编写意图：

①通过观察和手摸等不同感觉，分别了解长方体和正方体的面、棱和顶点，强调有序地观察，归纳出长方体和正方体都有 6 个面、12 条棱和 8 个顶点。

②通过"试一试"，将实心图转化为透视图，体会到在透视图中能更清楚、完整地找到所有的面、棱和顶点。

③通过"认一认"，找出长方体的长、宽、高（相交于同一个顶点的三条棱的长度分别是长方体的长、宽、高）。当长方体的长、宽、高相等时，它就成了正方体，不再区分长、宽、高，直接叫棱。要理解长方体和正方体之间的特殊关系。

（5）关键问题：

①拿出长方体和正方体学具，摸一摸、数一数，你有什么发现？你是怎么发现的？

②什么是长方体的长、宽、高？什么是正方体的棱？

2. 第 38 页例 2

（1）知识点：掌握长方体、正方体的棱和面的特征。

（2）技能点：能理解并记住长方体、正方体 12 条棱和 6 个面的特点，会正确区分长方体和正方体。

（3）素养点：培养推理能力，发展空间观念。

（4）编写意图：

①通过量一量、比一比等数学活动，进一步认识长方体和正方体棱的特征。

②通过观察比较，归纳长方体面的特征。

③通过"议一议"，将长方体和正方体进行比较，弄清两者之间的相同点和不同点。

（5）关键问题：

①长方体的 12 条棱有什么特点？正方体呢？

②长方体的 6 个面有什么特点？正方体呢？

③长方体和正方体有什么相同点和不同点？

3. 第 39 页例 3

（1）知识点：了解从不同方向看到的物体的形状。

（2）技能点：能正确辨认从不同方向看到的物体的形状。

（3）素养点：建立空间观念，培养抽象能力。

（4）编写意图：

①让学生从不同的方向观察物体，形成平面图形的概念并做出正确的选择。

②通过"议一议"，进一步巩固从不同的方向观察物体的方法，培养学生的空间想象能力。

（5）关键问题：

①从前面观察，你看到的图形是什么样子的？

②从上面和侧面观察，你看到的图形是什么样子的？

长方体、正方体的表面积

1. 第 42 页：知识陈述和例 1

（1）知识点：长方体和正方体的表面积。

（2）技能点：能展开长方体和正方体的表面，说出表面积的意义，掌握长方体和正方体表面积的计算方法，并能正确计算长方体和正方体的表面积。

（3）素养点：渗透转化思想，培养归纳推理能力，发展空间观念。

（4）编写意图：

①呈现 3 个立体图形，通过找表面是由几个面组成的，每个面是什么形状，初步形成对表面的感知。

②通过"剪长方体盒子"的活动，呈现长方体展开图，引导学生形成表面积的直接表象概念，理解表面积的意义。经历立体图形到平面图形的转化过程，发展空间观念，逐步揭示长方体和正方体的表面积是 6 个面的面积之和。

③通过制作一个长方纸盒至少要多少平方厘米纸板，学习长方体表面积计算的两种方法。

④通过"议一议"，优化长方体表面积的计算方法。

⑤通过"试一试"，利用探索长方体表面积的计算方法和学习经验，自主解决正方体表面积的计算方法，培养学生的知识迁移能力。

（5）关键问题：

①观察立体图形，数一数它们的表面是由几个面组成的，说一说每个面各是什么形状。

②什么是立体图形的表面积？什么是长方体的表面积？什么是正方体的表面积？

③怎样计算需要多少纸板？有不同方法吗？哪种方法比较简便？

2. 第 43 页例 2

（1）知识点：综合运用长方体表面积的计算方法解决生活中的实际问题。

（2）技能点：能正确分析情境图中面的情况，会根据实际情况解决生活中的实际问题。

（3）素养点：培养应用意识，发展空间观念。

（4）编写意图：

①呈现求纸袋需要多少纸的情境图，通过观察发现只算 5 个面的面积之和即可。

②找出缺少的面，尝试用不同的方法解答。

③通过"试一试"，引导学生自主解题，培养综合运用表面积的知识

解决实际问题的能力。

④通过"议一议"，理解长方体和正方体的表面积在日常生活中的运用要根据实际情况分析。

（5）关键问题：

①"至少需要多少平方厘米的纸"是求什么？

②这个纸袋缺少哪个面？这个面的面积怎样计算？

③怎样计算5个面的面积？能用不同的方法解答吗？

体积与体积单位

1. 第45页例1

（1）知识点：体积的意义。

（2）技能点：能正确理解体积的意义，建立体积的概念。

（3）素养点：渗透等积变换的思想，建立体积模型，发展空间观念。

（4）编写意图：

①将土豆放入一个盛水的量杯中，观察土豆放入前后量杯中水位的变化，对产生这种现象（水位发生变化）的原因进行讨论，使学生初步认识"是土豆占据了水原来的一些空间"。

②通过"说一说"，学生借助已有的生活经验来感受任何一个物体都要占一定的空间，并且体验到由于物体的大小不同，所占的空间的大小也不同，从而建立体积的概念。

（5）关键问题：

①通过实验观察，你有什么发现？

②想一想：为什么水位会上升呢？

2. 第45页例2

（1）知识点：认识1立方厘米和1立方分米。

（2）技能点：能理解1厘米、1平方厘米、1立方厘米的区别和联系，能表达体积单位1立方厘米和1立方分米的大小，形成表象概念。

（3）素养点：发展空间观念，培养抽象能力，建立1立方厘米和1立方分米的思维模型。

（4）编写意图：

①直观呈现1厘米、1平方厘米、1立方厘米的大小，让学生认识到立方厘米与前面所学的厘米、平方厘米一样，都是计量单位，立方厘米是计量体积大小的单位。学生可以直观地辨析这三个计量单位的区别与联系，理解体积单位与棱长有关，借助原来掌握的长度单位建立起体积单位的概念。

②通过"做一做"，加深对体积单位的认识，体验怎样用体积单位计量物体的体积。

③在建立立方厘米的思维模型的基础上，认识较大的体积单位立方分米。

④介绍两个体积单位——立方厘米（cm^3）和立方分米（dm^3）的字母表示方法。

（5）关键问题：

①1厘米有多长？厘米是用来计量什么的单位？1平方厘米有多大？平方厘米是用来计量什么的单位？

②棱长1厘米的正方体有多大呢？生活中哪些物体的体积大约是1立方厘米？

③棱长1分米的正方体有多大呢？生活中哪些物体的体积大约是1立方分米？

3. 第46页例3

（1）知识点：认识1立方米。

（2）技能点：能表达1立方米的大小，形成表象概念。

（3）素养点：发展空间观念，培养抽象能力，建立1立方米的模型。

（4）编写意图：

①出示问题：1立方米有多大？让学生想象1立方米的大小。

②通过实际操作，搭建框架，参与活动，猜想验证，对1立方米的实际大小留下深刻的印象。

③建立1立方米的模型，介绍1立方米（$1m^3$）的字母表示方法。

④通过"说一说"，列举生活中体积大约是1立方米的物体，巩固对1立方米的认识，形成1立方米的表象概念。

（5）关键问题：

①想一想：棱长1米的正方体大约有多大？

②猜一猜：在墙角围一个棱长1米的正方体，估计可以蹲下几个人？

③生活中哪些物体的体积大约是1立方米？

4. 第47页例4

（1）知识点：体积单位的进率。

（2）技能点：能理解并掌握体积单位之间的进率，会正确地进行换算。

（3）素养点：在生活情境中培养量感，渗透模型思想，发展推理能力。

（4）编写意图：

①通过模型的操作与演示，学生直观理解1立方分米＝1000立方厘米。

②用类比的方法推导出 $1m^3 = 1000dm^3$。

（5）关键问题：

①1 立方分米等于多少立方厘米呢？用什么方法可以证明？说说你的推导过程。

②1 立方米等于多少立方分米呢？用什么方法可以证明？说说你的推导过程。

5. 第 47 页例 5

（1）知识点：认识容积单位。

（2）技能点：能理解容积的意义及其与体积的关系，知道容积单位及其与体积单位的关系，掌握容积（体积）单位间的进率，会正确运用单位间的进率进行单位换算。

（3）素养点：在生活情境中培养量感，发展空间观念和抽象能力，渗透模型思想。

（4）编写意图：

①呈现倒牛奶的情境图，理解体积与容积的关系，理解容积的含义。

②感受容积是容器可容纳物体的体积。

③通过"试一试"，比较容积的大小，巩固对容积的认识。

④呈现生活中常见的容器，引出容积单位的学习，认识升和毫升，理解体积（容积）单位间的进率。

⑤根据容积单位之间的进率进行单位换算。

（5）关键问题：

①什么是容积？

②容积的单位有哪些？容积单位和体积单位之间有什么联系？

长方体和正方体的体积计算

1. 第 50 页例 1

（1）知识点：长方体和正方体的体积。

（2）技能点：能推导长方体和正方体的体积公式，理解推导过程，掌握长方体和正方体的体积计算公式。

（3）素养点：培养推理能力，渗透模型思想。

（4）编写意图：

①用一些 1 立方厘米的小正方体拼摆成若干个不同的长方体，在表格中记录所拼摆长方体的长、宽、高和体积。

②对表中数据进行对比分析和交流，体会长方体长、宽、高与体积的内在联系，推导出长方体的体积公式。

③通过观察两个立体图形底面积的计算，把体积公式统一成"底面积×高"，体会长方体和正方体体积公式间的联系。

（5）关键问题：

①通过拼一拼、数一数，你从表中数据发现了什么？

②观察长方体和正方体的底面积计算，你又发现了什么？

2. 第 51 页例 2

（1）知识点：长方体体积的计算。

（2）技能点：能正确计算长方体的体积。

（3）素养点：培养应用意识。

（4）编写意图：

①呈现水果箱的情景图，引出需要解决的问题。

②通过对话框，引导学生用不同方法解决问题。

（5）关键问题：

①计算水果箱的体积，需要知道哪些条件？

②怎样计算体积？有不同的方法吗？

问题解决

1. 第 53 页例 1

（1）知识点：用长方体表面积的知识解决实际问题。

（2）技能点：能正确运用长方体表面积的知识解决生活中的实际问题。

（3）素养点：培养应用意识。

（4）编写意图：

①呈现粉刷教室情境图，结合情境图理解需要粉刷的面积。

②结合实际，计算教室 5 个面的面积减去门窗和黑板的面积。

（5）关键问题：

①粉刷的面积是指教室的哪些面？

②怎样计算粉刷的面积？

2. 第 53 页例 2

（1）知识点：用长方体容积的知识解决实际问题。

（2）技能点：能正确运用长方体容积的知识解决生活中的实际问题。

（3）素养点：培养应用意识。

（4）编者意图：

①呈现汽车加油的情境图，理解计算容积要从物体里面测量数据。

②理解计算容积就是计算容器容纳物体的体积，运用体积公式进行计算。

③通过计算油箱能装多少升柴油来计算需要多少元钱。

（5）关键问题：

①计算油箱能装多少升柴油就是求油箱的什么？为什么测量数据要从里面测量？

②怎样计算油箱的容积？需要的钱与什么有关系？怎样计算？

3. 第 54 页例 3

（1）知识点：用等积转化方法解决问题。

（2）技能点：能正确运用等积变换的规律来解决生活中的实际问题。

（3）素养点：培养应用意识，渗透等积变换的思想。

（4）编写意图：

①出示情景图，引导学生理解等积变换的规律。

②引导学生理解解题思路。

（5）关键问题：

①把正方体容器装满水倒入长方体容器中，什么变了？什么没变？

②怎样计算长方体容器水位的高度？

③长方体容器的高 23 厘米这个数据在这里有用吗？为什么？

圆

（六年级上册）

一、课标解读

（一）学段目标

1. 探索一些图形的形状、大小和位置关系，了解一些几何体和平面图形的基本特征。

2. 在观察、实验、猜想、验证等活动中，发展合情推理能力，能进行有条理的思考，能比较清楚地表达自己的思考过程与结果。

3. 在运用数学知识和方法解决问题的过程中，懂得数学的价值。

（二）课程目标

1. 通过观察、操作，认识圆，知道扇形，会用圆规画圆。

2. 通过操作，了解圆的周长与直径的比为定值，掌握圆的周长公式。

3. 探索并掌握圆的面积公式，并能解决简单的实际问题。

二、教材结构

（一）教学内容

项目　　题数　　小节	圆的认识	圆的周长	圆的面积	整理与复习	合计
例题	4	3	6	（2）	13（2）
课堂活动	5	3	5		13

题数 项目 \ 小节	圆的认识	圆的周长	圆的面积	整理与复习	合计
练习题	6	7	13	9	35
思考题	1	1	1		3

（二）知识联系

本单元知识是在学生初步认识圆和一些线段围成的平面图形的基础上安排的，学生已知道周长和面积的意义，会计算部分图形的周长和面积。通过对圆的认识以及圆的周长和面积的研究，学生将初步认识研究曲线图形的基本方法；渗透曲线图形与直线图形的关系，能够扩展学生的知识面，丰富其对平面图形内容的了解，在数学活动中发展学生的空间观念，也为后面学习圆柱与圆锥奠定基础。

三、分节理解

圆的认识

1. 第 12 页例 1

（1）知识点：初步认识圆，用圆规画圆。

（2）技能点：能说出生活中的圆形物品，会用圆规画圆。

（3）素养点：培养抽象能力和动手操作能力，发展空间观念。

（4）编写意图：

①呈现钟、圆桌、轮胎实物图，让学生找圆，学生经历从实物中抽象出圆的过程，培养抽象能力。

②通过圆规的"自我介绍"，学生能够知道画圆的工具是圆规，认识圆规，并掌握用圆规画圆的方法，能正确地用圆规画圆。

（5）关键问题：

①下面的实物中哪里有圆？生活中哪里还有圆？

②怎样用圆规画圆？

2. 第 12 页例 2

（1）知识点：认识圆的各部分名称及圆的特征。

（2）技能点：能找出和画出圆的圆心、半径和直径，掌握圆的特征。

（3）素养点：培养动手操作能力和归纳能力。

（4）编写意图：

①直接呈现圆的各部分名称及对应的字母符号。

②通过"议一议"，引导学生开展动手操作、观察、思考、讨论交流等活动，掌握圆的特征。

（5）关键问题：

①谁来介绍一下圆的各部分名称？

②通过折一折、量一量，你有什么发现？

3. 第 13 页例 3

（1）知识点：认识扇形。

（2）技能点：能找出扇形的圆心角、半径、弧。理解扇形的大小与哪些因素有关，体会扇形与圆的关系。

（3）素养点：渗透模型思想，发展空间观念。

（4）编写意图：

①呈现纸扇图，引导学生观察纸扇，形象感知扇形。

②看一看，认一认，认识圆心角和弧。通过观察，发现在同一个圆中扇形的大小与这个扇形的圆心角大小有关。

③通过找一找，找出 3 个扇形的圆心角和它所对应的弧，进一步巩固对圆心角和弧的认识。

（5）关键问题：

①什么叫圆心角？什么叫弧？

②在同一个圆中，扇形的大小与什么有关？

4. 第 14 页例 4

（1）知识点：设计图案。

（2）技能点：会用基本图形组合设计图案，体验图形的美；能在正方形中用线段绕成圆的图案，感受数学的神奇。

（3）素养点：培养应用意识和创新意识，渗透数学中的极限思想。

（4）编写意图：

①将圆与正方形或圆与圆组合，通过变换设计优美图案，体验图形的美、数学的美。

②在正方形中设计用线段绕成圆的图案，让学生感受直线图形变成曲线图形的神奇，渗透极限思想。

（5）关键问题：

①这些图案中有哪些几何图形？是怎样画出来的？

②在正方形中能用线段绕成圆的图案吗？用我们准备好的边长 12 厘米的正方形纸板来试试吧！

圆的周长

1. 第 16 页：知识陈述和例 1

（1）知识点：圆的周长的意义及计算公式。

（2）技能点：知道什么是圆的周长，能探索出圆的周长和直径的关系，知道 π 的意义，能理解圆的周长的计算公式"$C=\pi d$"或"$C=2\pi r$"。

（3）素养点：培养推理能力和创新意识，渗透模型思想。

（4）编写意图：

①呈现滚铁环的情境图，引导学生理解圆周长的含义。

②通过量一量，算一算，探索圆的周长和直径的关系；通过测量与计算几个不同圆的周长与直径的商，发现圆的周长总比直径的 3 倍多一些，揭示"圆周率"，从而推导出圆周长的计算公式"$C=\pi d$"或"$C=2\pi r$"。

（5）关键问题：

①铁环滚动一周的距离指的是什么？

②猜想一下：圆的周长与圆的什么有关系？动手操作实验验证：圆的周长与圆的直径有什么关系？

③怎样推导圆周长的计算公式？

2. 第 17 页例 2

（1）知识点：用圆周长计算公式解决简单的实际问题。

（2）技能点：能利用圆的周长计算公式解决简单的实际问题，明白 π 的取值；能运用"圆的周长总是直径的 3 倍多一些"来估算验证计算结果。

（3）素养点：培养估算能力和应用意识。

（4）编写意图：

①呈现自行车骑行情境图，明白计算自行车车轮转动 1 周前进的距离就是计算车轮的周长，也就是用圆的周长公式解决实际问题。

②观察本题列式，知道书写格式，知道 π 的取值，计算结果应按要求取近似值。

③呈现"0.71 的 3 倍多一些，应比 2.1 大"，引导学生根据"圆的周长总是直径的 3 倍多一些"这个规律检验结果是否正确，培养学生的估算意识和估算能力，养成检验习惯。

（5）关键问题：

①计算自行车车轮转动 1 周前进的路程就是求什么？

②看书写格式，为什么第一步用"$=$"，第二步用"$\approx$"？

③怎样用估算的方法检验结果是否正确？

3. 第 17 页例 3

（1）知识点：已知圆周长求圆直径。

（2）技能点：能用列方程的方法来解决实际问题，体验用公式去寻找问题中的等量关系的方法，提高用方程解决问题的能力。

（3）素养点：渗透方程思想，培养应用意识。

（4）编写意图：

①呈现水池的周长的情境图，引出需要解决的问题。

②根据"C＝πd"找出等量关系，用方程解答。

③先求出圆的直径，再根据圆的直径和半径的关系，求出半径。

④以"还能怎样算"引发学生思考：可以根据"C＝2πr"找出等量关系，先求出半径，再根据圆的直径和半径的关系，求出直径，也可以直接列算式来解决。

圆的面积

1．第 19 页：知识陈述和例 1

（1）知识点：圆的面积与半径的关系。

（2）技能点：能理解占地面积（圆面积）的意义，能推理出圆的面积比正方形面积的 3 倍多一些，也就是比半径平方的 3 倍多一些。

（3）素养点：培养估测能力、归纳能力和推理能力。

（4）编写意图：

①呈现云南景洪的曼飞龙白塔情境图，让学生知道塔的底面是一个圆，引出圆面积的学习。

②以正方形的边长为半径画一个圆，呈现"圆面积是小正方形面积的多少倍"的问题。根据圆的面积比 4 个小正方形的面积小，又比 2 个小正方形的面积大，引导学生经历一个估测的过程。

③用圆的面积与 3 个小正方形的面积对比时，学生会出现困惑，引发思考，从而引出数格子的方法。

④呈现格子图，将 r 平均分成 4 份，小正方形内画 16 格，四分之一个圆大约有 13 格，圆面积大约有 52 格，52 就是 16 的 3 倍多一些。

⑤总结圆面积比 4 个小正方形面积的 3 倍多一些，也就是比半径平方（r^2）的 3 倍多一些。

（5）关键问题：

①塔基占地多少平方米是指求圆的什么？什么是圆的面积？

②估一估：圆的面积大约是小正方形面积的多少倍？

③用数方格的方法验证一下：圆面积与圆的半径有什么关系？

2．第 20 页例 2

（1）知识点：圆面积公式。

（2）技能点：能通过操作活动推导出圆面积公式。

（3）素养点：渗透转化思想和极限思想，发展推理能力，建立圆面积公式模型。

（4）编写意图：

①呈现转化方法，把圆分成若干等份，拼接成近似的平行四边形或长方形。

②引导学生发现等分的份数越多，拼出的图形越接近于平行四边形，渗透极限思想。

③通过"议一议"，讨论拼成的平行四边形和圆之间的关系，理解圆面积公式的推导过程。

④总结圆面积公式"$S=\pi r^2$"，验证圆的面积是（r^2）的3倍多一些。

（5）关键问题：

①通过例1我们发现圆面积是半径平方（r^2）的3倍多一些，那么，到底多多少呢？怎样去研究？

②回忆平行四边形、三角形、梯形面积的计算公式是怎样推导出来的，能否将圆转化成我们学过的图形呢？

③转化后的图形与圆之间有什么关系？圆面积的公式是什么？

3. 第20页例3

（1）知识点：计算圆面积。

（2）技能点：能直接运用圆面积计算公式计算圆的面积。

（3）素养点：培养应用意识。

（4）编写意图：

①呈现鱼池情境图，引出问题，理解鱼池的占地面积指什么。

②呈现列式的书写格式，注意 30^2 表示 30×30。

（5）关键问题：

①鱼池的占地面积指什么？

②$30^2$ 表示什么意思？

4. 第21页例4

（1）知识点：知道圆的周长，求圆的面积。

（2）技能点：能正确运用圆面积公式解决稍复杂的实际问题。

（3）素养点：培养应用意识。

（4）编写意图：

①呈现问题，思考求圆面积需要的条件。

②题中给出的条件不是半径，要求圆面积就要先求圆的半径。

③通过"试一试"，进一步巩固圆面积的计算知识。

（5）关键问题：

①计算圆的面积需要什么条件？

②题中给出的条件不是半径怎么办？

5. 第23页例5

（1）知识点：计算组合图形的面积。

（2）技能点：会分解组合图形，能正确计算组合图形的面积。

（3）素养点：培养应用意识。

（4）编写意图：

①呈现学生熟悉的学校阅览室窗户的图形，激发学生已有的生活经验，体会此问题的研究价值。

②用分解的方法，理解组合图形的面积由一个正方形和一个半圆组成，整个图形的面积＝半圆面积＋正方形面积。

③在分步列式计算的过程中得数不需要保留整数，最后得数保留整数。

（5）关键问题：

①观察窗户的形状，说说它们是由哪些基本图形组成的。

②怎样求窗户的面积？

6. 第 23 页例 6

（1）知识点：求圆桌折叠部分的面积。

（2）技能点：会用多种方法解决生活中的实际问题。

（3）素养点：渗透转化思想，发展空间观念，培养应用意识和创新意识。

（4）编写意图：

①呈现可以折叠的圆桌情境图，激发学生已有的生活经验，引导学生体会此问题的研究价值。

②呈现可折叠的圆桌面，帮助学生对图形进行整体感知，直观感悟，明白折叠部分的面积是圆面积和正方形面积的差。

③用对话方式把思考与解决问题的过程介绍清楚，便于学生思考。

④运用转化的思想将正方形的面积转化为 4 个直角三角形的面积之和，折叠部分的面积就是圆面积与正方形面积的差。

（5）关键问题：

①折叠部分的面积有 4 块，每一块的面积怎样计算？

②把折叠部分看成整体，怎样计算折叠部分的面积？

③圆内接正方形的面积怎样计算？能用不同的方法解决吗？

圆柱和圆锥

（六年级下册）

一、课标解读

（一）学段目标

1. 探索一些图形的形状、大小和位置关系，了解一些几何体和平面图形的基本特征。

2. 在观察、实验、猜想、验证等活动中，发展合情推理能力，能进行有条理的思考，能比较清楚地表达自己的思考过程与结果。

3. 会独立思考，体会一些数学的基本思想。

（二）课程目标

1. 通过观察、操作，认识圆柱和圆锥，认识圆柱的展开图。

2. 结合具体情境，探索并掌握圆柱体积和表面积以及圆锥体积的计算方法，并能解决简单的实际问题。

二、教材结构

（一）教学内容

项目 \ 题数 \ 小节	圆柱	圆锥	整理与复习	合计
例题	4	4	（1）	8（1）
课堂活动	3	2		5
练习题	17	10	9	36
思考题	2	1	1	4

（二）知识联系

本单元是在学生初步认识圆柱和圆锥，进一步学习了长方形、正方形、三角形、平行四边形、梯形、圆形、扇形、长方体和正方体的基础上来安排的。在本单元，学生将进一步认识圆柱和圆锥的特征，培养空间观念，这有助于其建立几何图形的知识体系，将为在中学进一步学习图形与几何奠定基础。

三、分节理解

圆　柱

1. 第 24 页：知识陈述与例 1

（1）知识点：了解圆柱的特征。

（2）技能点：能指出圆柱的各部分名称，记住圆柱的特征，会推导圆柱侧面积计算公式。

（3）素养点：培养空间观念和推理能力，渗透转化思想、模型思想。

（4）编写意图：

①呈现生活中的圆柱实物图，抽象出圆柱体图形。

②根据抽象出的圆柱体图形，直观地认识圆柱各部分名称。

③用猜想验证的方法，引导学生认识圆柱的侧面，观察思考圆柱的侧面和展开图的关系，推导出圆柱侧面积的计算公式。

④通过"想一想"，引导学生理解求圆柱侧面积要知道圆柱底面周长和高，如果知道圆柱的底面半径和高，要先根据圆柱的底面半径求圆柱的底面周长。

（5）关键问题：

①观察圆柱，你发现了什么？

②猜一猜：圆柱的侧面展开是什么形状？能用哪些方法验证你的猜想？

③圆柱的侧面展开图与圆柱的侧面有什么关系？怎样计算圆柱的侧面积？

④已知圆柱的底面半径和高，怎样求圆柱的侧面积？

2．第 25 页例 2

（1）知识点：圆柱侧面积的计算。

（2）技能点：掌握圆柱侧面积的计算公式，能直接运用公式计算圆柱侧面积。

（3）素养点：培养应用意识。

（4）编写意图：

①呈现圆柱体图形，引出圆柱侧面积的计算知识。

②直接运用圆柱侧面积计算公式计算圆柱侧面积。

（5）关键问题：

①求圆柱的侧面积的公式是怎样的？求圆柱的侧面积要知道什么条件？

②如果已知圆柱的底面直径和高，怎样求圆柱的侧面积？

3．第 25 页例 3

（1）知识点：圆柱表面积的计算。

（2）技能点：掌握圆柱表面积的计算方法，能正确运用这一方法解决实际问题。

（3）素养点：培养应用意识。

（4）编写意图：

①呈现生活中的实际问题，该题要求做这个油桶需要多少铁皮，没有直接告诉求表面积，给学生以思考的空间。

②组织学生讨论，思考至少需要多少铁皮和表面积的关系，再引导其

思考表面积如何计算。

③呈现圆柱表面积的计算方法和解题思路。

（5）关键问题：

①"需要多少平方分米的铁皮"是求圆柱的哪些面？

②什么是圆柱的表面积？怎样计算圆柱的表面积？

4. 第28页：知识陈述与例4

（1）知识点：圆柱体积的计算。

（2）技能点：能理解圆柱体积计算公式的推导过程，掌握圆柱体积计算公式，并能正确运用公式计算圆柱的体积。

（3）素养点：培养推理能力和应用意识，渗透转化思想、模型思想。

（4）编写意图：

①呈现小组讨论的情境图，由圆面积的推导过程引出把圆柱体转化成长方体的方法。

②通过分一分，拼一拼，把圆柱体转化成近似的长方体。

③观察转化后的长方体与圆柱体的关系，推导出圆柱的体积计算公式。

④通过"试一试"，直接运用圆柱的体积计算公式计算圆柱的体积。

⑤呈现情境图，已知一个圆柱的底面周长和高，求圆柱的体积。根据圆柱的体积计算公式，需要知道底面积和高，所以要先求出圆柱的底面半径，再求圆柱的底面积，最后求圆柱的体积。

（5）关键问题：

①你会将圆柱体转化成我们学过的立体图形吗？怎么转化？

②观察转化后的立体图形与圆柱有什么关系，说说怎样计算圆柱的体积。

③计算圆柱的体积要知道哪些条件？试着计算一下圆柱的体积。

④已知圆柱的底面周长和高，怎样求圆柱的体积？

圆　锥

1. 第31页：知识陈述与例1

（1）知识点：圆锥的认识。

（2）技能点：能指出圆锥的各部分名称并掌握圆锥的特征，理解圆锥的高的意义。

（3）素养点：培养抽象能力和空间观念。

（4）编写意图：

①观察生活中的圆锥形实物，抽象出圆锥的几何图形。

②结合几何图形，认识圆锥的面和顶点，直观理解圆锥的高。

③通过"说一说"，找出生活中的圆锥形物体，巩固对圆锥的认识。

（6）关键问题：

①观察下面的物体，它们有什么共同点？

②观察圆锥，找一找它们有几个面，每个面有什么特点，圆锥的高在哪里。

③生活中还有哪些圆锥形的物体？

2．第 32 页例 2

（1）知识点：圆锥体积公式。

（2）技能点：理解圆锥体积公式的推导过程，掌握圆锥体积的计算公式。

（3）素养点：培养推理能力，渗透模型思想。

（4）编写意图：

①创设问题情境，让学生猜想圆锥的体积是否也是底面积乘高，给学生思考和想象的空间。

②让学生动手操作，通过"填一填"和"议一议"，推导出圆锥的体积公式。

（5）关键问题：

①圆柱的体积等于底面积乘高，猜一猜：圆锥的体积是不是底面积乘高呢？

②通过实验，你发现了什么？

③圆锥的体积怎样计算？

3．第 32 页例 3

（1）知识点：计算圆锥的体积。

（2）技能点：能正确运用圆锥的体积公式计算圆锥的体积。

（3）素养点：培养应用意识。

（4）编写意图：

①呈现铅锤实物图，引出要解决的问题。

②引导学生理解求圆锥的体积要知道圆锥的底面积和高，先根据圆锥的底面半径求圆锥的底面积，再求圆锥的体积。

（5）关键问题：

①求圆锥的体积要知道什么条件？

②知道圆锥的底面半径和高要先求什么？

4．第 33 页例 4

（1）知识点：用圆锥体积解决实际问题。

（2）技能点：能正确运用圆锥的体积公式解决生活中的实际问题。

（3）素养点：培养应用意识。

（4）编写意图：

①呈现一堆煤的情境图，让学生直观看出一堆煤的形状近似圆锥体。

②在计算圆锥体积的基础上，增加了一个条件，即计算车的辆数，这样既增强了问题的现实性，也有利于培养学生综合运用知识解决问题的能力。

（5）关键问题：

①煤的形状是什么样的？知道底面周长和高怎样求体积？

②怎么理解"载重5吨的车"？怎样计算车的辆数？

第五节　图形的运动

小学阶段"图形的运动"主要包括平移、旋转和轴对称，图形的放大或缩小，确定物体的位置等内容。

平移、旋转和轴对称

（三年级下册）

一、课标解读

（一）学段目标

1. 感受平移、旋转、轴对称现象；认识物体的相对位置。

2. 在从物体中抽象出几何图形、想象图形的运动和位置的过程中，发展空间观念。

（二）课程目标

1. 结合实例，感受平移、旋转、轴对称现象。

2. 能辨认简单图形平移后的图形。

3. 通过观察、操作，初步认识轴对称图形。

二、教材结构

（一）教学内容

项目　　　小节　题数	旋转与平移现象	初步认识轴对称图形	合计
例题	3	3	6

续表

项目	小节 题数	旋转与平移现象	初步认识轴对称图形	合计
课堂活动		1	1	2
练习题		5	4	9

（二）知识联系

在学习本单元之前，学生已经认识了长方形、正方形这些基本图形，在生活中积累了一些平移和旋转的直观表象概念。学习本单元知识将为第二学段在方格纸上平移、旋转与画轴对称图形奠定基础。

三、分节理解

旋转与平移现象

1. 第 69 页例 1

（1）知识点：旋转。

（2）技能点：会正确判断旋转现象，能举例说出生活中的旋转现象。

（3）素养点：通过观察，感知物体或图形的旋转现象，渗透变中有不变的思想，发展空间观念。

（4）编写意图：

①呈现小朋友在游乐园玩耍的情境图，以图片和文字结合的方式呈现水龙头的开与关，滚筒、风车的转动等生活中的旋转现象。

②通过老师的对话框和实例体会旋转的含义。

③通过"议一议"，列举生活中的旋转现象。

（5）关键问题：

①游乐场中的风车、滚筒、转椅等有什么相同的地方？

②以风车为例说一说什么是旋转现象。

2. 第 70 页例 2

（1）知识点：平移。

（2）技能点：会正确判断平移现象，能举例说出生活中的平移现象。

（3）素养点：通过观察，感知物体或图形的平移现象，渗透变中有不变的思想，发展空间观念。

（4）编写意图：

①呈现小朋友在游乐园玩耍的情景，以图片和文字结合的方式呈现积木的运动、玩滑梯、小猴滑下杆子等生活中的平移现象。

②通过小朋友的对话框，以积木为实例体会平移的含义。

③根据老师的提问，列举生活中的平移现象。

（5）关键问题：

①小朋友推积木、玩滑梯有什么相同的地方？

②以推积木为例说一说什么是平移现象。

3. 第70页例3

（1）知识点：图形平移特征的运用。

（2）技能点：能运用平移现象的经验，判断图形的平移，感受平移的特征。

（3）素养点：通过观察、判断、想象平移后的图形，培养观察能力和空间想象能力。

（4）编写意图：

①以图片的方式呈现简单平移后可以重合与平移后不能重合的图形。

②哪些图形通过平移可以互相重合？运用平移现象特点，通过想象找出能重合的图形，进一步体会平移的本质特点。

（5）关键问题：

①哪些图形通过平移可以互相重合？

②平移与旋转最大的不同在哪儿？

初步认识轴对称图形

1. 第73页例1

（1）知识点：生活中的对称。

（2）技能点：能指出生活中的对称现象，能列举生活中的对称的物体。

（3）素养点：培养观察能力和想象力，感受对称美。

（4）编写意图：

①以图片的方式呈现生活中的9种轴对称图形。

②通过看一看，发现这些物体的上下两部分或者左右两部分的形状、大小都是相同的。

③通过小朋友的对话框，联系实例体会对称的含义，感受物体或图案的对称美。

（5）关键问题：

①观察这些生活中的图片，你发现它们有什么相同的地方？

②你能举出生活中一些漂亮的对称物体吗？

2. 第73页例2

（1）知识点：认识对称图形。

（2）技能点：能运用生活中的对称现象经验，理解图形的对称性。

（3）素养点：通过观察、思考，培养迁移能力和空间想象能力。

（4）编写意图：

①呈现 5 个从不同角度观察都是对称的平面图形。

②通过男生问题"你发现了什么"观察想象，直观感知 5 个图形都是对称图形。

③通过女生的回答"这些图形都是对称的"进一步体会对称的含义。

（5）关键问题：

①这些平面图形是对称的吗？为什么？

②你有什么办法证明这些平面图形是对称图形？

3. 第 74 页例 3

（1）知识点：初步认识轴对称图形。

（2）技能点：能理解对称轴和轴对称图形的意义，会正确判断轴对称图形。

（3）素养点：通过实践操作，培养动手操作能力和观察概括能力。

（4）编写意图：

①呈现两组直观图：对折后完全重合的图形。

②结合小朋友的话，通过交流操作后发现：对折后折痕两边的部分完全重合。

③通过老师的话体会什么样的图形是轴对称图形。

（5）关键问题：

①对折后，折痕两边能完全重合的图形是轴对称图形。

②同一个图形有几种不同的折法？

图形的平移、旋转与轴对称

（五年级上册）

一、课标解读

（一）学段目标

1. 探索一些图形的形状、大小和位置关系。

2. 体验简单图形的运动过程，能在方格纸上画出简单图形运动后的图形。

3. 在观察、实验、猜想、验证等活动中，发展合情推理能力，能进行有条理的思考，能比较清楚地表达自己的思考过程与结果。

4. 尝试从日常生活中发现并提出简单的数学问题，并运用一些知识加以解决。

（二）课程目标

1. 通过观察、操作等活动，进一步认识轴对称图形及其对称轴，能在方格纸上画出轴对称图形的对称轴；能在方格纸上补全一个简单的轴对称图形。

2. 通过观察、操作等，在方格纸上认识图形的平移，能在方格纸上按水平或垂直方向将简单图形平移。

3. 能从平移、旋转和轴对称的角度欣赏生活中的图案，并运用它们在方格纸上设计简单的图案。

二、教材结构

（一）教学内容

小节 题数 项目	图形的平移	图形的旋转	轴对称图形	设计图案	探索规律	合计
例题	3	3	3	3	2	14
课堂活动	1	3	2	1	1	8
练习题	4	5	5	4	4	22
思考题						

（二）知识联系

在学习本单元之前，学生已在三年级对平移、旋转与对称现象有了一定的感性认识，它们的区别在于：一是取材不一样，三年级所学的平移、旋转和对称现象重点取材于现实生活，本单元的图形的平移、旋转与对称基本上都取材于数学中的平面几何图形；二是要求不一样，三年级所学的平移、旋转和对称现象只限于感知，而本单元的图形的平移、旋转与对称需要理解和应用；三是学习方式不一样，三年级所学的平移、旋转和对称现象主要采用观察与操作获得运动表象，而本单元的图形的平移、旋转与对称要采用操作、分析、归纳和应用的方式掌握图形运动的本质属性。学习图形的平移和旋转，将为后面的面积计算公式的学习做好方法铺垫。

三、分节理解

图形的平移

1. 第 25 页例 1

（1）知识点：平移的方向和距离。

（2）技能点：掌握图形平移的方法，能在方格纸上将简单图形平移。

（3）素养点：归纳思想、类比思想。通过动手平移长方形纸片，培养动手能力；通过对图形平移前后的对比，培养观察和归纳能力。

（4）编写意图：

①呈现长方形在方格纸上的平移。

②通过男生的提问"长方形向什么方向平移了几格"引出探究内容，提示学生平移时要注意平移方向和距离这两个因素。

③通过对话框，交流探究的方法。一是用长方形纸片在方格纸上移一移，二是先在长方形上确定一点，再数一数平移后移动了几格。

④呈现正方形在方格纸上的平移。

⑤通过填"□向（　　）平移了（　　）格"交流正方形是如何平移的。

（5）关键问题：

①这个长方形是怎样平移的？

②怎样准确地数出图形平移了几格呢？

③完整地根据方向和距离表述图形的平移。

2. 第 26 页例 2

（1）知识点：画出平移后的图形。

（2）技能点：能通过观察、操作画出平移后的图形。

（3）素养点：归纳思想、变中有不变思想。通过画平移后的图形，培养归纳能力；通过观察图形平移前后位置变了，但形状、大小不变，渗透变中有不变的数学思想。

（4）编写意图：

①用图文结合的方式呈现探究内容：将平行四边形向右平移 4 格，将梯形向上平移 2 格。在方格图中明确标出平行四边形和梯形的四个顶点，让学生明白这 4 个顶点是四边形的"关键点"。

②通过男生的对话框"平移前，我先确定 4 个顶点应平移到哪里，这样画出的图形就不会错了"明白画法。

（5）关键问题：

①用平行四边形纸片向右平移 4 格，找到平移后的位置。

②如果没有平行四边形纸片，怎样快速画出平移后的图形呢？

3. 第 26 页例 3

（1）知识点：图形的变换。

（2）技能点：能运用图形平移的方法进行简单的图形变换。

（3）素养点：培养图形变换意识。引导学生掌握简单的图形变换的方法，通过体验用不同途径解决同一问题的过程，树立解决问题多样化的策略思想。

（4）编写意图：

直接呈现平移前后的两个图形。图形变换的途径比较多，要让学生充分发挥想象，通过自主探索发现可以将图（1）分成上下部分或者左右部分，采用上下平移或者左右平移的方式都能实现图（1）变图（2）的目的；将图（1）平均分成左上、右上、左下、右下四个部分，将这四个部分按顺时针或逆时针方向顺次移动也能达到相同的目的。

（5）关键问题：

①运用平移可以设计漂亮的图案，那么如何通过平移，将图（1）变成图（2）呢？

②小组合作交流，全班汇报。

图形的旋转

1. 第 29 页：知识陈述与例 1

（1）知识点：旋转的特征。

（2）技能点：理解顺时针方向和逆时针方向，并从位置、点、方向、角度这四个方面进一步研究旋转，能在方格纸上将简单图形旋转 90°。

（3）素养点：通过观察和描述风车叶片的旋转，理解旋转的含义，培养观察能力和语言表达能力。

（4）编写意图：

①呈现钟表图案，通过对话框介绍顺时针方向和逆时针方向，并举例加深认识。

②以半直观、半抽象的风车叶片的旋转为素材，引导学生全面关注旋转过程中的"旋转中心""旋转方向""旋转角度"旋转三要素。

③从图形①到图形②，首先用完整的语言为学生做出示范，让学生明白描述一个物体的旋转时应关注物体旋转时的"中心点"、"旋转方向"及"旋转角度"。

④从图形①依次旋转到图形④，以填空的形式巩固旋转要素。

⑤通过"议一议"，让学生自己描述从图形②到图形③，图形③到图形④是怎样旋转的。

（5）关键问题：

①体验顺时针方向和逆时针方向。

②研究旋转的要素：中心、方向、角度。

③完整、准确地描述图形的旋转。

2. 第 30 页例 2

（1）知识点：在方格纸上将简单图形按要求旋转。

（2）技能点：能在方格纸上按要求旋转图形和画出简单图形旋转后的图形。

（3）素养点：在实践操作过程中培养观察能力及动手能力，通过动手操作，引导学生进一步理解图形的旋转，培养空间观念。

（4）编写意图：

①用文字和方格图提出探索内容：在方格纸上将三角尺绕点 A 旋转 90°。

②通过对话框呈现旋转的方法：顺时针或逆时针方向旋转 90°。

③在方格纸上呈现旋转后的图形。

（5）关键问题：

①明确旋转要求。

②独立操作，画出旋转后的图形，全班交流。

3．第 30 页例 3

（1）知识点：在方格纸上画复杂图形旋转后的图形。

（2）技能点：能在方格纸上按要求旋转复杂的平面图形，并画出旋转后的图形。

（3）素养点：通过画复杂平面图形旋转后的图形，增强空间意识。

（4）编写意图：

①用文字的方式提出探索内容。

②通过两位小朋友的对话，呈现出画旋转图形的基本方法：一是确定原图形中的关键线段；二是以关键线段旋转后的位置为基础画出图形。

③以画出这个图形在方格纸上绕点 O 沿逆时针方向旋转 90°后的图形，强化画法。

（5）关键问题：

①要旋转的图形和例 2 相比有什么不同？

②讨论：怎样按要求旋转这个复杂图形？

轴对称图形

1．第 33 页例 1

（1）知识点：进一步认识轴对称图形及对称轴。

（2）技能点：能用折纸等方法确定对称轴，知道学过的对称图形中有的只有 1 条对称轴，有的有多条对称轴。

（3）素养点：树立空间观念，丰富数学活动经验，理解轴对称图形的含义，培养观察和归纳能力。

（4）编写意图：

①呈现 6 个平面图形，让学生判断哪些图形是轴对称图形。

②通过男生的对话框出示判断的结果：图形④不是轴对称图形。

③折一折，体会轴对称图形的特征，展示正方形和小花纸片先对折再展开后的图形。

④呈现探索后的发现——轴对称图形折痕两边能完全重合，从而明确折痕所在的直线就是这个图形的对称轴。

⑤通过"试一试"，了解有些图形有一条对称轴，有些图形不止 1 条对称轴。

（5）关键问题：

①怎样判断一个图形是否轴对称图形？什么是对称轴？

②这些平面图形有几条对称轴？

2. 第 34 页例 2

（1）知识点：在方格纸上画出轴对称图形的对称轴。

（2）技能点：能通过观察方格图的方法画出轴对称图形的 1 条或几条对称轴。

（3）素养点：树立空间观念，丰富数学活动经验，培养观察与操作能力。

（4）编写意图：

①用文字提出探索要求：先判断哪些图形是轴对称图形，再画出它们的对称轴。

②在方格图上呈现 6 个平面图形，让学生判断哪些是平面图形，并画对称轴。第一个图形已经画出对称轴，引导学生学习画对称轴的方法。

③通过"试一试"，巩固画对称轴知识。

（5）关键问题：怎样借助方格画轴对称图形的对称轴？

3. 第 34 页例 3

（1）知识点：在方格纸上按要求补全简单的轴对称图形。

（2）技能点：能够利用轴对称图形对称的特性画出图形的另一半，使之成为轴对称图形，加深对轴对称图形的理解。

（3）素养点：树立空间观念，丰富数学活动经验，培养观察能力及空间想象能力。

（4）编写意图：

①图文结合提出探索要求：在方格纸上画出图形的另一半，使它成为轴对称图形。

②通过两位小朋友的对话，呈现补全轴对称图形的基本方法，一是确定原图形中的关键点；二是画出所有关键点的对称点；三是依次连接各关键点画出轴对称图形。

③通过"试一试"，强化画图形另一半的方法，与例题不同的是需要先确定对称轴，再找对应点，选点比较关键。

（5）关键问题：

①要在方格纸上画出这个图形的另一半，使它成为轴对称图形，你准备怎么画呢？

②在方格纸上画出轴对称图形的另一半的关键是什么？

设计图案

1．第 37 页例 1

（1）知识点：平移后的图形与原图形将组成新的图案。

（2）技能点：能运用图形的平移知识设计图案，掌握设计图案的基本方法。

（3）素养点：树立空间观念，丰富数学活动经验，结合图案设计的过程，提高动手操作能力，培养审美能力。

（4）编写意图：

①采用图文结合的方式提出探索要求：利用平移设计图案。

②采用对话框的形式提示用图形的平移设计图案的基本方法，并在方格纸上示范两个图形。

③通过"请把下面这个图案画完整"，引导学生学以致用，在动手设计图案的过程中加深对图案设计方法的理解。

（5）关键问题：

①原图怎样平移能够得到新的图案？

②运用平移设计图案与图形的平移有什么不同？

2．第 37 页例 2

（1）知识点：旋转后的图形与原图形组成新的图案。

（2）技能点：能运用图形的旋转知识设计图案，掌握设计图案的基本方法。

（3）素养点：树立空间观念，丰富数学活动经验，结合图案设计的过程，提高动手操作能力，培养审美能力。

（4）编写意图：

例 2 的编写意图与例 1 相仿，学生有了例 1 的基础，再通过对话框中的简单提示，学生就能顺理成章地完成这个图案的其他设计过程。

（5）关键问题：

①自学例 2，独立思考。

②小组交流：例 2 中的图案是怎样设计的？

3．第 38 页例 3

（1）知识点：利用轴对称知识设计图案。

（2）技能点：能运用图形对称的知识设计图案，掌握设计图案的基本方法。

（3）素养点：树立空间观念，丰富数学活动经验，结合图案设计的过程，提高动手操作能力，培养审美能力。

（4）编写意图：

①由于学生已经有了例1和例2的设计基础，教师可以完全放手，让学生独立完成整个图案的设计过程。

②通过"议一议"，开放问题解决的过程，呈现多种画法。

（5）关键问题：怎样运用图形的对称设计图案？

探索规律

1. 第40页例1

（1）知识点：图形中的变化规律。

（2）技能点：探索图形在平移、旋转过程中所隐含的规律或变化趋势，能根据规律解决问题。

（3）素养点：通过探索图形的变化，培养观察和归纳能力、分析和解决问题的能力。

（4）编写意图：

①以图文结合的方式提出探索要求。

②用对话框的形式描述箭头从第1幅图到第3幅图的变化过程，提醒学生重点从箭头方向、旋转中心、方向、角度这几个因素来观察箭头的变化规律。

③用填空的方式概括变化规律：先沿箭头方向平移3格，再以小圆点为中心，沿顺时针方向旋转90°。

（5）关键问题：

①仔细观察这4幅图，想一想图形是怎样变化的。

②先独立思考，然后小组交流变化规律。

2. 第40页例2

（1）知识点：图形中数量的变化规律。

（2）技能点：探索图形变换过程中隐含的规律，并且能用数量来表示。

（3）素养点：树立空间观念，提高推理能力，通过探索图形中数量的变化规律，培养观察概括能力。

（4）编写意图：

①用图文结合的方式提出探索要求，展示3幅图。

②通过对相邻两幅图的黑色方块的数量与位置进行对比，发现瓷砖的变化规律不是物体的运动变化规律，而是数量逐步增加的规律。

③以图文并茂的形式展示黑色瓷砖数量上的变化规律：一是在4块瓷砖的基础上从第2次起每次增加3块瓷砖；二是在1块瓷砖的基础上从第1次起每次增加3块瓷砖。

④通过"议一议"，巩固发现的规律。

（5）关键问题：

①每一幅图与前一幅图相比，增加了多少块黑色瓷砖？

②怎样很快地计算出每幅图中黑色瓷砖的块数？

第六节　图形与位置

小学阶段的图形与位置内容主要包括描述上、下、左、右、前、后相对位置，观察物体，辨认方向，确定位置等。

位　置

（一年级下册）

一、课标解读

（一）学段目标

1. 了解物体的位置，会用上、下、左、右、前、后描述物体的相对位置。

2. 在想象物体位置的过程中，发展空间观念。

（二）课程目标

1. 在具体的情境中辨认在同一场所自己或他人所在的相对位置。

2. 会用上、下、左、右、前、后描述物体的相对位置。

二、教材结构

（一）教学内容

小节 题数 项目	位置	合计
例题	3	3
课堂活动	3	3
练习题	6	6

（二）知识联系

本单元知识主要包括认识物体的相对位置：上、下、前、后、左、右。它是学生学习辨认方位的开始，将为后续学习辨认东、南、西、北，确定位置等做准备。

三、分节理解

1. 第 22 页例 1

（1）知识点：认识上、下。

（2）技能点：会用上、下描述物体的相对位置。

（3）素养点：积累操作性经验，培养空间观念、几何直观思想、应用意识。

（4）编写意图：

①用图片再现情景，呈现具有上、下关系的 9 种动物。

②通过 3 个小朋友的对话，理解上、下的基本含义，初步感受上与下具有相对性。

③通过问题"还可以怎样说"，让学生学会用上、下描述物体的相对位置。

（5）关键问题：

①谁在谁的上面？

②谁在谁的下面？

2. 第 22 页例 2

（1）知识点：认识前、后。

（2）技能点：会用前、后描述物体的相对位置。

（3）素养点：积累操作性经验，培养空间观念、几何直观思想、应用意识。

（4）编写意图：

①通过图片和填空的方式呈现学生排队放学前、后位置关系的情境。

②通过填空，认识前、后的基本含义，初步感受前与后具有相对性。

③通过"说一说"，学会用前、后描述物体的位置关系，体会前、后在生活中的价值。

（5）关键问题：

①谁在谁的前面？

②谁在谁的后面？

③为什么小东一会儿说他在前面，一会儿又说他在后面？

3. 第 23 页例 3

（1）知识点：认识左、右。

（2）技能点：会用左、右描述物体的相对位置。

（3）素养点：积累操作性经验，培养空间观念、几何直观思想、应用意识。

（4）编写意图：

①创设生活中左、右位置关系的情境，以图片、文字和问题的方式呈现。

②呈现两个小朋友的对话"这是左手""这是右手"，分清左、右。

③通过问题"生活中什么时候用到左手？什么时候用到右手"进一步区分左右。

④通过指、摸左右眼、腿、耳，进一步理解左、右的位置关系。

⑤结合情景图，通过填空和提问学会用左、右描述物体的位置关系。

⑥通过"说一说"，学会用左、右描述身边同学的位置，进一步巩固对左、右的认识。

（5）关键问题：

①指出自己的左手、左眼、左腿、左耳，右手、右眼、右腿、右耳。

②小红的左边有什么？右边有什么？

③我们说行人靠右，为什么上下楼梯时却各走一边？

观察物体

（二年级上册）

一、课标解读

（一）学段目标

1. 经历从实际物体中抽象出简单几何体的过程，观察物体的相对位置和形状，掌握图形与几何的基础知识和基本技能，建立空间观念，初步形成几何直观概念，发展形象思维和抽象思维。

2. 学会与他人交流，能从数学角度发现问题和提出问题，综合运用所学几何知识，获得解决问题的一些基本方法，初步形成评价和反思的意识。

（二）课程目标

1. 丰富对现实空间及图形的认识，建立初步的空间观念，发展形象思维；在观察物体活动中利用图形描述和分析问题，借助几何直观可以把复杂的数学问题变得简明、形象，有助于探索解决问题的思路，预测结果，还可以帮助学生直观理解数学。

2. 通过观察形成表象，根据图形的性质得到描述性的结论，培养学生的推理能力。

3. 辨认从不同角度观察到的简单物体。

4. 从实际物体中抽象出简单的平面图形。

二、教材结构

（一）教学内容

项目 \ 题数 \ 小节	观察物体	合计
例题	3	3
课堂活动	2	2
练习题	4	4

（二）知识联系

学生在日常生活中总在对物体进行观察，他们从大量的生活背景中已经积累了一部分的观察体验，对于处在不同的位置观察同一物体，该物体的形状可能会不一样，他们已有一定的生活经验，本单元就是在此基础上安排教学的。

三、分节理解

1. 第 47 页例 1

（1）知识点：经历从不同角度观察简单物体的过程。

（2）技能点：能从不同角度观察简单物体，看到不同的物体面。

（3）素养点：积累操作性经验，培养空间观念、几何直观能力、观察推理能力和应用意识，建立一一对应的思想。

（4）编写意图：

①创设从前面、后面、左面、右面观察一个茶壶的情境图，让学生积累活动经验。

②通过问题"指出下面茶壶图分别是哪位同学看到的"引导学生联系自己在不同位置看到的形状，判断不同的形状分别是哪名学生看到的，初步体会局部和整体的关系，培养空间观念，建立一一对应的思想。

（5）关键问题：

①坐在一个茶壶的前面、后面、左面、右面，你分别看到了什么？

②例题下的茶壶图分别是哪位同学看到的？

③通过观察、判断，你发现了什么？

2. 第 47 页例 2

（1）知识点：经历从不同角度观察人头像的过程。

（2）技能点：能辨认从不同角度观察人头像画出来的平面图。

（3）素养点：培养空间想象能力、几何直观能力、观察推理能力、应用意识，积累操作性经验，建立一一对应的思想。

（4）编写意图：

①以图片的方式呈现3个小朋友在不同位置画画的情境图，并在情境图下给出3个不同方向观察的平面图。让学生想象在不同位置看到的不同画面，培养空间想象能力。

②通过问题"说一说下面这些图分别是谁画的"知道在不同方向观察到的人物图像是不同的，判断不同的平面图分别是哪个学生画的，再次体会局部和整体的关系，培养空间想象能力，建立一一对应的思想。

（5）关键问题：

①想象三个小朋友分别看到了什么位置。

②例题下的这些图分别是谁画的？

③小军、小红、小明画的是同一个人，为什么画出来的画像不一样呢？

3. 第48页例3

（1）知识点：经历从不同角度观察组合物体的过程。

（2）技能点：能通过观察、想象，辨认出从不同角度观察组合物体看到的不同物体面。

（3）素养点：积累操作性经验，培养空间想象能力、观察推理能力、几何直观能力、应用意识，建立一一对应的思想。

（4）编写意图：

①以图片的方式呈现爸爸为母女照相的情境图，并在情境图下给出4张不同拍摄角度的母女照片，让学生根据生活经验，想象在不同位置看到的组合物体的不同面，培养空间想象能力。

②通过问题"下面这些照片分别是爸爸站在我们的哪个方向拍的"对照参照物大树和房屋，确定拍照方向，培养空间想象能力，体会不同角度看到的同一组合物体的不同面是不一样的，建立一一对应的思想。

（5）关键问题：

①想象摄影师在你的前、后、左、右会拍到你身体的哪些部位。

②例题下的4张照片是爸爸站在母女的哪个方向拍的？

③第3、4张照片都填侧面行吗？为什么？

辨认方向

(三年级上册)

一、课标解读

(一) 学段目标

1. 辨认物体的相对位置；掌握初步的测量、识图和画图技能。

2. 在想象图形的运动和位置的过程中，发展空间观念。

3. 了解数学可以描述生活中的一些现象，感受数学与生活的密切联系。

(二) 课程目标

1. 给定东、南、西、北四个方向中的一个方向，能辨认其余三个方向。

2. 知道东南、西南、东北、西北四个方向。

3. 会用东、南、西、北、东南、西南、东北、西北这些词语描绘物体所在的方向。

二、教材结构

(一) 教学内容

项目 \ 题数 \ 小节	东、南、西、北	东南、西南、东北、西北	合计
例题	2	2	4
课堂活动	1	1	2
练习题	3	3	6

(二) 知识联系

本单元是在学生掌握了前、后、左、右、上、下等方向，并能用这些方向词描述物体相对位置，以及在生活中积累了东、南、西、北等方位的一些感性经验的基础上，对方位的再一次认识。本单元的学习将为以后进一步学习借助直角坐标辨认方向打好基础。

三、分节理解

东、南、西、北

1. 第 33 页例 1

（1）知识点：认识地图上的东、南、西、北。

（2）技能点：能在地图上辨认东、南、西、北，能通过观察、想象建立对物体所在方向位置的直观感受，体验方向的相对性。

（3）素养点：培养空间观念、观察能力和应用意识、语言表达能力。

（4）编写意图：

①以图文结合的方式呈现在地图上辨认东、南、西、北四个方向的情景。

②结合问题"在图上怎样认识东、南、西、北呢"直接给出答案：地图通常是按上北、下南、左西、右东的方向绘制的。

③以两个小朋友的对话，引出例题中的街道平面图的绘图方向。

④在街道平面图上以岗亭为中心，标东、南、西、北四个方向，巩固在地图上以岗亭为观测点辨认方向的知识。

⑤通过填空，进一步巩固在地图上以岗亭为观测点辨认方向的技能。

⑥利用"议一议"中的"还可以怎么说"变换观测点后辨认方向，体会同一物体的观测点不同，它的方向描述也不同，体验方向的相对性。

（5）关键问题：

①地图通常是按什么方向绘制的？

②岗亭的东面、西面、南面、北面分别是什么？

③还可以怎样描述它们的方位？

2. 第 33 页例 2

（1）知识点：认识生活中的东、南、西、北。

（2）技能点：能结合现实生活，先确定一个方向再辨认其他方向，会在生活中辨认方向。

（3）素养点：建立方向感，进一步培养语言表达能力，发展空间观念、观察能力和应用意识。

（4）编写意图：

①图文结合，呈现在生活中辨认东、南、西、北四个方向的情景，明确现实生活中辨认方向的需要。

②通过问题"在生活中怎样辨认东、南、西、北呢"引出可以先确定一个方向，再辨认其他几个方向的方法。

③以小朋友对话的方式呈现确定一个方向的两个方法：一是根据太阳升起的方向确定东方，二是用指南针确定北方或南方。

④以小朋友的对话给出根据一个方向确定其他三个方向的方法：面向北方，就可以按前北、后南、左西、右东来确定方向。总结出东与西相对、南与北相对，体验方向的相对性。

⑤通过选定一个方向，说一说它的东面、西面、南面、北面分别有什么，进一步掌握辨认方向的方法，增强方向感。

（5）关键问题：

①在生活中我们怎样辨认东、南、西、北？

②面向北方，我们的前、后、左、右分别是什么方向？

③哪些方向是相对的？

④学校的东面、西面、南面、北面分别有什么？

东南、西南、东北、西北

1. 第36页例1

（1）知识点：认识东南、西南、东北、西北4个方向。

（2）技能点：能借助东、南、西、北来认识东南、西南、东北、西北4个方向，能在地图上辨认物体所在的方向，体验方向的相对性。

（3）素养点：建立方向感，培养语言表达能力、空间观念、观察能力和应用意识。

（4）编写意图：

①通过观察，以小朋友对话的方式得出观察结论：西方和北方的中间方向是西北方。

②呈现街心花园四周建筑情境图，提出问题："银行、车站、公园、饭店各在街心花园的什么方向？"

③通过知识的迁移认识东南、西南、东北、西北。

④通过填空强化对东南、西南、东北、西北四个方向的认识，并运用方向的知识解决生活中的路线问题。

⑤通过问题"还可以怎么说"变换观察点辨认方向，体验方向的相对性。

（5）关键问题：

①观察并说说地图上的东南、西南、东北、西北分别在哪里。

②银行、车站、公园、饭店分别在街心花园的什么地方？

③还可以怎样描述它们的方位？

2. 第37页例2

（1）知识点：掌握在复杂的情境中辨认物体所在方向的方法，描述行走路线。

（2）技能点：能结合情景图，综合东、南、西、北、东南、西南、东北、西北8个方向，在地图上连续判断观测点发生变化后的多个方向，体验方向的相对性。

（3）素养点：建立方向感，培养语言表达能力，发展空间观念、观察能力和应用意识。

（4）编写意图：

①通过小向导，描述小明上学、小明的爸爸上班、小明的妈妈上班的路线，体验观测点变换后的方向，在表述行走方向时应用"先、再"等词语使表述更清楚。

②以填空的方式呈现，给学生的表述做好示范。

③通过小向导，描述小明放学、小明的爸爸下班、小明的妈妈下班的路线，感受反方向路线，体验方向的相对性。

（5）关键问题：

①观察并说说地图上的东、南、西、北、东南、西南、东北、西北分别在哪里。

②你能当小向导，说一说小明上学、小明的爸爸上班、小明的妈妈上班的路线吗？

③小明放学、小明的爸爸下班、小明的妈妈下班又按怎样的路线回家呢？

确定位置

（四年级下册）

一、课标解读

（一）学段目标

1. 了解确定物体位置的一些基本方法。

2. 在具体情境中认识列和行，知道确定第几列、第几行的规则；初步理解数对的含义，能在方格纸上用数对表示具体情境中物体的位置。

3. 经历从用数对描述具体情境中物体的位置到用数对描述方格纸上点的位置的抽象过程，知道数对与方格纸上点的一一对应关系。

4. 感受用数对表示物体位置的简洁性，激发学习兴趣，体会数形结合思想、一一对应思想、符号化思想，形成空间观念。

（二）课程目标

1. 在方格纸上用数对（限于正整数）表示位置，知道数对与位置的对应关系。

2. 从具体情境中的位置抽象到方格纸上的位置，深入理解"行"和"列"的含义。

3. 探索确定位置的方法，初步理解数对的意义。

4. 用数对确定位置，体会数对表示位置的简明、清楚、准确，感悟数对表示位置的优越性，培养用数对确定位置的能力。

二、教材结构

（一）教学内容

项目　题数　小节	确定位置	合计
例题	4	4
课堂活动	2	2
练习题	7	7
思考题	1	1

（二）知识联系

学生在第一学段已经学习了用前、后、左、右、上、下、东、南、西、北等表示物体位置，以及简单的路线的表示等知识，学习本单元，意在促使学生在具体情境中进一步理解确定位置的方法，并能用抽象的数对来确定位置，进一步发展空间观念，将为第三学段学习"图形与坐标"的内容打下基础。

三、分节理解

1. 第29页例1

（1）知识点：经历用方格图中的点来确定位置的过程。

（2）技能点：能说出列和行的含义，能在方格图中用点来标出位置，能描述方格图中的人是在第几列、第几行。

（3）素养点：迁移能力，抽象能力。学会感受位置与方格图中点的一一对应关系，培养对应思想和空间观念。

（4）编写意图：

①呈现小红所在班级的座位图，以问题"小红在什么位置"得出在平面上确定位置必须要有两个数据这个结论。

②以"小红在第3列第2行"为例，明确竖排叫作"列"，横排叫作"行"；第几列一般从左往右数，第几行一般从前往后（或从下往上）数。

③对照情境图呈现方格图，以"小红的位置用第 3 列与第 2 行交叉处的点表示"为例给出列、行的概念；以问题"从图中看出小娟的位置在第几列第几行"进一步理解列、行。

④通过"说一说"，将具体情境中的位置抽象到方格纸上，进一步加强学生对列与行的理解。

（5）关键问题：

①小红坐在班级教室的什么位置？

②方格图中的点和教室里小红的位置有什么关系？

③小娟的位置在第几行第几列？

④小强的位置在第几行第几列？是方格图中的哪个点？

2. 第 29 页例 2

（1）知识点：认识数对，理解数对表示位置的意义。

（2）技能点：能用数对表示位置。

（3）素养点：渗透数形结合思想、一一对应思想、符号化思想，形成空间观念。

（4）编写意图：

①通过文字描述和数对描述相结合的方式呈现黑白棋子的位置，在对比中体验数对表示物体位置的简明、清楚、准确。

②以两个小朋友对话的方式，介绍用数对表示位置的方法，明确数对中每个数的含义。

③通过填空，练习并掌握用数对表示位置的一般方法。

（5）关键问题：

①黑棋子在什么位置？白棋子在什么位置？

②怎样用数对表示黑白棋子的位置？

③第①②③号棋子在什么位置，用数对怎样表示？

3. 第 30 页例 3

（1）知识点：经历用数对确定位置的过程。

（2）技能点：能用数对确定位置。

（3）素养点：培养数形结合思想、一一对应思想、符号化思想，形成空间观念。

（4）编写意图：

①以文字叙述的方式呈现要解决的问题。

②将方格图和方位图合二为一，结合小朋友的问话，用数对确定学校位置，并在图上用点标出。

③通过填空、练习，掌握用数对表示位置的一般方法。

④用数对表示小方家和学校的位置，对比发现同行物体数对的特点。

（5）关键问题：

①从小方家出发，向哪个方向能走到学校？

②学校的位置在图上是第几行第几列？

③用数对怎样表示学校的位置？

④用数对怎样表示小方家的位置？

⑤同一行的物体用数对表示时有什么相同点？有什么不同点？

4．第31页例4

（1）知识点：经历用数对确定位置的过程，学习用数对的知识解决生活中的问题。

（2）技能点：能用数对确定位置，并能用数对的知识解决生活中的问题。

（3）素养点：培养解决实际问题的能力，渗透数形结合的思想、一一对应思想、符号化思想，形成空间观念。

（4）编写意图：

①以两只小兔从不同位置跑回森林的情境引入，用两个小朋友的对话给出问题解决的条件。

②通过填空，用数对表示灰兔、森林的位置。

③将方格图和方位图合二为一，结合对话给出的信息，用数对确定白兔的位置，并用点标出。

④对比表示几个物体位置的数对，发现同行、同列物体数对的特点。

（5）关键问题：

①怎样用数对表示图中白兔、灰兔、森林的位置？

②两只兔子同时向森林跑去，灰兔跑到森林时，白兔在什么位置？怎样用数对表示白兔现在的位置？

③对比同行同列物体的数对，你有什么发现？

图形变化和确定位置

（六年级上册）

一、课标解读

（一）学段目标

1．探索一些图形的形状、大小和位置关系。

2．了解确定物体位置的一些基本方法。

3．在运用数学知识和方法解决问题的过程中，认识数学的价值。

（二）课程目标

1．能利用方格纸按一定比例将简单图形放大或缩小。

2. 了解比例尺；在具体情境中，会按给定的比例进行图上距离与实际距离的换算。

3. 能根据物体相对于参照点的方向和距离确定其位置。

4. 会描述简单的路线图，会画点线结合的线路图。

二、教材结构

（一）教学内容

小节 题数 项目	图形放大 或缩小	比例尺	确定物体 的位置	合计
例题	2	4	5	11
课堂活动	1	2	2	5
练习题	9	11	9	29

（二）知识联系

在学习本单元之前，学生已经形成了关于平移、旋转和轴对称、方向和位置、角与距离以及比例等的认知基础。

（三）概念解读

1. 图形放大与缩小。把一个图形的各边按一定的比例可以进行放大或缩小，从而得到该图形放大或缩小后的图形。放大或缩小后的图形与原图相比：形状相同，大小不同。

2. 画图形放大或缩小后的图的步骤：（1）按比例计算放大或缩小后的图形相应边的长度；（2）按相应边的长度画出放大或缩小后的图形。

3. 比例尺。比例尺是表示图上一条线段的长度与地面相应线段的实际长度之比。比例尺有数值比例尺、图示比例尺和文字比例尺三种表示方法。

三、分节理解

图形放大或缩小

1. 第 64 页例 1

（1）知识点：图形放大或缩小（相似变化）的特点。

（2）技能点：能说出图形放大或缩小的意义。

（3）素养点：空间观念。通过观察图形放大或缩小的特点，培养观察和概括能力，初步体会图形的相似变化，建立空间观念。

（4）编写意图：

①呈现两组图片，一组大小、形状完全相同，一组形状相同，大小不同。

②结合小朋友的对话观察图形，初步感知图形放大或缩小后只是大小发生变化，形状没有变化，从而体会图形的相似变化特点。

③通过"议一议"，进一步体会图形放大或缩小的特点。

（5）关键问题：

①观察第一组图片得出：完全相同，即形状相同，大小相同。

②观察第二组图片得出：形状相同，大小不同。

2. 第 65 页例 2

（1）知识点：按一定比例将图形放大或缩小的作图方法。

（2）技能点：能在方格纸上按一定的比例画出放大或缩小的图形。

（3）素养点：在具体的操作活动中，通过观察比较，进一步体会图形的相似变化特点，培养空间观念。

（4）编写意图：

①以图文结合的方式提出画图的要求。

②对话框给出画图提示，呈现正方形的放大图，作为画图示范。

③把图（1）的作图方法迁移到图（2），完成"L"图的缩小。

（5）关键问题：

①第（1）题，把左边的正方形各边放大到原来的 3 倍，得到每边是几格的正方形？

②第（2）题，把 L 形每边缩小为原来的 $\frac{1}{2}$。具体的画法为：先弄清楚是把图形放大还是缩小，然后确定图形在方格纸中的位置，最后明确图形每条边应画几格，并画出来。

比例尺

1. 第 68 页例 1

（1）知识点：示意图大小与所选的比相关。

（2）技能点：能设计一定的比，并画出示意图。

（3）素养点：通过对图的观察比较分析，培养观察能力和抽象概括能力。

（4）编写意图：

①以图文结合的方式提出画图要求。

②以两个学生对话的方式引导学生作会议室示意图。

③通过观察比较，得出两幅示意图形状一样，只是大小不同。

④通过"议一议"，弄清楚会议室示意图大小不同的原因是两个学生所用的比不一样。

（5）关键问题：

①学生独立画会议室示意图，展示不同的画法。

②议一议：两人画的是同一间会议室，为什么画出来的大小不一样呢？

2. 第 68 页例 2

（1）知识点：比例尺的概念、类别及算法。

（2）技能点：能根据有关信息，求出一幅图的比例尺，能读懂不同形式的比例尺，了解比例尺在实际生活中的应用。

（3）素养点：模型思想。通过对比例尺意义和求法的理解，培养抽象概括能力，渗透数学模型思想，会用比例尺解决简单的实际问题，培养分析问题、解决问题的能力。

（4）编写意图：

①以三峡库区平面图引入数字比例尺。

②通过小女孩的提问，引出比例尺 1∶4600000 表示的意思，从而理解数字比例尺的意义。

③呈现小红家到学校的路线图和线段比例尺，结合小男孩的话"这里的比例尺，就是图上 1 厘米，表示实际距离 10 米"，引导学生理解线段比例尺的意思。

④以文字形式直接给出比例尺的概念和计算方法。

（5）关键问题：

①比例尺 1∶4600000 表示图上 1 厘米相当于实际距离 4600000 厘米，也就是 46 公里。

②第二幅图的比例尺与第一幅图有什么不同？表示什么意思？

③线段比例尺与数值比例尺有什么关系？怎样相互转换？

④什么叫比例尺？

3. 第 69 页例 3

（1）知识点：比例尺的应用。

（2）技能点：能运用比例尺的知识解决生活中的数学问题。

（3）素养点：模型思想、应用意识。经历知道比例尺、计算图上距离和实际距离的过程，渗透数学模型思想。在问题解决的过程中，体验数学与生活的密切联系，体会数学的应用价值。

（4）编写意图：

①呈现儿童乐园平面图及数字比例尺。

②文字呈现问题情境（1），依据"图上距离∶实际距离＝1∶2000"

得出"图上距离＝实际距离×$\frac{1}{2000}$"，然后计算碰碰车场图上长与宽的距离。

③文字呈现问题情境（2），依据"图上距离：实际距离＝1：2000"得出"实际距离＝图上距离×2000"，然后计算旱冰场实际的长与宽，再算出旱冰场的面积。

（5）关键问题：

①儿童乐园中的长方形碰碰车场实际长40米，宽是20米。怎样求它在平面图上长和宽各是多少厘米？

②图中旱冰场的长2.5厘米，宽1.5厘米，要计算旱冰场的实际占地面积，需要先算出什么？

4. 第70页例4

（1）知识点：运用比例尺解决实际问题。

（2）技能点：能熟练运用比例尺的意义计算图上距离或实际距离。

（3）素养点：应用意识。综合运用比例尺等其他相关知识解决问题，培养分析问题、解决问题的能力，在解决问题的过程中体会数学的应用价值。

（4）编写意图：

①图文结合呈现问题情境。

②问题（1），根据给出的比例尺得出"地图上1厘米表示实际距离60千米"，推出24厘米的图上距离列式为24×60＝1440（千米）。

③问题（2），用问题（1）的结果，根据"路程÷速度＝时间"得出飞机的飞行时间。

④通过"议一议"，探究根据图上距离和比例尺计算图上距离的方法。

（5）关键问题：

①已知比例尺和图上距离，怎样求实际距离？

②如果飞机平均每时飞行720千米，从北京到重庆乘飞机需要多少时？

确定物体的位置

1. 第73页例1

（1）知识点：确定物体位置的方法。

（2）技能点：结合具体情境，能体会只有确定参照点和物体的方向与距离时，才能确定物体的位置。

（3）素养点：经历用方向和距离确定位置这一知识的形成过程，培养观察和归纳推理能力。

（4）编写意图：

①以问题情境的形式呈现，并给出与问题情境相关的方位图。

②观察方位图，结合两个小朋友的对话得出"只知道距离，不能确定物体的位置"的结论。

③观察方位图，结合小朋友的对话得出"只知道方向，也不能确定物体的位置"的结论。

④直接给出确定位置的方法：确定参照点后，根据物体相对于参照点的方向和距离就能确定物体的位置。

（5）关键问题：

①以学校为参照点，邮局和小食店到学校的距离相等。它们在同一个地方吗？为什么？

②以学校为参照点，商场和小食店都在学校的东方，它们在同一个地方吗？为什么？

③怎样才能确定物体的位置？

2. 第 73 页例 2

（1）知识点：根据距离、方向、角度，能确定物体位置。

（2）技能点：能根据图上距离和所标注的角度描述物体的位置（填表）。

（3）素养点：经历根据方向和距离确定物体位置的过程，培养观察能力和识图能力。

（4）编写意图：

①以问题情境呈现探究内容，并给出相关方位图。

②根据方向标，先确定物体的方向（学习用另一种描述方式来表述方位角，如北偏东多少度、南偏东多少度等）

③引导学生在统计表中观察移民新村的位置、图上距离和实际距离，给学生以（找方向、量图距、算实距）示范作用。

④在学生学会确定物体位置的方法后，让其根据图距和方向来确定"旧码头"和"大柱村"的位置，完成表格。

（5）关键问题：

①学生独立测量出图上距离，根据比例尺算出实际距离。

②小结识图方法：定方向、量图距、算实距。

3. 第 74 页例 3

（1）知识点：根据比例尺、方向和距离在图上确定物体的位置。

（2）技能点：能根据物体的方向、距离和给定的比例尺画图，确定物体位置。

（3）素养点：经历根据方向和距离确定物体位置的过程，培养作图能力。

（4）编写意图：

①通过情境描述，提出画图要求。

②以男生的对话为提示，以学校为参照点，确定两个学生家的位置。

③根据女生的会话框，要求学生按给定的比例尺画图。

（5）关键问题：

①确定小明家位置的关键是什么？

②怎样确定小辉家的位置？

4. 第74页例4

（1）知识点：描述简单的路线。

（2）技能点：能根据要求描述简单的路线图。

（3）素养点：空间观念，应用意识。经历运用方向与位置知识描述简单的路线图的过程，提高分析问题、解决问题的能力，发展空间观念。

（4）编写意图：

①图文结合，创设路线情境。

②引导学生准确表述路线（1）。

③学生独立找出去公园的路线，以填空的方式正确描述。

（5）关键问题：

①小组合作，每人找一条从小方家到公园的路线，先在小组内交流，然后全班交流。

②小方游览完公园后，回家该怎样走？

5. 第75页例5

（1）知识点：画简单的路线图。

（2）技能点：会综合运用方向、距离及比例尺等知识，画简单的线路示意图。

（3）素养点：空间观念，应用意识。经历画简单路线图的过程，提高分析问题、解决问题的能力，发展空间观念。

（4）编写意图：

①结合例4中路线（1）的描述，给出实际距离和比例尺，绘出简单路线（1）。

②根据路线（1）的画法，完成例4中其他路线的路线图。

（5）关键问题：

①画路线（1）的示意图时，关键问题是什么？

②小结画简单路线图的方法：一是根据方向标，确定方向；二是根据实际距离和比例尺算出图上距离；三是根据位置的相对性，按要求画出示意图。

第六章

统计与概率

内容结构导图

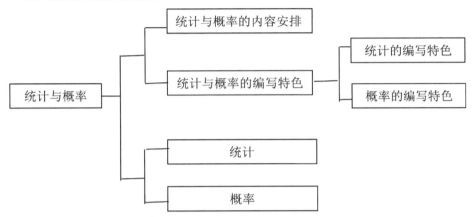

统计与概率的内容在《数学课程标准》中得到了较大的重视，成为和"数与代数""图形与几何""综合与实践"并列的四部分课程内容之一，统计则成为这一部分内容的重点。学习统计与概率主要培养学生收集、整理的能力，初步的数据分析观念和概率思想。《数学课程标准》将"数据分析观念"作为核心概念，为理解这部分内容提供了主要指导。

第一节　统计与概率的内容安排

统计与概率的知识与我们的实际生活紧密联系，这一内容贯穿小学数学学习的始终，分册次内容安排如下表：

册次	单元	小节
一下	八、分类与整理	
二下	七、收集与整理	
三下	六、简单的统计活动	

册次	单元	小节
四上	六、条形统计图	
四下	八、平均数	平均数；条形统计图
五下	六、折线统计图	
六下	四、扇形统计图	扇形统计图；统计综合应用
四上	八、不确定现象	
五上	六、可能性	
六上	八、可能性	

第二节　统计与概率的编写特色

一、统计部分的编写特色

1. 起点低、出现早，相关知识内容呈螺旋式上升。

西师版小学数学教材从一年级（下）第八单元开始安排统计内容，它出现在七册书中：一（下）、二（下）、三（下）、四（上）、四（下）、五（下）以及六（下）。

该教材采用"螺旋式"的编排结构，同一知识内容分阶段多次呈现，这使得学生在复习旧知识的同时又学习了新知识，且新内容在广度和深度上均有所增加。

2. 重视学生经历统计活动的过程，意在帮助学生学会制表绘图的基本方法，积累活动经验。

该教材重视学生经历统计活动的过程，通过实际操作，学生将学会制表绘图的基本方法，积累活动经验。让学生亲身体验收集数据、整理数据（分类）、制表绘图、分析预测等统计过程，使其在实际体验中完成对统计基础知识的学习。该教材在例题、课堂活动和综合与实践中都安排了大量的关于统计的活动。

3. 通过参与统计活动，学生将逐步形成统计观念。

不管是在例题、课堂活动还是在综合与实践中，教材多以学生为活动主体，使其在老师的指导或参与下，逐步完成需要完成的活动。学生通过亲身活动体验，将逐步形成统计观念。

二、概率部分的编写特色

1. 选材紧密联系学生生活实践，提供学生感兴趣的素材，学生容易融入其中。设计的活动方便学生操作，适应性强。

2. 把不多的"概率"内容安排在三册书里。

《数学课程标准》在第二学段提出了两条要求：

（1）在具体情境中，通过实例感受简单的随机现象；能列出简单的随机现象中所有可能发生的结果。

（2）通过试验、游戏等活动，感受随机现象结果发生的可能性是有大小的，能对一些简单的随机现象发生的可能性大小做出定性描述，并能进行交流。

我们可以看出，第（1）条是用分号隔开的两件"事实"，加上第（2）条，这样就分为三个知识点：①感受随机现象；②列出所有结果；③定性描述可能性大小。这三个"内容"分别安排在三册书里，各用2～3个课时完成。

3. 按"知识循环上升"的编排模式编写。

按照"知识循环上升"的编排模式，教材将"不确定现象"单独作为一个单元，安排在四（上）；然后，在五（上）和六（上）分别安排了"可能性"的相关知识。

教材还将同一素材编排在不同册次里，例如"掷硬币"。随意掷一枚硬币，"哪一面朝上"是预先不能确定的。关于这一点，学生很好理解，知道"掷硬币"是一种随机现象。在西师版小学数学教材四年级上册"不确定现象"单元，掷硬币是第一个例题。四年级学生通过掷硬币，可以了解每次硬币落地后是哪一面朝上，预先是不能确定的，先猜哪一面朝上，是猜不准的，学生可以通过"掷硬币"等活动，来感受"简单的随机现象"。

在五年级（上）的"可能性"单元，学生通过掷硬币，知道硬币落地后只有两种可能的结果，一种是"正面朝上"，另一种是"反面朝上"。只不过这一次附加了"足球比赛时，通常裁判用'掷硬币'决定哪一队先开球的情境"，从而变成了"甲队开球"或"乙队开球"这两种结果。通过这一类例题的教学活动，能够实现《数学课程标准》提出的"能列出简单随机现象中，所有可能发生的结果"的目的。

到了六年级（上）的"可能性"单元，学生通过掷硬币（或"摸几号球"）列表记录"正面朝上"的次数与"反面朝上"的次数，感知虽然"随机现象"所发生的结果一次试验是不能确定的，但经过多次重复试验，结果呈现也有一定的规律性。就"掷硬币"而言，掷的次数越多，出现

"正面"或"反面"的次数越接近。六年级的学生有了这样的感受，就达到《数学课程标准》的教学要求了。而这正是西师版小学数学教材关于"概率部分"内容的编排模式所具有的特色。

第三节　统　计

　　统计知识几乎贯穿小学各个年级，主要内容有数据分析过程和数据分析方法。数据分析的过程可以概括为收集数据、整理数据、描述数据和分析数据；数据分析的方法分为两个方面，一方面是收集数据的方法，另一方面是整理、描述、分析数据的方法。这些内容按照《数学课程标准》的要求，分别安排在不同的学段。

分类与整理

（一年级下册）

一、课标解读

（一）学段目标

1. 经历简单的数据收集、整理、分析的过程，了解简单的数据处理方法。

2. 会独立思考问题，表达自己的想法。

（二）课程目标

能根据给定的标准或者自己选定的标准，对事物或数据进行分类，感受分类与分类标准的关系。

二、教材结构

（一）教学内容

项目　　题数　　小节	分类与整理	合计
例题	3	3
课堂活动	2	2
练习题	6	6

（二）知识联系

本单元内容是在学生学习了"分一分"的基础上安排的，将为以后进一步学习统计与概率的知识打好基础。

三、分节理解

分类与整理

1. 第 87 页例 1

（1）知识点：按一定的标准把图形进行分类。

（2）技能点：会按一定的标准进行分类与整理。

（3）素养点：积累操作性经验，感受分类思想。

（4）编写意图：

①呈现几名学生对桌上的图形进行分类的情境图。

②呈现两种分类的方法：一是以颜色为标准进行分类；二是以形状为标准进行分类。

③经过讨论，得出分类要先确定一个标准的结论。

（5）关键问题：

①如果按颜色分，可以怎样分类？按形状呢？

②分类时要注意什么？

2. 第 88 页例 2

（1）知识点：按一定的标准把数字卡片进行分类。

（2）技能点：会按一定的标准进行分类与整理。

（3）素养点：积累操作性经验，渗透分类思想。

（4）编写意图：

①呈现多张数字卡片分类的情境图。

②呈现两种分类的方法：一是以单数、双数为标准进行分类；二是以位数多少为标准进行分类。

③体会分类的标准不同，分类的结果就不同。

（5）关键问题：

①你想怎样分这些数字卡片？

②观察这两种分类方法，你有什么发现？

3. 第 89 页例 3

（1）知识点：用表格的形式记录分类整理的结果。

（2）技能点：能把分类与整理的结果填写在表格中。

（3）素养点：渗透分类思想，培养初步的数据分析观念。

（4）编写意图：

①呈现不同年龄、不同性别的学生跳绳的情境图。

②按一定的标准先分类整理，再用表格记录分类整理的结果。

③通过"试一试"，巩固分类的方法。

（5）关键问题：按年龄可以怎样分？还可以怎样分？

收集与整理

（二年级下册）

一、课标解读

（一）学段目标

经历简单的数据收集、整理、分析的过程，了解简单的数据处理方法。

（二）课程目标

1. 能根据给定的标准或者自己选定的标准对事物或数据进行分类，感受分类与分类标准的关系。

2. 在分类与整理的基础上，能用自己的方式（文字、图画、表格等）呈现整理数据的结果。

二、教材结构

（一）教学内容

项目 \ 题数 \ 小节	收集与整理	合计
例题	4	4
课堂活动	2	2
练习题	9	9

（二）知识联系

本单元知识是在学生学习了简单的分类与整理的基础上安排的，将为以后进一步学习统计表和条形统计图奠定基础。

三、分节理解

收集与整理

1. 第 90 页例 1

（1）知识点：按照一定的标准对物体进行分类。

（2）技能点：能按照一定的标准进行分类，并能用数据表示分类的结果。

（3）素养点：渗透分类思想，培养数据分析观念。

（4）编写意图：

①呈现学生分纽扣的情境图。

②呈现分类的三种方法：一是按颜色分；二是按形状分；三是既按颜色分，又按形状分。

③以填空的形式记录分类的结果。

（5）关键问题：说一说你是怎么样分的。

2. 第 91 页 2

（1）知识点：了解象形统计图，了解整理数据的简单方法。

（2）技能点：能对物体进行分类整理，并用符号表示。

（3）素养点：渗透统计思想，培养数据分析观念、符号意识和创新意识。

（4）编写意图：

①呈现学生分水果的情境图。

②呈现两种不同的统计方法：一是用实物摆一摆；二是用符号画一画。

③通过"说一说"，优化统计方法，初步体会象形统计图的优势。

（5）关键问题：哪种方法更简便？哪种水果最多？哪种水果最少？

3. 第 94 页例 3

（1）知识点：用画"正"字的方法整理数据。

（2）技能点：能用画"正"字的方法对数据进行统计分析。

（3）素养点：渗透统计思想，培养数据分析观念和符号意识。

（4）编写意图：

①呈现将多种图形分一分、记一记的数学活动情境图。

②呈现四种不同的记录结果，发现整理后排列整齐，数量清楚。

③通过"议一议"，体会画"正"字统计的优越性。

（5）关键问题：你喜欢哪种整理方式？为什么？

4. 第 95 页例 4

（1）知识点：巩固用画"正"字的方法整理数据的知识，初步认识统计表。

（2）技能点：能熟练地用画"正"字的方法整理数据，并填写统计表。

（3）素养点：渗透统计思想，培养数据分析观念。

（4）编写意图：

①呈现庆祝六一儿童节的活动情境图。

②用画"正"的方法收集数据。

③把整理的结果填在统计表中。

④通过"说一说"，对统计数据进行分析。

（5）关键问题：观察统计表，你有什么发现？

简单的统计活动

（三年级下册）

一、课标解读

（一）学段目标

1. 经历简单的数据收集、整理、分析的过程，了解简单的数据处理方法。

2. 能对调查过程中获得的简单数据进行分类，体验数据中蕴含的信息。

（二）课程目标

1. 认识简单的统计表和统计图，并能用统计表和统计图准确地表示数据。

2. 通过对数据的简单分析，体会运用数据进行表达与交流的作用，感受数据中蕴含的信息。

二、教材结构

（一）教学内容

项目 题数 小节	简单的统计活动	合计
例题	2	2
课堂活动	1	1
练习题	5	5

（二）知识联系

本单元知识是在学生学习了象形统计图和统计表的基础上安排的，将为以后学习较复杂的统计图和统计表做铺垫。

三、分节理解

简单的统计活动

1. 第 88 页例 1

（1）知识点：认识简单的统计表和统计图。

（2）技能点：能用简单的统计表和统计图收集整理数据。

（3）素养点：渗透统计思想，培养数据分析观念。

（4）编写意图：

①呈现统计小猫钓鱼的情境图。

②用统计表的形式呈现收集与整理的数据，重点理解"合计"的含义。

③用统计图的形式来呈现收集与整理的数据，并解决问题。

（5）关键问题：

①统计表中的"合计"表示什么？

②在统计图中涂色时，应当注意什么？

2. 第 89 页例 2

（1）知识点：用多种方法进行统计活动。

（2）技能点：能用不同的方法进行统计，并对数据进行分析。

（3）素养点：渗透统计思想，培养数据分析观念和应用意识。

（4）编写意图：

①呈现统计同学年龄情况的情境。

②呈现多种统计方法：一是用画"正"字的方法统计；二是用统计表的方法统计；三是用统计图的方法统计。

③根据统计情况进行数据分析。

（5）关键问题：统计表和统计图有什么相同和不同？

条形统计图

（四年级上册）

一、课标解读

（一）学段目标

经历数据收集、整理和分析的过程，掌握一些简单的数据处理技能；

进一步认识数据中蕴含的信息，发展数据分析观念。

（二）课程目标

1. 经历简单的收集、整理、描述和分析数据的过程。

2. 认识条形统计图，能用条形统计图直观且有效地表示数据。

3. 能从报纸、杂志、电视等媒体中，有意识地获得一些数据信息，并能读懂简单的统计图表。

4. 能解释统计结果，根据结果做出简单的判断和预测，并能进行交流。

二、教材结构

（一）教学内容

项目 \ 题数 \ 小节	条形统计图	合计
例题	4	4
课堂活动	2	2
练习题	6	6

（二）知识联系

学生在第一学段已经学习了分类统计、象形统计图和简单的统计表，初步体验了数据的收集、整理、描述和分析过程，能够用自己喜欢的方式（文字、图画、简单的统计表等）呈现分类计数的结果；能够根据统计表及象形统计图提出一些简单的问题，初步经历了用统计的方法解决问题的过程；了解了统计在现实生活中的作用和意义，并初步建立了统计观念。条形统计图是象形统计图的发展，是后续学习折线统计图的基础。

三、分节理解

条形统计图

1. 第 68 页例 1

（1）知识点：初步认识条形统计图（1 格代表 1 个单位）。

（2）技能点：能从条形统计图中读懂数量的多少，能简单地进行数据分析。

（3）素养点：渗透数形结合的思想，培养数据分析观念。

（4）编写意图：

①呈现某地 6 月份的空气质量统计表。

②由学生对话"可以用条形统计图表示统计的结果"引出条形统计图。

③通过师生对话认识条形统计图，感受条形统计图能清楚地看出数量的多少的优越性。

④与主题图密切联系，关注环保，渗透人文教育。

（5）关键问题：

①在这个统计图中，一格表示多少天？

②从统计图中你能看出哪种空气质量的天数多？你是怎么看出来的？

③与统计表相比，条形统计图有什么优点？

2. 第 68 页例 2

（1）知识点：了解分段整理数据，用条形统计图表示统计的结果。

（2）技能点：能根据记录表完成统计表和条形统计图，并能进行简单的数据分析。

（3）素养点：积累操作性经验，渗透统计思想，培养数据分析观念。

（4）编写意图：

①呈现四（1）班男同学身高的原始数据统计表。

②以两个学生的对话"怎样才能清楚地看出全班男同学的身高分布情况呢""可以分段整理数据，再用统计表和统计图把它们表示出来"引出分段整理统计表、条形统计图。

③对原始数据进行分段整理统计，完成统计表。

④利用统计表中的数据绘制条形统计图。在分段整理的基础上，用条形统计图描述数据。

⑤根据统计图表回答问题。分析统计结果，根据统计表或统计图提出问题，解决问题。

（5）关键问题：

①怎样才能清楚地看出全班同学的身高分布情况？

②根据条形统计图或统计表，你能看出哪些数学信息？

3. 第 70 页例 3

（1）知识点：1 格表示多个单位的条形统计图。

（2）技能点：能读懂用 1 格表示多个单位的条形统计图。

（3）素养点：渗透统计思想，培养数据分析观念和创新思维。

（4）编写意图：

①呈现希望小学冬运会踢毽比赛成绩统计表。

②用对话框的形式，引导学生理解用 1 格表示多个单位的必要性。

③用条形统计图反映统计表中的数据。

④认识用1格表示多个单位的条形统计图。

（5）关键问题：

①制作条形统计图时，还用1格表示1下行吗？怎么办？

②110下、85下是怎么表示的呢？

4. 第70页例4

（1）知识点：掌握1格表示多个单位的条形统计图的绘制方法。

（2）技能点：能绘制用1格表示多个单位的条形统计图。

（3）素养点：渗透统计思想，培养数据分析观念，积累操作性经验。

（4）编写意图：

①呈现小明家2010～2013年苹果产量情况。

②继续引导学生理解用1格表示多个单位的必要性。

③利用补充条形统计图，引导学生初步学习制作条形统计图的方法。

④通过"议一议"，让学生根据已有信息进行推测，发展合情推理能力。

（5）关键问题：

①观察条形统计图一格表示多少，说说为什么。你能把统计图补充完整吗？

②根据条形统计图中的信息，小明家2014年苹果的产量可能是多少？

平均数

（四年级下册）

一、课标解读

（一）学段目标

1. 经历数据的收集、整理和分析过程，掌握一些简单的数据处理技能。

2. 进一步认识数据中蕴含的信息，发展数据分析观念。

（二）课程目标

1. 经历简单的收集、整理、描述和分析数据的过程。

2. 认识复式统计表和复式条形统计图，能用复式统计表和复式条形统计图直观且有效地表示数据。

3. 会根据实际问题设计简单的调查表，能选择适当的方法（如调查、试验、测量）收集数据。

4. 能从报纸、杂志、电视等媒体中有意识地获得一些数据信息，并能读懂简单的统计图表。

5. 体会平均数的作用，能计算平均数，能用自己的语言解释其实际意义。

二、教材结构

（一）教学内容

项目　　题数　　小节	平均数	条形统计图	合计
例题	3	2	5
课堂活动	2	2	4
练习题	7	5	12

（二）知识联系

在二年级上册第六单元的"表内除法"里，通过"分一分"，学生已经初步认识了"平均"，但是那时的思维停留在"将'整体'平均分成若干等份"作为除法的基础上。本单元是从"统计角度"作为"一组数据的代表"来认识和表述"平均数"，即"求和均分"，包括认识和计算平均数和读、制复式统计表以及读、画复式条形统计图。这里学习的复式条形统计图和复式统计表是在四年级上册第六单元"条形统计图"的基础上安排的，即将两幅单式统计图在统计的项目与所取的单位一致的情况下合并在一张图上，形成复式条形统计图。

三、分节理解

平均数

1. 第87页例1

（1）知识点：理解平均数的意义，掌握计算方法。

（2）技能点：会用求和均分的方法求平均数。

（3）素养点：培养操作能力和数感。

（4）编写意图：

①教材呈现的是甲、乙两组同学比赛掷圈的情景。

②提出两组人数不等而需要比较两组成绩的实际问题，激发学生对学习"平均数"的需求。

（5）关键问题：哪一组的成绩更好？

2. 第 88 页例 2

（1）知识点：平均数的意义和计算方法。

（2）技能点：会用不同的方法求平均数。

（3）素养点：培养数感和数据分析观念。

（4）编写意图：

①呈现"某商店一周销售额统计图"中每天的销售额情况。

②在图中，周日和周六的销售额相对多些，周三的销售额最少，我们需要用一个数据代表一周每天的销售额。

③那么，用哪个数据代表这一周每天的销售额合适呢？要用一个数据反映这一周每天销售额的一般水平，就应该用这一周销售额的平均数来代表。

（5）关键问题：用哪个数据代表这一周每天的销售额合适？

3. 第 89 页例 3

（1）知识点：较复杂的求平均数的问题。

（2）技能点：会解决比较复杂的求平均数的问题。

（3）素养点：发展数据分析观念，培养逻辑推理能力。

（4）编写意图：

①呈现汽车厂上半年生产消防车的情况统计表。

②第（1）问采用"先求和再均分"的做法，可求出上半年平均每月生产消防车的车辆数。

③第（2）问应根据教材中的提示，"先算下半年还需生产多少辆"，"再算平均每月生产多少辆"。

（5）关键问题：

①怎样求上半年平均每月生产消防车多少辆？

②怎样求下半年每月完成多少辆消防车的生产任务？

③对比两道题，你认为求平均数要注意什么？

条形统计图

1. 第 92 页例 1

（1）知识点：了解并制作复式统计表。

（2）技能点：能了解和制作复式统计表。

（3）素养点：培养观察力和动手操作能力，发展统计意识。

（4）编写意图：

①呈现两个单式统计表，表中呈现的分别是四（2）班男生和四（2）班女生的体重情况。

②以分段统计的形式（分段统计表）呈现每个数据段所对应的男生或女生的人数及男生或女生的总人数。

（5）关键问题：

①你能把这两个统计表合成一个统计表吗？

②复式统计表有什么优点？

2. 第 94 页例 2

（1）知识点：认识复式条形统计图。

（2）技能点：认识并会制作复式条形统计图。

（3）素养点：培养动手操作能力，发展统计意识、数据分析观念。

（4）编写意图：

①由复式统计表提供的数据来画复式条形统计图。复式统计表中呈现了四年级男生和女生参加体育活动的人数情况。

②将统计表中的两组数据用复式统计图表示出来，将复式条形统计图补充完整。

（5）关键问题：

①复式统计表中的数据能用条形统计图来表示吗？

②复式条形统计图有什么优点？

折线统计图

（五年级下册）

一、课标解读

（一）学段目标

1. 经历数据的收集、整理和分析过程，掌握一些简单的数据处理技能。

2. 进一步认识数据中蕴含的信息，发展数据分析观念。

（二）课程目标

1. 经历简单的收集、整理、描述和分析数据的过程。

2. 认识折线统计图，能折线统计图直观、有效地表示数据。

二、教材结构

（一）教学内容

题数 项目 \ 小节	折线统计图	合计
例题	3	3

项目　　题数　　小节	折线统计图	合计
课堂活动	2	2
练习题	4	4

（二）知识联系

本单元是在学生具有条形统计图的知识基础上安排的。根据统计表中的数据，学生在条形统计图的基础上认识折线统计图，将为今后学习更复杂的数据分析打下基础。

三、分节理解

折线统计图

1. 第95页例1

（1）知识点：了解认识折线统计图的特征。

（2）技能点：能够在折线统计图中看出数量的多少和变化的趋势。

（3）素养点：培养统计思想和数据分析观念。

（4）编写意图：

①呈现××年九寨沟月平均气温统计表。

②呈现与统计表对应的条形统计图，感知条形统计图的优点。

③呈现与条形统计图对应的折线统计图。

④对比得出折线统计图的特点以及优势。

（5）关键问题：

①你能从折线统计图中看出些什么？

②对比折线统计图和条形统计图，说说折线统计图有什么特点。

2. 第96页例2

（1）知识点：绘制折线统计图。

（2）技能点：能根据统计表绘制折线统计图，能看出折线统计图中某一段上升或下降的快慢。

（3）素养点：培养统计思想和数据分析观念，积累操作性经验。

（4）编写意图：

①呈现罗叔叔血液中分时段酒精含量的统计表。

②根据统计表绘制折线统计图。

③根据折线统计图回答问题。看折线统计图中点的高低可以确定血液中酒精含量的高低，看折线的陡度可以确定血液中酒精含量增加或减少的

快慢。

④在告示栏中呈现酒后驾车与醉酒驾驶的法律知识，普及酒驾与醉驾法律常识，进行交通安全教育。

（5）关键问题：

①说一说画折线统计图时应注意什么。

②怎样找出罗叔叔血液中酒精含量从几时到几时增加最快？

3. 第98页例3

（1）知识点：了解复式折线统计图。

（2）技能点：能了解和绘制复试折线统计图。

（3）素养点：培养统计思想、数据分析观念和创新意识。

（4）编写意图：

①呈现复式统计表。

②把中、美两国这几届获得的奥运会金牌数画在同一张折线统计图中。

③从纵向和横向两个角度观察折线统计图，了解信息。从横向看感受中美两国奥运会金牌数的增减变化情况，从纵向看感受两国奥运会金牌数的差距变化情况。

（5）关键问题：

①你能把中、美两国这几届奥运会获得的金牌数画在同一张折线统计图上吗？

②从这张复式折线统计图中可以了解什么？

③你认为复式折线统计图有什么优点？

扇形统计图

（六年级下册）

一、课标解读

（一）学段目标

1. 经历数据收集、整理和分析的过程，掌握一些简单的数据处理技能。

2. 进一步认识数据中蕴含的信息，发展数据分析观念。

（二）课程目标

1. 认识扇形统计图，能用扇形统计图直观且有效地表示数据。

2. 体会扇形统计图的特点和用途。

3. 能根据不同的统计目的和数据特点，合理选择统计图。

二、教材结构

（一）教学内容

项目 \ 小节 \ 题数	扇形统计图	统计综合应用	合计
例题	2	1	3
课堂活动	1	1	2
练习题	6	4	10

（二）知识联系

本单元知识是在学生学习了统计表、条形统计图和折线统计图基础上安排的。扇形统计图的制作还要用到圆和百分数的相关知识。学习扇形统计图是对统计知识的进一步完善，它将分数问题与统计结合在一起，将为学生今后进一步学习统计知识打下基础。

三、分节理解

扇形统计图

1. 第55页例1

（1）知识点：初步认识扇形统计图，并知道其特点。

（2）技能点：能根据统计图中提供的信息，解决一些简单的百分数问题。

（3）素养点：渗透数形结合思想，培养数据分析观念和应用意识。

（4）编写意图：

①呈现"我最喜欢的颜色"调查活动的结果。

②探索发现扇形统计图"用整个圆表示总数，用圆内一些扇形表示各部分占总数的百分率"的特点。

③通过"说一说"，找出各部分与整体的关系。

④通过"试一试"，解决"已知总量求各部分量"的百分数问题。

（5）关键问题：

①观察这个统计图，你有什么发现？

②你能根据图中的信息求出各类人数吗？

③你认为扇形统计图有什么优点？

2．第 56 页例 2

（1）知识点：掌握扇形统计图的应用知识。

（2）技能点：能对比两个扇形统计图，能根据扇形统计图进行一些简单的运算。

（3）素养点：培养数据分析观念和应用意识。

（4）编写意图：

①呈现"退耕还林"前后土地分布的扇形统计图。

②分别观察两个扇形统计图，感受各部分与整体的关系。

③对比观察两个扇形统计图，感受"退耕还林"前后森林、荒山、耕地等的变化。

④根据扇形统计图的信息和百分数问题的数量关系进行一些简单的计算。

（5）关键问题：

①对比观察两个扇形统计图，你发现了什么？

②你能算出"退耕还林"后各类土地的面积吗？

③你还能提出哪些数学问题？

统计综合应用

第 59 页例题

（1）知识点：统计的综合运用。

（2）技能点：会收集、整理和分析数据，能用统计表和统计图展示统计结果。

（3）素养点：培养应用意识和数据分析观念，积累操作性经验。

（4）编写意图：

①调查身高变化的原始数据。

②计算各年级身高的平均数，完成统计表。

③选择合适的统计图把全班同学在每个年级时的平均身高统计出来。

（5）关键问题：

①你能根据收集的资料完成一至六年级学生平均身高的统计表吗？

②选择哪种统计图来统计合适呢？为什么？

第四节　概　率

"概率"在《数学课程标准》中的"课程内容"中是以"简单随机事件及其发生的概率"来陈述的，安排在小学第二学段，主要内容是"随机现象发生的可能性"，主要包括了解简单的随机现象，列出简单随机现象可能性的结果，对一些简单随机现象可能性的大小做出定性描述。

不确定现象

（四年级上册）

一、课标解读

（一）学段目标

体验随机事件和事件发生的可能性，通过实例感受简单的随机现象。

（二）课程目标

在具体情境中，通过实例感受简单的随机现象；能列出简单的随机现象中所有可能产生的结果。

二、教材结构

（一）教学内容

项目　　　题数　　　小节	不确定现象	合计
例题	4	4
课堂活动	2	2
练习题	6	6

（二）知识联系

在这里，本套教材第一次出现"可能性"内容，这是为学生以后学习概率知识做准备。对于可能性的认识，学生在生活中已有一定程度的体验，有一定的生活经验和认知基础。

三、分节理解

不确定现象

1. 第 96 页例 1

（1）知识点：认识简单的随机现象。

（2）技能点：能用"可能是……""也可能是……"描述抽签结果。

（3）素养点：培养推理能力。

（4）编写意图：

①呈现 4 名同学抽签决定演讲顺序的情景。

②由教师对话"抽签决定演讲顺序，谁会抽到第 1 个呢"引起学生猜测。

③用"可能是……""也可能是……"描述抽签结果。

（5）关键问题：

①抽签决定演讲顺序，谁会抽到第一个呢？

②抽签结果不确定时，可用哪些词语来描述？

2．第 96 页例 2

（1）知识点：认识不确定现象。

（2）技能点：能用"可能是……""也可能是……"描述抛硬币的结果。

（3）素养点：培养推理能力。

（4）编写意图：

①呈现老师和学生抛硬币的情境图。

②让学生猜测硬币落地后是正面向上，还是反面向上。

③用"可能是……""也可能是……"描述抛硬币的结果。

（5）关键问题：

①抛出硬币后，哪面会向上呢？

②硬币落地后是哪一面向上，能事先确定吗？

3．第 97 页例 3

（1）知识点：认识确定现象。

（2）技能点：能用"一定""不可能"这些词语来描述确定现象。

（3）素养点：培养推理能力，构建模型思想，发展应用意识。

（4）编写意图：

①呈现小猫和小虎玩摸彩球游戏的情境图。

②小虎摸的盒子里装的全是红球，小猫摸的盒子里装的全是白球。

③通过"说一说"，找一找身边还有哪些是确定现象。

④通过"试一试"，对随机现象进行综合练习。

（5）关键问题：

①你能确定小虎能摸到什么球，不可能摸到什么球吗？

②可以用哪些词语来描述确定现象？

③我们身边还有哪些确定现象？

4．第 98 页例 4

（1）知识点：掌握确定现象与不确定现象的综合应用。

（2）技能点：用"一定……""可能……""不可能……"描述事件。

（3）素养点：培养推理能力，发展应用意识。

（4）编写意图：

①用两根同样长的绳子分别将它们对折后握在手中，然后打个结。

②用"一定……""可能……""不可能……"描述事件发生的结果。

（5）关键问题：把两根绳子分别对折后，握在手中，然后打个结，会结成一根绳吗？

可能性

（五年级上册）

一、课标解读

（一）学段目标

体验随机事件和事件发生的可能性，通过实例感受简单的随机现象。

（二）课程目标

在具体情境中，通过实例感受简单的随机现象，能列出简单的随机现象中所有可能发生的结果。

二、教材结构

（一）教学内容

项目　题数　小节	可能性	合计
例题	4	4
课堂活动	2	2
练习题	5	5

（二）知识联系

本单元知识是在学生学习了不确定现象后的一个后续安排。在学生对随机事件能用"一定""不一定""不可能"等词语进行判断的基础上对生活中可能发生的情况进行分析列举，培养学生的概率意识。

三、分节理解

可能性

1. 第 99 页例 1

（1）知识点：了解不确定现象。

（2）技能点：能判断不确定事件的可能性。

（3）素养点：培养推理能力。

（4）编写意图：

通过两个班级举行足球比赛，用掷硬币的形式决定谁先开球，引导学生体会事情发生的结果是不确定的；列举会有哪些可能性。

（5）关键问题：

①抛硬币有几种不同的结果？

②怎样用一句话描述哪个班先开球的不确定性？

2. 第 99 页例 2

（1）知识点：理解不确定现象的可能性。

（2）技能点：能列举随机现象中可能发生的结果。

（3）素养点：培养推理能力。

（4）编写意图：

①呈现老师和 4 个组的学生抽签决定参加游园活动的情境图。

②让学生猜测抽签结果，并列举可能的结果有哪些。

（5）关键问题：用抽签的办法决定哪一组去，有几种可能性的结果？

3. 第 100 页例 3

（1）知识点：理解简单的随机现象。

（2）技能点：能列出按不同分法可能发生的结果。

（3）素养点：渗透分类思想，培养推理能力。

（4）编写意图：

①呈现小朋友抽扑克牌游戏的情境图。

②任意抽一张扑克牌，按花色分，有 4 种结果；按数字（或字母）分，有 13 种结果。

（5）关键问题：

①按花色分，有几种可能的结果？

②按数字（或字母）分，有几种可能的结果？

4. 第 100 页例 4

（1）知识点：掌握不确定现象在生活中的应用。

（2）技能点：能列出随机现象结果发生的所有可能性。

（3）素养点：渗透分类思想，培养有序思考的能力和推理能力。

（4）编写意图：

①用 3 名学生参加 50 米短跑的情境图，猜测可能的几种结果。

②有序思考每一种可能的结果：可能小刚第一，小强第二，小明第三；可能小刚第一，小强第三，小明第二；可能小强第一，小刚第二，小明第三；可能小强第一，小刚第三，小明第二；可能小明第一，小刚第二，小强第三；可能小明第一，小刚第三，小强第二；共 6 种可能。

（5）关键问题：

①你能说出比赛可能出现的每一种结果吗？

②按怎样的顺序列举比赛结果才不易遗漏或重复？

可能性

（六年级上册）

一、课标解读

（一）学段目标

体验随机事件和事件发生的可能性，通过实例感受简单的随机现象。

（二）课程目标

1. 在具体情境中感受简单的随机现象；能列出简单的随机现象中所有可能产生的结果。

2. 通过试验、游戏等活动，感受随机现象结果产生的可能性是有大小的，能对一些简单的随机现象产生的可能性大小做出定性描述，并能进行交流。

二、教材结构

（一）教学内容

项目＼题数＼小节	可能性	合计
例题	4	4
课堂活动	2	2
练习题	6	6

（二）知识联系

学生在四年级（上）的"不确定现象"中已能用"可能""不可能"

"一定"等词语描述过随机现象，本单元将新增"偶尔""经常"等描述随机现象的词语，引导学生感受可能性有大有小，进一步学会对随机现象发生的可能性进行定性描述，进而对"可能性大小"相关话题进行交流。

三、分节理解

可能性

1．第 93 页例 1

（1）知识点：事物发生的可能性。

（2）技能点：能判断事物发生的可能性。

（3）素养点：培养收集数据的能力，发展数据分析观念以及合情推理能力。

（4）编写意图：

①每次摸球前，不能预先知道会摸出第几号球。

②由合理推理来体会每号球都有相同的机会被摸出。

（5）关键问题：

①摸球的结果有几种可能？

②观察记录表，你有什么发现？

2．第 93 页例 2

（1）知识点：可能性的大小与面积的大小有关。

（2）技能点：能根据面积的大小判断可能性的大小。

（3）素养点：培养观察能力，发展合情推理能力。

（4）编写意图：

①指针落在哪个区域仍不能确定，即使"红色区域比黄色区域大得多"，转动一次，指针仍有可能落在黄色区域。

②经过多次转动转盘，通常情况下，都会符合预期。

（5）关键问题：

①指针落在红色区域、黄色区域的可能性哪个大？

②通过这个事例，你认为可能性的大小与什么有关？

3．第 94 页例 3

（1）知识点：可能性的大小与数量的多少有关。

（2）技能点：能根据数量的多少判定可能性的大小。

（3）素养点：发展数据分析观念，培养合情推理能力。

（4）编写意图：

①预测事物发生的情况。

②比较可能性的大小。

③了解随机性概念。

（5）关键问题：

①小女孩一定能拿到画有燕子的卡片吗？

②比较小女孩拿到画有燕子的卡片和画有大象的卡片的可能性哪个大。

③通过这个事例，你认为可能性的大小与什么有关？

4. 第95页例4

（1）知识点：描述确定事件和随机事件，以及事物发生的可能性和可能性发生的大小。

（2）技能点：能用"可能""不可能""一定""偶尔""经常"等词语正确描述事物发生的可能性。

（3）素养点：发展数据分析观念，培养合情推理能力。

（4）编写意图：

①了解确定事件的概念，知道在一定条件下一定发生的和一定不发生的，都是确定事件。

②明确事物发生的预测性情况。

③比较可能性的大小。

④了解随机性概念。

（5）关键问题：

①将一副扑克牌的13张方块和匀，从中任意抽取一张，一定会抽到什么花色的牌？

②将一副扑克牌的13张方块和匀，从中任意抽取一张，一定不会抽到什么花色的牌？

③抽13张方块中的任意一张，抽到方块A的可能性大吗？该用哪个词来描述抽到方块A的结果？

④你能根据事件发生的可能性大小，用"偶尔""经常"描述生活中的一些现象吗？

第七章

综合与实践

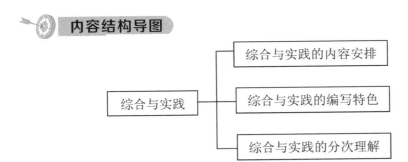

内容结构导图

综合与实践 ── 综合与实践的内容安排

综合与实践的编写特色

综合与实践的分次理解

综合与实践是指以一类问题为载体的，学生主动参与的学习活动，是帮助学生积累数学活动经验的重要途径。针对问题情境，学生借助所学的知识和生活经验，独立思考或与他人合作，经历发现问题和提出问题、分析问题和解决问题的全过程，感悟数学各部分内容之间、数学与生活实际及其他学科之间的联系，激发学习数学的兴趣，加深对所学数学内容的理解。这种类型的课程对于培养学生的抽象能力和逻辑思维能力，对于培养学生的创新意识和应用能力是有益处的，还有利于培养学生的合作精神。合理设计综合与实践课程内容以及教学方法是达到教学目标的关键，既要考虑学生的直接经验，要能够启发学生思考，也要考虑问题的数学实质，培养学生的数学素养。这种类型的课程对教师是一种挑战，教师应努力把握住问题的本质，积极引导学生思考，同时，教师应努力帮助学生整理清楚自己的思路，指导学生以不同的形式展示自己的成果或汇报自己的学习成果。

这种类型的课程应当贯彻少而精的原则，保证每学期至少一次即可。它可以在课堂上完成，也可以将课内外活动相结合。

第一节　综合与实践的内容安排

西师版小学数学教材在综合与实践的内容安排上体现了内容的均衡性和主题的鲜明性：全套教材设计了 35 个综合与实践主题，保证每册 3 个

（一年级上册只有 2 个）。从应用知识上看，这 35 个主题中涉及数与代数的有 24 个，占 68.6%，涉及空间与图形的有 17 个，占 48.6%，涉及统计与概率的有 8 个，占 22.9%。从题材选择上看，属于农村题材的有 10 个，占 28.6%，属于城镇题材的有 2 个，占 5.7%，属于中性题材的有 21 个，占 60%，属于西部题材的有 1 个，占 2.9%，属于三峡题材的有 1 个，占 2.9%。

册别	标题	应用知识
一上	我们身边的数	10 以内数的认识、应用
	环保小卫士	20 以内数的认识、计算、分类
一下	有趣的数	100 以内的数
	图形拼组	平面图形认识、统计
	分一分	数与代数、图形与几何、统计
二上	赶场	表内乘法等知识性和应用
	小小测量员	测量长度知识
	走进田园	表内乘除法知识
二下	体验千米	千米、时间、大数
	参观南村养鸡场	万以内数的认识、加减法
	每天锻炼 1 时	统计与概率
三上	称体重	千克、统计、问题解决
	做一个家庭年历	年、月、日知识，数的排列规律
	学当小记者	分数、图形集合、统计
三下	走进课外活动基地	两位数乘两位数、面积等
	美化我们的小天地	面积、周长
	一天用的纸	统计与概率
四上	三峡工程中的大数	万以上数的认识
	惊人的危害	大数的计算
	节约一粒米	大数的计算，克、千克、吨知识
四下	制订乡村旅游计划	计算解决问题
	防灾小常识	几何、计算解决问题
	我们长高了	统计与概率

册别	标题	应用知识
五上	家庭用电调查	计算解决问题、调查统计
	花边设计比赛	图形旋转、平移
	关注"惠农"政策	计算解决问题
五下	设计长方体的包装方案	图形测量
	一年"吃掉"多少森林	大数计算解决问题、体积计算
	发豆芽	统计与概率、计算解决问题
六上	读故事 学数学	数与代数、面积周长知识
	修晒坝的经费预算	按比例分配、面积体积知识
	绘制校园平面图	图形测量、变换等知识
六下	有奖购书活动中的数学问题	数的运算（百分数）解决问题
	农田收入测算	数与代数、图形与几何
	王老师买新房	数与代数、图形与几何

第二节 综合与实践的编写特色

一、呈现风格保持相对统一

综合与实践内容的呈现风格既要考虑学生的年段特点，根据年段不同而适当变化，又要保持全套书的相对统一，所以均采用了连续图与文字结合的方式，但一、二年级以图画为主，三、四年级的文字与图画适度，五、六年级则采用主图加问题的形式。这样的编写既符合儿童的心理特点，能满足低年级学生喜欢看图的兴趣，也突出了思考性，特别是在高年级采用主图加问题的形式能给学生更大的思考空间。

二、搭建自主探索平台

综合与实践的编写突出了以问题为载体的特点，以学生自主探索解决问题为重点，这样做，一方面能给学生留出自主探索的空间，搭建自主探索解决问题的平台，让学生能真正经历调查、观察、实验、操作、独立思考、合作交流等自主探索解决问题的过程，参与综合与实践的活动体验，促使学生的创新精神、应用意识、实践能力、探索发现能力切实得到培养，积累应用数学知识解决实际问题的经验。另一方面则注意突出可操作性，选题要小，在小中见大，便于学生真正实施，为教师提供可利用的优质课程资源。

三、突出知识的综合应用

综合与实践内容的编写突出对知识的综合应用，每个综合与实践选题除了综合应用本领域的知识解决问题外，还注意加强三个领域知识的综合，注意与其他学科的综合，能让学生感受到数学与其他学科的联系、与生活的联系。

四、注重思维方法的培养

一方面，注意通过学生感兴趣的题材、喜欢的活动方式及动手操作、实验探索、调查了解等方式，增强综合与实践的趣味性与活动性；另一方面，注意将探索的问题融于情境与活动中，让学生在综合与实践中积极思考，努力发现，提高思维的深刻性、灵活性、创造性，注意用数学的思维方法去探索解决问题。

五、突出农村题材、三峡题材和西部题材的选择

综合与实践题材的选用全面、广泛。一方面，根据学生的年龄由小到大，题材的选择体现为由近及远，低年级注重选择学生看得见的身边的题材，便于学生操作体验，随着年级的增高，则逐步选择本地区的、本地区以外的有意义、有价值的题材；低年级以现实生活与学习生活题材为主，随着年龄增长逐步设计社会生活、自然生活、科学领域等更为广泛的题材。另一方面，城市题材、农村题材、三峡题材或西部题材和中性题材都受到关注，在题材上注意突出特色，每册至少选一个农村题材或反映三峡和西部风情等的题材，突出了地方特色与民族风情。

六、构建了课内外结合的综合与实践实施途径与策略

从第二学段起，在每个综合与实践活动的最后都以活动拓展的形式将综合与实践从课内延伸到课外，实现了课内外的结合。这样做一方面保证了学生在教室里能通过动手、动脑解决问题，提高综合与实践活动的综合性；另一方面，在课外开展实践活动，能拓宽学生的视野，进行活动实践研究，有助于培养学生的实践能力。

第三节　综合与实践的分次列举

　　综合与实践活动是以问题为载体、以学生自主参与为主的学习活动，是学生积累数学活动经验的重要载体。全套教材的 35 次活动设计，强调学生所学知识与现实生活的联系，关注学生参与活动以及与同伴合作的情况，重视学生数学活动经验的获得以及多样化地、灵活地解决问题策略的培养。下面仅对一年级上册《我们身边的数》进行解读，展示对综合与实践进行理解的要点。

我们身边的数
（一年级上册）

一、综合知识与实践活动目的的理解

　　《我们身边的数》是西师版小学数学教材中的第一个综合实践活动，是在儿童已经会认、会读写 0～10 各数，能比较 10 以内数的大小，能感知数还可以表示事物的顺序和位置，会进行 10 以内数的加、减法计算，以及能根据生活情境提出一些简单的数学问题等基础上安排的。本次活动也是学生第一次接触这样的学习内容，对于初步培养他们的应用数学意识，积累数学活动经验具有重要的作用。同时，能让他们初步感知这类课型的特点，激发对这类课程的兴趣。在这一活动过程中，学生能充分感受到数学就在我们身边，初步体验用数学的眼光欣赏世界的快乐。本次实践活动主要通过学生对熟悉的校园学习情境进行观察、发现、思考，体会数学问题的提出和解决过程，具有知识性、真实性、趣味性。

二、对主题图的理解

　　教材为我们提供了一个主题图和四个活动分图。主题图提供的是学生熟悉的校园学习活动情境，如排队跳绳、小组学习、站队报数、爬楼梯等。通过这些活动情境，学生将初步感受数据的收集过程，体验生活中处处有数学，体验用数学知识解决生活中的实际问题的快乐，能培养学生的合作意识，激发学生的学习兴趣。

三、活动分图的理解

　　教材将主题图分成"玩一玩""说一说""算一算""找一找"四个学习活动，引导学生充分地动脑、动手、动口，在不同的活动中得到不同的发展。

分图一　玩一玩

教材中的第一个活动设计意图是巩固 1～10 各数的读法，加深学生对 1～10 数序的认识。通过感受数和数学问题在生活中的真实存在，以凑十的活动巩固得数是十的加法。

教师可采用以下方式进行教学：将每 10 个学生分为一组，引导他们完成以下活动：①报数；②2、4、6、8、10 的同学向前一步，并观察、寻找这些数的位置规律；③凑十游戏（两种方式，一是手指游戏，二是组内凑十）。

分图二　说一说

通过跳绳、爬楼梯等诸多生活场景，突出对学生发现问题、提出问题意识的培养，如数跳绳活动中学生的人数以及蕴含的加、减法，教师可通过以下问题实现目的："我排第几？""前面几个？后面几个？"

分图三　算一算

这个活动把学生在小组活动中收集的数学问题逐一呈现出来，引导学生规范解答，重点是在列式及计算的过程中巩固 10 以内数的加减法。

分图四　找一找

找一找是活动的延伸，它鼓励学生将校内所学知识拓展到校外，继续解决身边的有关认识数及 10 以内数的加减法的实际问题。拓展要体现一定的开放性，可以从 2 个数的加减法问题延伸到 3 个数的连加连减，以及加减混合运算问题上。

四、整合建议

1. 教学时可以组织学生在校园里进行实地观察，也可组织主情境图中呈现的活动。有条件的学校还可以将活动场景进行录制，通过多媒体展示等方式来表现主情境。

2. 针对一年级学生的实际情况，教师可事前录制一些生活情境进行播放，指导学生开展"找一找"活动，如家庭生活情景：我家住几楼？门牌号是多少？家里有几口人？再如运动场上的情景：篮球赛场上每队有几个人……

五、反思

在教学中要注重对活动方法的指导。对于活动的评价，既要关注学生参与活动的表现是否积极，更要关注学生发现问题、提出问题的积极性以及合作意识。

参考文献

[1] 中华人民共和国教育部. 义务教育数学课程标准〔M〕. 北京：北京师范大学出版社，2011.

[2] 义务教育数学课程标准修订组. 义务教育数学课程标准（2011 年版）解读〔M〕. 北京：北京师范大学出版社，2016.

[3] 西南师范大学出版社. 义务教育数学教科书〔M〕. 重庆：西南师范大学出版社，2015.

[4] 宋乃庆. 数学教学参考书〔M〕. 重庆：西南师范大学出版社，2015.

[5] 马云鹏. 小学数学课程标准与教材研究〔M〕. 北京：高等教育出版社，2019.

[6] 和小军，毋翠玲. 小学数学教材分析与教学研究〔M〕. 成都：西南交通大学出版社，2019.

[7] 张奠宙，孔凡哲，黄建弘，等. 小学数学研究〔M〕. 北京：高等教育出版社，2011.

[8] 陈霞芬. 发展与实践：小学数学"综合与实践"领域教学的探索与研究〔M〕. 宁波：宁波出版社，2013.

[9] 史宁中. 基本概念与运算法则：小学数学教学中的核心问题〔M〕. 北京：高等教育出版社，2019.

[10] 王永春. 小学数学思想方法解读及教学案例〔M〕. 上海：华东师范大学出版社，2019.

[11] 王永春. 小学数学核心素养教学论〔M〕. 上海：华东师范大学出版社，2019.

[12] 宋乃庆，徐斌艳. 数学课程导论〔M〕. 北京：北京师范大学出版社，2019.

[13] 曹一鸣，刘咏梅. 小学数学课程与教学论〔M〕. 北京：教育科学出版社，2016.

［14］李欣莲，宋运明，张渝. 小学数学新教材编写特色再探：以西师版为例［J］. 数学教育学报，2014，23（2）：89-92.

［15］宋乃庆，张渝，朱福荣，等. 重庆市教育科学"十二五"规划2011年度专项重大课题：小学数学教材编写特色的设计研究［R］. 2014.